汽车故障诊断与检测综合实训

主　编　袁晨恒　刘纯志

副主编　斯海林　郑佰平

主　审　王志洪

中南大学出版社

www.csupress.com.cn

·长沙·

图书在版编目（CIP）数据

汽车故障诊断与检测综合实训／袁晨恒，刘纯志
主编．—长沙：中南大学出版社，2019.8
ISBN 978 - 7 - 5487 - 3688 - 2

Ⅰ.①汽⋯ Ⅱ.①袁⋯ ②刘⋯ Ⅲ.①汽车－故障诊断
－高等学校－教材②汽车－故障检测－高等学校－教材
Ⅳ.①U472.9

中国版本图书馆 CIP 数据核字（2019）第 156657 号

汽车故障诊断与检测综合实训

袁晨恒　刘纯志　主编

□**责任编辑**	刘颖维	
□**责任印制**	易建国	
□**出版发行**	中南大学出版社	
	社址：长沙市麓山南路	邮编：410083
	发行科电话：0731 - 88876770	传真：0731 - 88710482
□**印　　装**	长沙理工大印刷厂	

□**开　　本**	787×1092　1/16　 □**印张** 13.5　 □**字数** 339 千字	
□**版　　次**	2019 年 8 月第 1 版　 □2019 年 8 月第 1 次印刷	
□**书　　号**	ISBN 978 - 7 - 5487 - 3688 - 2	
□**定　　价**	42.00 元	

图书出现印装问题，请与经销商调换

应用型本科院校汽车服务工程专业"十三五"规划教材
学术委员会

应用型本科院校汽车服务工程专业"十三五"规划教材

编委会

主　任

张国方

副主任

（按姓氏笔画排序）

于春鹏　　王志洪　　邓宝清　　付东华

邬志军　　汤　沛　　李军政　　李晓雪

赵　伟　　胡　林　　高银桥　　龚建春

尉庆国　　蔡　云

前　言

本书根据高等院校培养汽车类专业应用型人才的指导思想而编写,以我国常见车型为代表又涵盖国外先进汽车技术,既注重理论与实践,又紧密遵循生产实际。本书继承了相关院校先进的教学方法和实践教学经验,能最大限度地满足教学需求,以提高学生在实际生产中的知识应用能力。

本书围绕创新能力培养,以就业为导向,以技能训练为中心,以"更加实用、更加科学、更加新颖"为编写原则,旨在探索课堂与实验、实践的一体化。本书内容符合高校教学改革精神,适应我国汽车行业对高素质综合人才的需求,具有如下特点:

(1)紧密结合高等院校汽车类专业教材,以专项能力的培养为单元,即实训项目可根据具体教学及教材要求独立开设或综合起来进行,形式灵活,适用面广。

(2)注重对学生技能操作能力和操作规范化的培养,突出实践教学的特点。

本书主要内容包括发动机密封性检测与故障分析、发动机点火系统检测与故障分析、电控汽油发动机检测与故障分析、发电机性能检测与故障分析、起动机性能检测与故障分析、汽车空调系统检测与故障分析、汽车辅助电器性能检测与故障分析、汽车整车电路检测与故障分析、汽车离合器性能检测与故障分析、汽车自动变速器检测与故障分析、汽车制动系统检测与故障分析、汽车转向系统检测与故障分析、汽车行驶系统检测与故障分析、纯电动汽车检测与故障分析 14 个实训项目。每个实训项目均详细介绍了实训目的及要求、检测方法和故障分析等方面的内容,突出了实训指导书的可操作性,实用性强,内容丰富,图文并茂,通俗易懂。

参与撰写本书的人员有:重庆交通大学袁晨恒(实训一、实训七、实训十二)、刘纯志(实训三、实训八、实训十、实训十一、实训十四)、斯海林(实训二、实训五、实训十三)、吴胜利(实训四、实训九)、重庆市固体废弃物运输有限公司郑佰平(实训六)。

本书在编写过程中,得到了许多汽车服务企业的支持,参考了大量的图书资料和文献资料。在此,向这些文献、资料的作者表示深深的感谢!

由于编者水平有限,加之时间仓促,书中难免有不足和差错之处,恳请各个教学单位和广大读者批评指正,对我们的工作提出宝贵意见。

编　者

2019 年 3 月

前　言

目　录

实训一　发动机密封性检测与故障分析

一、实训教学组织

（1）集中讲授仪器、设备的结构和工作原理。

（2）讲解内容、操作步骤及注意事项。

（3）根据目的、要求进行分组。

（4）在教师指导下，各组学生自己独立操作，并对试验、检测数据进行记录。

（5）教师总结实训情况。

二、实训目的

通过本次实训，使学生进一步加深对本专业所学《发动机原理》《汽车维修与诊断》《汽车测试技术》等相关课程课堂理论知识的理解，增强感性认识，掌握汽车发动机密封性检测的基本原理和方法，提高实际动手能力，为今后从事生产、科研工作打下较牢固的基础。

三、实训要求

（1）遵守实训规程，注意设备、仪器及人身安全。

（2）掌握汽油、柴油发动机密封性的检测方法。

（3）认真记录试验数据，并能根据实训数据及相关知识，分析影响发动机汽缸密封性能的主要原因及部位。

（4）按时完成实训报告。

四、实训仪器、设备

（1）汽缸压力表，1只。
（2）曲轴箱漏气量（率）性能分析仪，1只。
（3）真空度性能分析仪，1只。
（4）发动机（或实训车），1台。
（5）汽车底盘测功机，1台。
（6）相关工具，1套。

五、注意事项

（1）测试时，发动机的温度应处于正常的工作温度（85℃±5℃），各气门间隙符合规定。
（2）测试时，性能分析仪器连接应牢靠，不得有漏气现象。
（3）测试时，发动机转速应符合规定。
（4）测试时，节气门必须处于全开位置（柴油机处于最大供油量位置）。
（5）将实训车排挡置于空挡位，并拉紧手制动器。

六、发动机密封性检测方法

1.气缸压缩压力检测操作步骤及方法

（1）汽油发动机气缸压缩压力检测操作步骤及方法。

①启动发动机，将发动机预热至正常工作温度范围（85℃±5℃），视情况调整发动机气门间隙。

②拆下各缸火花塞，并按顺序依次放好，清理发动机火花塞周围的脏物。

③将专用气缸压力表的锥形橡皮头插在被测气缸的火花塞孔内，用手压紧，如图1－1所示。

④踩下油门踏板，使节气门至全开位置，用起动机带动发动机运转3～5 s（对于汽油发动机转速一般不应小于130 r/min），待气缸压力表指针所指示的数值为最大压力值时停止转动。

⑤取下气缸压力表并记录读数后，按下放气阀使压力表指针回零。

⑥按步骤③、④、⑤分别对其他缸进行测量。

注意：测量时，每缸应测三次，最后取其算术平均值作为相应缸的气缸压缩压力值。

（2）柴油发动机气缸压缩压力检测操作步骤及方法。

①启动发动机，将发动机预热至正常工作温度范围（85℃±5℃），视情况调整发动机气

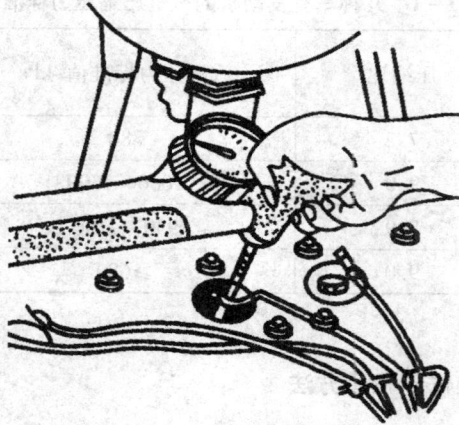

图 1 – 1　汽油发动机气缸压缩压力检测方法

门间隙。

②清理发动机喷油器周围的脏物，逐一拆下被测缸喷油器，并妥善放置好。

③将气缸压力表专用连接器安装到原喷油器孔上，如图 1 – 2 所示。

④用起动机带动柴油机运转（柴油机转速一般不应小于 500 r/min），待气缸压力表指针所指示的数值为最大压力值时停止转动。

⑤取下气缸压力表，读取气缸的压缩压力值并记录（此时喷油泵不应供油），按下放气阀使压力表指针回零。

⑥按步骤③、④、⑤分别对其他缸进行测量。

注意：测量时，每缸应测三次，最后取其算术平均值作为相应缸的气缸压缩压力值。

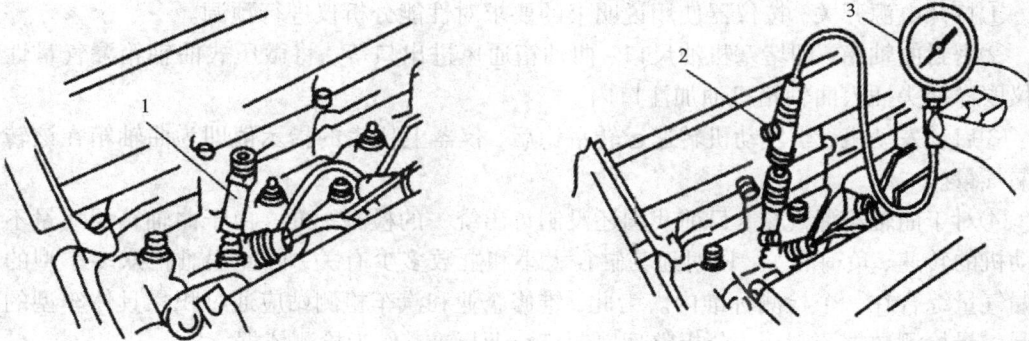

图 1 – 2　柴油发动机汽缸压缩压力测量方法
1—专用连接接头；2—压力表放气阀；3—压力指示表

几种车型发动机的气缸压缩压力标准值见表 1 – 1。

表1-1　几种车型发动机的气缸压缩压力标准值

发动机型号	压缩比	汽缸压力标准值/kPa	检测时发动机转速 /(r·min⁻¹)
东风 EQ6100-1	7.2	880	130~150
上海桑塔纳 2000AFE	9.0	1000~1300	200~250
广州本田雅阁	8.9	930~1230	200~250
上海别克 L46	9.0	≥689	

2. 曲轴箱漏气量检测操作步骤及方法

（1）流量式曲轴箱漏气量检测操作步骤及方法。

①将被测车辆驱动轮置于底盘测功机滚筒上。

②密封被测发动机曲轴箱，即堵塞机油尺口、曲轴箱通风进出口等，将流量式曲轴箱漏气量性能分析仪取样探头插入曲轴箱机油加注口内。

③启动发动机，使节气门处于全开位置（柴油机处于最大供油量位置），在最大转矩转速（1200~1600 r/min，此时曲轴箱漏气量最大）处进行测试。

④由于测功机可方便地对发动机进行加载，使发动机能在全负载工况下从最大转矩转速至额定转速的任一转速下运转，因此可用轴箱漏气量性能分析仪检测出任一工况下曲轴箱的漏气量。

⑤如果采用路试测量，汽车须重载，选择大坡度道路低挡上坡行驶，且车速必须保证发动机在最大转矩转速范围内运转，节气门全开（柴油机处于最大供油量位置），必要时可以用脚制动器配合加载。

（2）微压式曲轴箱漏气量检测操作步骤及方法。

①打开电源开关，按仪器使用说明书的要求对性能分析仪进行预调。

②密封曲轴箱，即堵塞机油尺口、曲轴箱通风进出口等，将微压式曲轴箱漏气量性能分析仪取样探头插入曲轴箱机油加注口内。

③启动发动机，当发动机转速运转平稳后，仪器上仪表的指示值即为曲轴箱在该转速下的漏气量。

④对于曲轴箱漏气量，目前我国还没制订出统一的检测标准。由于曲轴箱漏气量不仅与发动机的转速、负荷有关，同时还与缸径大小和缸数多少有关，因此很难把众多车型的曲轴箱漏气量综合在一个检测标准内。为此，维修企业和汽车检测站应通过积累具体车型的曲轴箱漏气量检测数据资料，并分析整理以制订企业标准，作为检测依据。

3. 气缸漏气量（率）检测操作步骤及方法

（1）清除发动机火花塞周围的脏物后，拆下所有气缸的火花塞并按顺序依次放置，在火花塞孔上装好充气嘴。

（2）接好压缩空气源，在性能分析仪出气口堵塞的情况下，用调压阀调节进气压力，使测量表指针指示值为 0.4 MPa。

(3)卸下分电器盖,安装好活塞定位盘,如图1-3所示,转动曲轴使分火头旋转至第1缸跳火位置(此时1缸活塞到达上止点,1缸进、排气门均处于关闭位置),然后转动定位盘使刻度①对准分火头尖端(分火头也可用专用指针代替)。

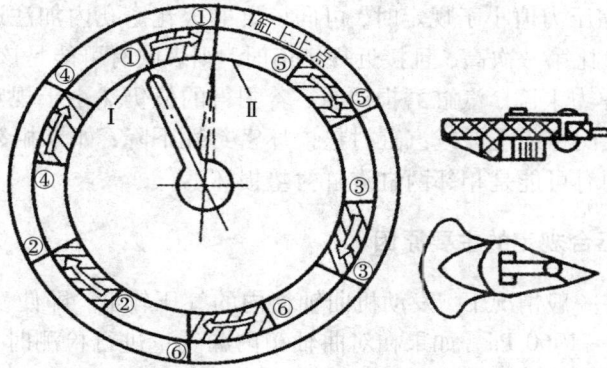

图1-3 活塞定位盘

Ⅰ—压缩行程开始位置;Ⅱ—压缩行程上止点
发动机做功顺序①—⑤—③—⑥—②—④

(4)为防止压缩空气推动活塞使曲轴转动,可将变速器挂高速挡,并拉紧驻车制动器。

(5)将1缸充气嘴接上快换管接头,向1缸充气,此时测量表上的压力读数便反映了该缸的密封性。

(6)摇转曲轴,使分火头(或指针)对准活塞定位盘上下一缸刻度线,按上述方法检测下一缸的漏气量。

(7)按上述方法和点火顺序检测其余各缸的漏气量。为使检测结果可靠,各缸应重复检测一次。

4. 进气歧管真空度检测实训步骤及方法

(1)将真空度性能分析仪软管与进气歧管上的检测孔相连接。
(2)使变速器置于空挡,发动机怠速稳定运转。
(3)在真空度性能分析仪表头上读取真空度数值。

七、发动机密封性不合格原因及分析

1. 汽缸压缩压力不符合规定的主要原因

(1)当测得的值大于规定时,其主要原因有:
①燃烧室积炭过多。
②汽缸衬垫过薄。
③汽缸盖或汽缸体结合面由于翘曲变形的原因,磨削量过大。

（2）当测得的值小于规定时，其主要原因有：

①进、排气门密封不严。

②汽缸衬垫损坏密封性下降。

③活塞环断裂、活塞环对口、活塞环弹力下降、汽缸磨损严重。

当测得某缸的压缩压力值小于规定时，可向该缸的火花塞孔内加注适量机油后，再重新进行测量，若测得的值比第一次高，且接近规定值时，则表明有可能是该发动机活塞环断裂、活塞环对口、活塞环弹力下降、汽缸磨损严重；若测得的值仍然小于规定值时，则表明有可能是该发动机进、排气门密封不严或汽缸衬垫损坏密封性下降；如果相邻两缸测得的压缩压力值同时偏低，则表明有可能是相邻两缸汽缸衬垫损坏。

2. 曲轴箱漏气量不合规定的主要原因

通过实验表明，在一般情况下，发动机曲轴箱内的气压较低，即使发动机在满负荷的时候，其气压也仅有 980 ~ 1960 Pa。如果在对曲轴箱内漏气量进行检测时，使用方法不当，则测量结果与实际值之间就会有较大误差，因此，在对测量结果进行分析时，可根据图 1-4 所示的汽车行驶里程和曲轴箱漏气量之间的关系来具体判断影响发动机曲轴箱漏气的故障。

（1）新车或大修车辆在走合期，随着行驶里程的增加，曲轴箱漏气量下降较明显（如图 1-4 中 OA 段），我们可以利用该曲线变化的情况发动机的磨合程度。

（2）磨合后的 AB 段为发动机的正常工作区域，其漏气量不应该有较大地变化；如有变化，一般在 10 ~ 20 L/min，如果出现较大幅度的上升，则表明该发动机汽缸内出现故障。

（3）BC 段所示区域为发动机的磨损区，这一区域内汽缸的漏气量上升较明显，可达到

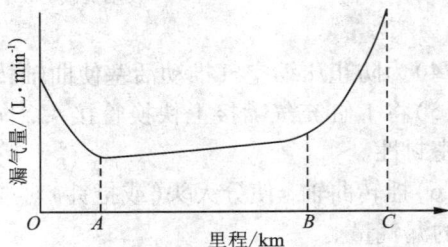

图 1-4　汽车行驶里程与曲轴箱漏气量之间的曲线关系

40 ~ 50 L/min，如果 C 点值高于最低漏气量的 4 倍左右时，则该发动机须进行修理。

曲轴箱漏气量的检测诊断标准，一般都是通过具体车型的测量，逐渐积累资料来制订的。因此，在实际的检测过程中，判断发动机汽缸漏气量是否符合规定，应针对一种具体车型的发动机来进行判别，不能笼统地以某一车型标准作为判别的唯一标准。

对发动机曲轴箱漏气量的检测，可较为直观地判断发动机活塞连杆组件、汽缸等部件的技术状况。在进行漏气量检测的同时，如果再辅以其他检测手段，可对发动机技术状况进行不解体检测与诊断。

3. 汽缸漏气量（率）不合规定的主要原因

（1）汽缸漏气量（率）的检测诊断标准与曲轴箱漏气量的检测诊断标准一样，应根据不同发动机的型号、缸径的大小、汽缸的具体磨损情况等试验结果来确定。例如，对于缸径为 102 mm 左右的汽油发动机，用汽缸漏气量性能分析仪进行检测时，若测量压力大于 0.25 MPa，说明汽缸密封性良好；若测量压力小于 0.25 MPa，则说明汽缸密封性较差。

（2）用汽缸漏气量性能分析仪进行检测时，发动机汽缸密封性在正常情况下，各缸读数

值应基本一致，其误差值应小于20%；如果各缸读数误差大于20%，则说明发动机系统有故障。如表1-2所示。

表1-2 汽缸漏气量(率)结果分析

漏气率/%	汽缸密封状况	漏气率/%	汽缸密封状况
0～10	良好	20～30	较差
10～20	一般	30～40	须检修发动机

（3）在对汽缸漏气量(率)进行具体检测时，其步骤较多，比较费时，但检测结果全面、直观、精确。为了具体确定漏气位置，可从发动机进、排气管及曲轴箱通风口分别察听是否有漏气声。如果漏气位置在进气管处，则说明进气门密封不严；如果漏气位置在排气管处，则说明排气门密封不严；如果漏气位置在曲轴箱通风口处，则说明活塞、活塞环与汽缸密封不严；启动发动机，若发现散热器内有气泡，则说明汽缸垫漏气或汽缸体、汽缸盖有裂纹；如果检测结果为相邻缸漏气量都较大，则说明汽缸垫被冲坏。

（4）在对汽缸漏气量(率)进行具体检测时，可通过某缸活塞处于压缩行程起始位置向终了位置运行的方式，比较起始位置向终了位置运行时两点之间汽缸漏气率差值的大小，用以判断活塞、活塞环、汽缸的技术状况。

（5）正常情况下，上止点处汽缸的磨损较大，下止点处基本没有磨损，因此，在活塞分别处于汽缸上、下止点时汽缸漏气量(率)差值的大小，也可反映出发动机汽缸磨损量的大小。

4. 进气歧管真空度检测值不合规定的主要原因

在对进气歧管真空度的实际检测过程中，如果检测结果不符合规定，则根据进气歧管真空度性能分析仪表指针所反映的读数，可分别判断出影响发动机真空度不符合规定的原因所在(如图1-5所示，白指针表示稳定，黑指针表示假想的漂移)。

（1）当真空度性能分析仪表指针所指示的值稳定在50～70 kPa时，表示发动机密封性正常；当海拔高度每增加304.8 m时，指针所指示的读数相应地降低3.38 kPa，如图1-5(a)所示。

（2）当气门处于关闭时，如果真空度性能分析仪表指针所指示的读数跌落至3～23 kPa，且指针有规律地摆动，则表明气门与气门座密封不严，如图1-5(b)所示。

（3）当气门处于关闭时，如果真空度性能分析仪表指针所指示的读数迅速且有规律地跌落至10～16 kPa，则表明气门与气门导管有卡滞现象，如图1-5(c)所示。

（4）当发动机处于怠速运转时，真空度性能分析仪表指针在33～74 kPa范围摆动迅速，则表明气门弹簧折断或弹簧弹力不足，如图1-5(d)所示。

（5）真空度性能分析仪表指针所指示值在正常时低于10～13 kPa，且缓慢地在47～60 kPa范围摆动，则表明气门导管磨损严重，如图1-5(e)所示。

（6）当发动机转速升高至2000 r/min时，突然关闭发动机节气门，真空度性能分析仪表指针所指示的读数迅速跌落至16 kPa；当发动机节气门关闭时，指针不能回复到83 kPa，则表明活塞环磨损严重[如图1-5(f)所示]。当迅速开启节气门时，指针所指示值应不低于6～16 kPa，则表明活塞环工作良好。

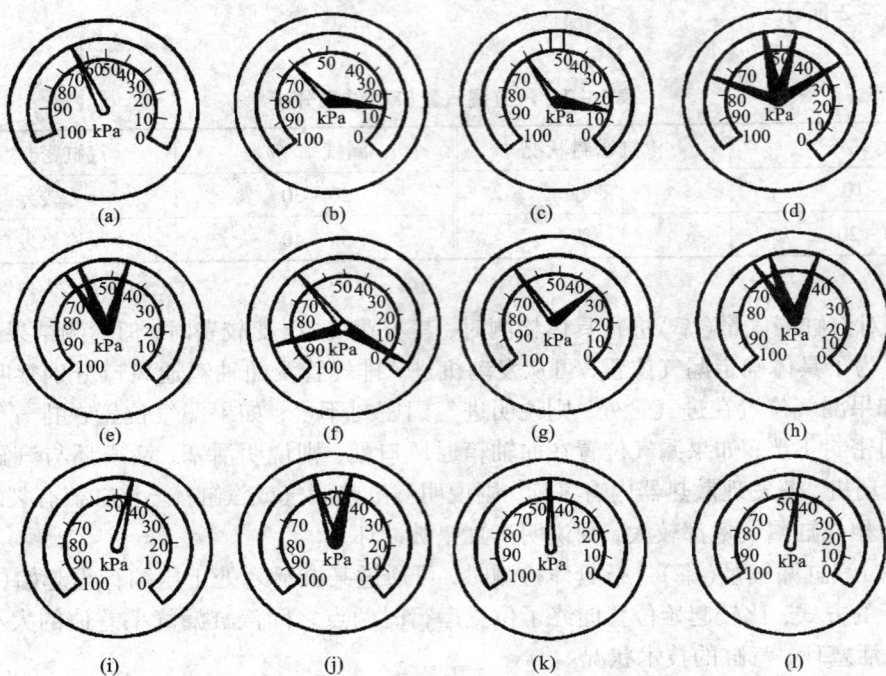

图1-5 真空度性能分析仪指针指示实例

(a)发动机密封性正常；(b)气门与气门座密封不严；(c)气门与气门导管卡滞；

(d)气门弹簧折断或弹力不足；(e)气门导管磨损严重；(f)活塞环磨损严重；

(g)汽缸垫窜气；(h)混合气过稀或过浓；(i)进气歧管密封垫漏气或排气系统堵塞；

(j)点火时间过迟；(k)气门开启时间过迟；(l)火花塞电极间间隙过小或断电器接触不良

(7)当真空度性能分析仪表指针所指示值突然从正常值跌落至33 kPa，且当漏气缸处于工作行程时，指针又恢复正常，则表明发动机汽缸垫窜气，如图1-5(g)所示。

(8)当真空度性能分析仪表指针所指示值不规则跌落，则表明混合气过稀；当真空度性能分析仪表指针所指示值缓慢摆动，则表明混合气过浓，如图1-5(h)所示。

(9)当真空度性能分析仪表指针所指示值低于正常值10~30 kPa时，则表明进气歧管漏气；当发动机转速升高至2000 r/min时，突然关闭发动机节气门，真空度性能分析仪表指针所指示值从83 kPa跌落至6 kPa以下，并迅速回至正常，则表明发动机排气系统堵塞，如图1-5(i)所示。

(10)当真空度性能分析仪表指针所指示值稳定地指示在47~57 kPa，则表明发动机点火时间过迟，如图1-5(j)所示。

(11)当真空度性能分析仪表指针所指示值稳定地指示在27~50 kPa，则表明气门开启时间较迟，如图1-5(k)所示。

(12)当真空度性能分析仪表指针所指示值在47~54 kPa缓慢地摆动，则表明火花塞电极间间隙过小或断电器触点接触不良，如图1-5(l)所示。

实训二　发动机点火系统检测与故障分析

一、实训教学组织

(1)集中讲授仪器、设备的结构和工作原理。
(2)讲解实训内容、操作步骤及注意事项。
(3)根据实训目的、要求进行分组。
(4)在教师指导下,各组学生自己独立操作,并对试验、检测数据进行记录。
(5)教师总结实训情况。

二、实训目的

通过本次实训,使学生进一步加深对本专业所学《发动机原理》《汽车电器》《汽车测试技术》《汽车维修与诊断》等相关课程理论知识的理解,增强感性认识,掌握汽车发动机点火系统检测的基本原理和方法,提高实际动手能力,为今后从事生产、科研工作打下较牢固的基础。

三、实训要求

(1)遵守实训操作规程,注意设备及人身安全。
(2)掌握发动机点火提前角、各缸点火波形等有关参数的检测方法。
(3)记录实训数据,根据实训数据画出各缸点火线圈初级、次级的点火波形图;参照点火波形图分析发动机点火系统技术状况。
(4)按时完成实训报告。

四、实训仪器、设备

（1）发动机综合性能分析仪，1台。
（2）示波器，1台。
（3）汽油发动机，1台。
（4）底盘测功机，1台。
（5）蓄电池或启动电源，1台。
（6）拆装工具，1套。

五、注意事项

（1）检测时，发动机的温度应处于正常的工作温度（85℃±5℃）。
（2）检测时，应正确区分检测线路、适配器的正、负极，各检测线路、适配器连接应牢靠，不得错接、漏接。
（3）进行加载试验时，必须遵守底盘测功机的操作规程，参与实训的学生不得驾驶实训车辆。
（4）实训场所不得有明火。

六、发动机点火系统检测方法

下面以 EA3000 型发动机综合性能分析仪为例，介绍检测发动机点火系统的有关方法和操作步骤。

1. 初级点火信号检测

（1）测试信号线连接。
①常规点火系统测试线连接。首先将蓄电池充电电压测试线的红夹、黑夹分别夹在蓄电池的正、负极上，将初级点火信号适配器的红、黑色探头分别连接到点火线圈的正、负极，再将1缸信号适配器夹在1缸高压线上。
②独立点火系统（包括单缸和双缸的独立点火系统）测试信号线连接。首先将蓄电池充电电压测试的红夹、黑夹分别夹在蓄电池的正、负极上，再将单双缸初级信号提取适配器的各探针依次接入各缸的波形输出端。
（2）初级信号平列波的检测方法。
①在"汽油机检测菜单"下点击"初级信号"图标，即进入初级信号检测界面，然后启动发动机即可测到初级点火波形。
②点击"波形选择"图标，系统弹出波形选择窗口，可在其中选择其他波形显示方式（波

形选择窗口中包括"平列波""直方图"，不进行手动选择时，系统则默认为平列波）。

③点击"选择缸号"图标，在发动机综合测试仪系统弹出窗口中可选择显示每一缸或所有缸的初级波形。

④点击发动机综合测试仪"显示专家分析"图标，即可显示与本测试项目相关的智能提示内容。

（3）初级信号"直方图"的检测方法。

①在初级点火平列波形界面点击发动机综合测试仪"波形选择"图标，在系统弹出的窗口中选择发动机综合测试仪"直方图"图标，发动机综合测试仪系统即可切换到默认特征点的"直方图"测试界面。

②点击发动机综合测试仪"参数选择"图标，在其下拉菜单中可选择初级电压或点火能量。

2. 次级点火信号的检测步骤与方法

点火系统按点火形式分为常规点火系统（指有分电器的点火系统）、单缸点火系统和双缸点火系统三种。在进行次级点火信号测试时，根据不同点火方式，其信号线的连接方法不同。针对不同点火方式，其测试信号线应按以下方法进行连接：

（1）常规点火系统测试线连接。首先将蓄电池充电电压测试线的红夹、黑夹分别夹在蓄电池的正、负极上，将红色次级信号夹在中心高压线上（从适配器的红色 BNC 头引入设备）。

（2）单缸点火系统测试线连接。首先将同步信号适配器接在 1 缸喷油器或初级信号线上（必须是有效的信号线，二者只能选其一），最后将与所测车型相对应的次级信号感应片卡在点火线圈上，并通过次级信号转接线、跨接线（某些车辆不用接）和次级信号连接线输入单缸次级信号提取适配器相应的 BNC 头。

（3）常规双缸独立点火系统测试信号线的连接方法。常规双缸点火系统通常是指每两缸共用一个点火线圈，且点火线圈与火花塞之间均通过高压线连接的点火系统。根据燃油喷射方式的不同，又可分为单点喷射式和多点喷射式两种。对点火系统次级信号进行检测时，必须根据燃油喷射的方式不同，正确选择试验方法。

1）单点喷射式常规双缸点火系统，其点火系统次级信号的检测方法如下：

①将蓄电池充电电压测试线的红夹、黑夹分别夹在蓄电池的正、负极上，将 1 缸信号适配器夹在 1 缸高压线上，用以检测发动机在不同工况下的转速。

②将红色次级信号夹夹在正触发高压线上，黑色次级信号夹夹在负触发高压线上，然后将次级信号夹按颜色标记分别接入红、黑色次级信号汇接器，再将次级信号汇接器按颜色标记分别接入双缸次级信号适配器的红、黑 BNC 头。

③进入发动机综合测试仪的用户设定界面，按照被测车辆的实际参数设置好车辆的冲程数、缸数、点火数（指点火线圈的个数）等，并将车辆的点火方式设置为"双缸点火"，同步方式设置为"初级信号同步"。然后点击"确定"，退出用户数据设置，返回主界面。

④依次点击"汽油机"图标、"次级信号"图标，系统进入"双缸点火初始化对话框"，提示用户选择，输入"红色通道有效点火缸号"，即正触发的缸号。用户只要点击从红色 BNC 头输入的次级信号夹所对应的缸号即可。选择完毕，按"确定"，系统即可进入对应缸次级信号的测试界面。

2）多点喷射式常规双缸点火系统，其点火系统次级信号的检测方法如下：

①将蓄电池充电电压测试线的红夹、黑夹分别夹在蓄电池的正、负极上，将同步信号适配器接在 1 缸的喷油器或初级信号线上，拾取同步信号；也可用 1 缸信号适配器拾取同步信号。

②将红色次级信号夹夹在正触发高压线上，黑色次级信号夹夹在负触发高压线上，然后将次级信号夹按颜色标记分别接入红、黑色次级信号汇接器，再将次级信号汇接器按颜色标记分别接入双缸次级信号适配器的红、黑 BNC 头。

③进入用户数据设定界面，按照被测车辆的实际参数设置好车辆的冲程数、缸数，并将车辆的点火方式设置为"双缸点火"，同步方式设置为"喷油信号同步"。然后点击"确定"，退出用户数据设置，返回主界面。

④依次点击"汽油机"图标、"次级信号"图标，系统进入"双缸点火初始化对话框"，提示用户选择输入"红色通道有效点火缸号"，即正触发的缸号。用户只要点击从红色 BNC 头输入的次级信号夹所对应的缸号即可。选择完毕，点击"确定"，系统即可进入对应缸次级信号的测试界面。

（4）直接双缸点火系统。直接双缸点火系统泛指每两缸共用一个点火线圈，其中一个缸的火花塞通过高压线与点火线圈连接，另一缸的火花塞不通过高压线而是直接与点火线圈连接的点火系统，其点火系统次级信号的检测方法如下：

①将蓄电池充电电压测试线的红夹、黑夹分别夹在蓄电池的正、负极上，将同步信号适配器接在 1 缸的喷油器或初级信号线上，拾取同步信号；也可用 1 缸信号适配器拾取同步信号。

②判断高压线的次级触发类型，按照高压线的次级触发类型选取与之相应颜色的次级信号夹（正触发信号接红色次级信号夹、负触发信号接黑色次级信号夹）夹取高压线，通过对应颜色的汇接器接入次级信号适配器的相应输入通道。

③把次级信号感应片卡在点火线圈上，用次级信号转接线连接各感应片，通过次级信号转接线跨接线和次级信号连接线输入次级信号适配器的相应 BNC 头（感应片信号与高压线信号的触发方式相反。若高压线次级信号从红色 BNC 头输入，则感应片次级信号从黑色 BNC 头输入；否则从红色 BNC 头输入）。

④进入用户数据设定界面，按照被测车辆的实际参数设置好车辆的冲程数、缸数，并将车辆的点火方式设置为"双缸点火"，同步方式根据实际夹取的同步信号源分别设置为"初次级信号同步""喷油信号同步"。然后按"确定"，退出用户数据设置，返回主界面。

⑤依次点击"汽油机"图标、"次级信号"图标，系统进入"双缸点火初始化对话框"，提示用户选择输入"红色通道有效点火缸号"，即正触发的缸号。用户只要点击从红色 BNC 头输入的次级信号夹所对应的缸号即可。选择完毕，按"确定"，系统即进入次级信号测试界面。

（5）次级信号平列波的检测方法：

①在"汽油机检测菜单"下点击"初级信号"图标，即进入初级信号检测界面，然后启动发动机即可检测到次级点火平列波形。

②点击"波形选择"图标，系统弹出波形选择窗口，可在其中选择其他波形显示方式（波形选择窗口中包括"平列波""并列波""重叠波""阶梯波""直方图"，不选择时系统默认为平列波）。

③点击"选择缸号"图标，在系统弹出窗口中可选择显示每一缸或所有缸的次级波形。

④点击"显示专家分析"图标，可显示本项目测试的智能提示内容。

（6）次级信号并列波的检测方法：

在次级点火平列波形界面点击"波形选择"图标，在弹出窗口中选择"并列波"图标，系统即可切换到并列波测试界面。

（7）次级信号重叠波的检测方法：

在次级点火平列波形界面点击"波形选择"图标，在弹出窗口中选择"重叠波"的图标，系统即可切换到重叠波测试界面。

（8）次级信号阶梯波的检测方法：

在次级点火平列波形界面点击"波形选择"图标，在弹出窗口中选择"阶梯波"图标，系统即可切换到阶梯波测试界面。

（9）次级信号直方图的检测方法：

在次级点火平列波形界面点击"波形选择"图标，在弹出窗口中选择"直方图"图标，系统即可切换到直方图测试界面。点击"选择缸号"图标，在下拉菜单中选择所测缸号。点击"参数选择"图标，在其下拉菜单中可选择击穿电压、火花电压、火花持续时间、闭合角、重叠角等参数。

3. 点火提前角检测步骤与方法

（1）启动发动机，在"汽油机检测菜单"下点击"点火提前角"图标。

（2）连接好点火提前角测试频闪灯（也可称为正时枪或正时灯），按下频闪灯电源按钮，将频闪灯对准曲轴飞轮或皮带轮上的1缸上止点标记处，调整频闪灯上的电位器，使频闪灯光标相位前后移动，直到曲轴飞轮上的1缸上止点标记对准飞轮壳上刻度零点，或皮带轮上的1缸上止点标记对准指示标记（如图2-1所示）。

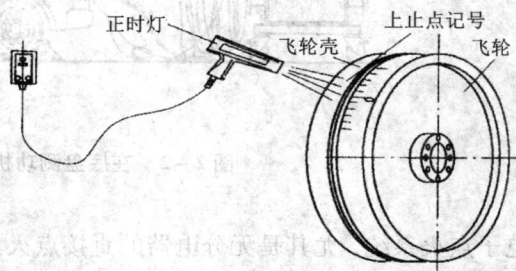

图2-1 正时灯检测点火提前角

（3）此时发动机综合测试仪显示器所显示的数值，即是被测发动机的点火提前角的具体值。

（4）将所测得的发动机点火提前角的具体值与该型号发动机标准值，即技术说明书提供的点火提前角进行比较，若符合要求，说明点火时刻正确；若不符合要求，则对点火时刻可以调整的发动机而言，必须进行点火提前角调整。

4. 点火系统的加载试验与调整

发动机点火提前角的准确性，直接影响到发动机动力性、经济性乃至排放指标。因此，对再用车辆发动机点火系统进行检测并调整是十分重要的。

首先利用发动机点火系统并列波来测定各缸闭合角和点火提前角是否正常。一般情况下，六缸发动机的断电器凸轮角缸间为60°，其闭合角标准值为38°～42°；四缸发动机的凸轮角缸间为90°，闭合角为40°～45°；八缸发动机凸轮角缸间为45°，闭合角标准值为29°～32°。如这一角度过大，说明机械触点间隙太小，反之则说明触点间隙太大。这时必须重新调整间隙，以使闭合角达到标准值。

对于无触点的晶体管点火系统，当闭合角线段不正常时，也须调整点火信号的触发部件，如磁电式传感器的凸齿与传感铁芯的间隙须调整到0.2～0.4 mm，具体调整值要视各车型而定。

利用并列波上第一缸的上止点标志可以清楚查看到各缸的点火提前角。此时测得的点火提前角为总提前角，它由负载提前值和转速提前值组成；对于机械触点式点火系统即为真空提前量和离心提前量，测量时拆去真空管路即为离心提前量，两者之差就是真空提前量。但在怠速工况下，真空提前量和离心提前量无法独立测定，给发动机的检测带来诸多不定因素。为了使这两项参数能不互相干扰的独立调整（如要求在定转速下改变负载），就需要对发动机进行加载，也就是说，汽车必须在底盘测功机上进行测试，如图2-2所示。加载时一般负载率为40%～70%，车速为经济车速。只有这样才能得知在不同转速和各种负载下，转速提前量和负载提前量的数值和动态变化历程是否正常。

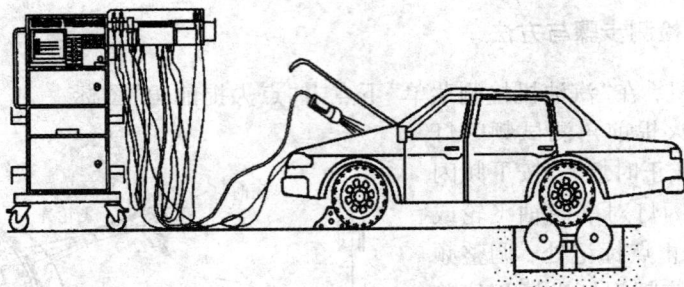

图2-2 在底盘测功机上进行加载试验

电子点火系统，尤其是无分电器的直接点火系统，在进行加载试验时，其转速提前量和负载提前量是由微处理器根据发动机转速传感器和节气门的位置传感器，还有转速、进气真空度、凸轮位置、水温等信号来进行控制，从预先储存在RAM的数据中选定最佳点火提前角，再由微处理器向电子点火器发出指令送向各缸的点火线圈。这一系统各部件不可调整，但也须经上述检测，确定故障是由微处理器损坏的，还是由传感器失效引起的。

七、发动机点火系统故障原因与分析

1. 影响各缸波形重叠角大小的主要原因

每次检测各缸波形重叠角的测量值越接近、重叠角最大值越小则点火越好。对于带触点式的点火系统，各缸波形重叠角最大值一般应在2°以下。导致各缸波形重叠角过大的原因，一般有以下几种：

（1）分电器轴松旷。

（2）分电器凸轮磨损不均匀等。

2. 影响断电器触点闭合角大小的主要原因

以四缸、六缸发动机为例，四缸发动机其正常闭合角应在45°左右，六缸发动机其正常闭合角应为38°～42°。此时，相当于断电器触点间隙为0.35～0.45 mm。

（1）闭合角小，断电器触点间隙调整过大。

（2）闭合角大，断电器触点间隙调整过小。

（3）注意，在调整闭合角即断电器触点间隙大小时，将会明显改变点火提前角，因此在调整闭合角时，应同时对点火提前角进行调整。

3. 发动机点火系统常见故障波形分析

造成发动机点火系统故障波形的原因有很多，实际测得的故障波形也十分复杂，以下仅就一些较常见的典型故障波形进行简略分析。

（1）初级电压分析。根据发动机综合测试仪所采集到的各类初级电压故障波形，可以分析点火系统断电电路有关电器元件和机械装置的状态，为断电电路的调整和维修提供可靠的依据，以避免盲目拆卸。

①如图2－3所示波形在触点开启点出现大量杂波，显然是触点严重烧蚀而造成的，打磨触点或更换断电器即可证实。

②如图2－4所示的初级电压波形在火花期间的衰减周期数明显减少，幅值也变低，显然是电容漏电造成的。

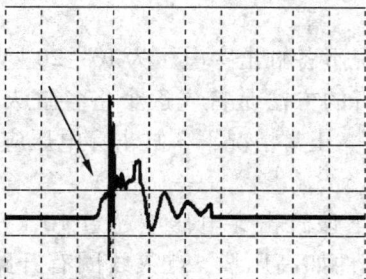

图2－3　触点烧蚀波形

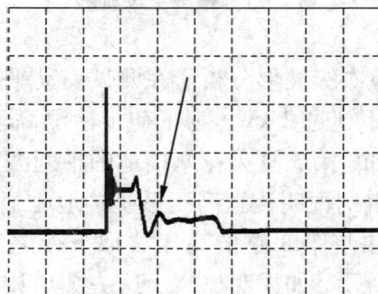

图2－4　电容漏电波形

③如图2－5所示波形在触点闭合阶段有意外的跳动，造成这种现象的原因是触点因弹簧力不足而引起不规则跳动。

④如图2－6所示曲线在充磁期时触点闭合角太小，一般是因触点间隙过大造成。如果触点接地不良就会引起低压波水平部分的大面积杂波，如图2－7所示。

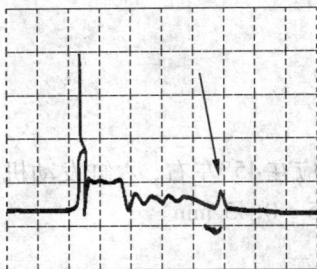

图 2-5 触点弹簧弹力不足波形

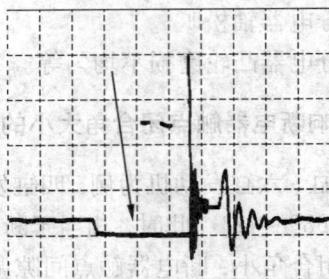

图 2-6 闭合角过小波形

⑤图 2-8 为电子点火系统的低压故障波形，对比正常波形，在充磁阶段电压没有上升，说明电压的限流作用失效。无分电器点火系统无元件可调整，当这一波形严重失常时，只能逐个更换诸如点火线圈、点火器、点火信号发生器和凸轮轴位置传感器等，找出故障件或模块。

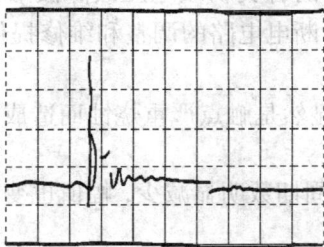

图 2-7 接地不良波形

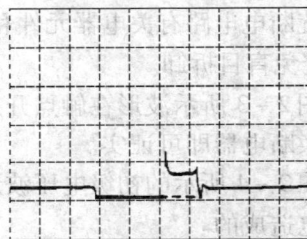

图 2-8 电子点火系统充磁段无限流作用波形

（2）次级波形分析。在测试发动平列波时，正常情况下各缸击穿电压为 10~20 kV，各缸差别应不超过 2 kV。为了初步检测高压线路，简单易行的方法是首先逐个将各缸火花塞接地，例如，第 3 缸火花塞接地的平列波，如图 2-9 所示。正常情况下 3 缸击穿电压应不小于5 kV，否则说明该缸高压系统接地或绝缘不良。

如果将第 3 缸的高压线取下使之开路，正常情况下该缸击穿电压应超过 10 kV，如图2-10 所示，如果明显高于这一数值则表明高压系统元件如高压线、点火线圈有开路现象，有时低压系统电容器严重漏电也会出现这一情况。

上面分析的初级故障波形必将在次级波形上有所反映，另外，次级波形还受火花塞、燃烧过程、混合气成分、发动机热状态、点火线圈等因素的影响，情况较为复杂。由于导致故障的因素是多方面的，因此，图 2-11 给出的故障解释只是故障成因的主要方面。

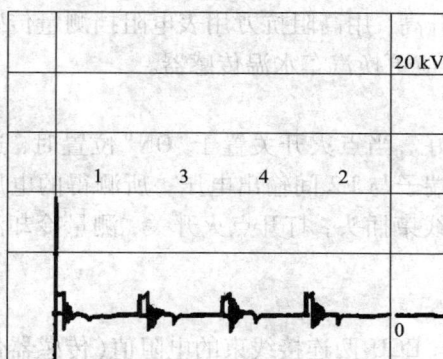

图 2-9　第 3 缸火花塞接地的平列波图

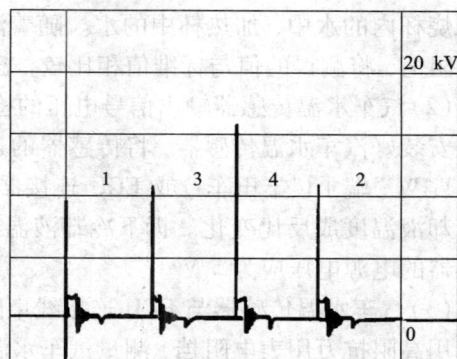

图 2-10　第 3 缸高压开路的平列波

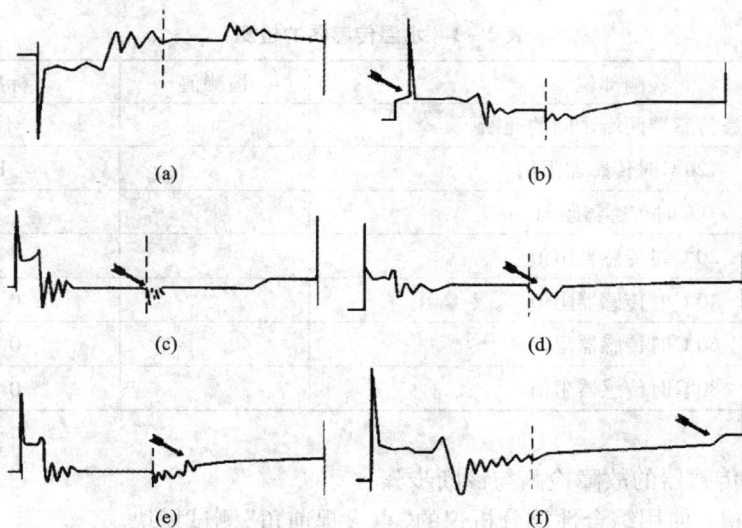

图 2-11　次级点火故障波形

(a)初级电路反接；(b)电容漏电；(c)触点弹簧弹力不足
(d)触点电阻过大；(e)低压电路接触不良；(f)电子点火控制限流电路失效

4. 曲轴位置传感器与水温传感器故障

1)水温传感器的故障检测：

(1)用万用表检测汽车水温传感器。

①在车检查。将点火开关关闭，拆下传感器的连接器，用万用表测试传感器两端子的阻值。以皇冠 3.0 的 THW 和 E2 端子为例，在温度为 0℃时，电阻为 4～7 kΩ；在温度为 20℃时，电阻为 2～3 kΩ；在温度为 40℃时，电阻为 0.9～1.3 kΩ；在 60℃时为 0.4～0.7 kΩ；在温度为 80℃时，为 0.2～0.4 kΩ。汽车水温传感器的电阻值与温度的高低成反比。

②单件检查。拆下汽车水温传感器导线连接器，然后从发动机上拆下传感器。将传感器置于烧杯内的水中，加热杯中的水。随着温度逐渐升高，用高阻抗万用表电阻挡测量传感器的电阻值，将测得的值与标准值相比较，若不符合，应更换汽车水温传感器。

（2）汽车水温传感器输出信号电压的检查。

安装好汽车水温传感器，将传感器的连接器插好。当点火开关置于"ON"位置时，连接器"THW"端子（丰田车）或 ECU 连接器"THW"端子与 E2 间输出电压。所测得的电压应与冷却液温度成反比变化。拆下冷却液温度传感器线束插头，打开点火开关，测量冷却温度传感器的电源电压应为 5 V。

（3）汽车水温传感器与 ECU 连接线束阻值的检查。

用高阻抗万用表电阻挡，测量汽车水温传感器与 ECU 两连接线束的电阻值（传感器信号端、地线端分别与对应 ECU 的两端子间的电阻值），其线路应导通，如表 2-1 所示。若线路不导通或电阻值大于规定值，则说明传感器线束断路或连接器接头接触不良，应进一步检查或更换。

表 2-1　水温传感器的检测

检测部位	检测值	标准值/kΩ
检查传感器两端子间的通断		不能断路
-20℃时传感器阻值		10～20
0℃时传感器阻值		4～7
20℃时传感器阻值		2～3
40℃时传感器阻值		0.9～1.3
60℃时传感器阻值		0.4～0.7
80℃时传感器阻值		0.2～0.4

2）点火曲轴传感器的故障检测与诊断步骤：

①启动发动机，使用综合性能分析仪的"点火提前角"测试模块。

②连接好点火提前角测试频闪灯（也可称为正时枪或正时灯），按下频闪灯电源按钮，将频闪灯对准曲轴飞轮或皮带轮上的 1 缸上止点标记处，调整频闪灯上的电位器，使频闪灯光标相位前后移动，直到曲轴飞轮上的 1 缸上止点标记对准飞轮壳上刻度零点或皮带轮上的 1 缸上止点标记对准指示标记，如图 2-1 所示。

③此时发动机综合测试仪显示器所显示的数值，即为被测发动机的点火提前角的具体值。

④将所测得的发动机点火提前角的具体值与该型号发动机标准值，即技术说明书提供的点火提前角进行比较，若符合要求，说明点火时刻正确；若不符合要求，对点火时刻可以调整的发动机而言，必须进行点火提前角调整。

5. 火花塞故障检测与诊断步骤：

（1）卸下火花塞，观察其电极颜色。电极为白色或铁锈色的火花塞为工作正常；表面有黑烟(混合气过浓因素除外)的火花塞工作质量较次;有严重积炭或油污的火花塞工作质量最差或根本不能工作。

(2)将磁体裂缝轻微,仅在重负荷时才有断火现象的火花塞装在火花塞检查器上,向检查器内充入 748 kPa 的压缩空气,模拟燃烧室在压缩行程时的工况,向火花塞通高压电,使其电极间形成火花(可由玻璃窗口观察)。火花连续而明亮的,火花塞良好,否则有故障。

(3)使发动机怠速运转,用螺丝刀使火花塞断火(搭铁),若被断火的火花塞有故障,则发动机运转情况不变(须排除发动机本身故障)。若断火后,发动机立即抖动,则表明该缸工作正常。

(4)卸下怀疑有故障的火花塞,将其平置于发动机缸体上,拔下高压总线分电器一端,与火花塞接线头接触。打开点火开关拨动分电器白金,使高压电在火花塞电极间跳火,若火花连续而明亮,则火花塞良好,否则应更换火花塞。

6. 点火线圈故障检测与诊断步骤(以 EA3000 型发动机综合性能分析仪为例)

点火线圈常见的故障主要有:受外力而损坏、因电流过大而烧毁。如果点火线圈损坏,则造成点火系统无法工作,发动机无法着车。

(1)检测点火线圈电阻故障。

①将点火开关置于"ON"端。

②拔下线束上点火线圈的接头,用万用表检测该接头上 3 号针脚和电线之间的电压。若电压为 12 V 左右,则正常,否则为线路故障。

③拔下线束上点火线圈的接头,用万用表检测该接头上 1 号针脚和 ECU 的 5 号端口是否有短路或断路现象。若存在,则故障在 ECU 和连接线路上。

④拔下线束上的点火线圈接头,用万用表检测该接头上 2 号针脚和 ECU 的 5 号端口间是否存在短路或断路现象。若存在,则故障位于 ECU 和连接线路上。

⑤使用万用表 200 挡测量点火线圈初级绕组(+)和(-)端子间的电阻值,桑塔纳车初级线圈的参考阻值为:1.7 ~ 2.1 Ω。如果否,故障为线圈初级。

⑥使用万用表 20 k 挡测量点火线圈次级绕组(+)端子与高压线端子之间电阻,桑塔纳车的次级线圈的参考阻值为 7 ~ 12 kΩ。如果否,故障为线圈初级。

⑦搭铁的检查,使用万用表 2 mΩ 挡测量初级绕组与外壳之间的电阻,电阻为无穷大。

(2)检测点火线圈跳火故障。

①断开点火开关,拆下点火线圈" - 1"端子上的全部导线。

②拔出分电器盖上的中央高压线,并使其端头距发动机缸体 5 ~ 7 mm。

③另取一根跨接线并将其一端接到点火线圈" - 1"端子上,另一端在接通点火开关时短时搭铁(每次搭铁时间不得超过 1 s),然后断开(不搭铁),同时观察高压火花跳火情况。如有火花跳火,则说明蓄电池和点火线圈工作良好,故障可能发生在点火控制部件,可继续进行检查。如无火花跳火,则说明点火线圈、点火开关、蓄电池或低压线路有故障,应分别进行检查。

④转动曲轴使触发叶片离开霍尔式信号发生器(如用起动机拖动发动机旋转,则在叶片位置调好后断开点火开关),接通点火开关,用小螺钉旋具或薄铁片在信号发生器气隙中轻轻插入和拔出(即模拟触发叶片在气隙中运动),同时观察高压线端头与发动机缸体之间是否

跳火。如有火花跳火，则说明控制部件工作良好。如无火花跳火，则说明信号发生器、点火控制器或线路有故障。

⑤拔出分电器壳体上的线束插头，取一根跨接线，将其一端接在信号电压输出插片（绿白色导线所连接的插片）上，接通点火开关，将跨接线的另一端短时搭铁（时间不超过 1 s），同时观察跨接线搭铁瞬间，高压线端头与发动机缸体之间是否跳火。如有火花跳火，则说明点火控制器良好，故障发生在霍尔式传感器上。如无火花跳火，则说明为点火控制器及其线路故障。

实训三　电控汽油发动机检测与故障分析

一、实训教学组织

(1)集中讲授仪器、设备的结构和工作原理。

(2)讲解实训内容、操作步骤及注意事项。

(3)根据实训目的、要求进行分组。

(4)在教师指导下,各组学生自己独立操作,并对试验、检测数据进行记录。

(5)教师总结实训情况。

二、实训目的

通过本次实训,使学生进一步加深对本专业所学的"发动机原理""汽车电器与电子技术""汽车测试技术"等相关课程课堂理论知识的理解,增强感性认识,掌握电控汽油发动机检测和故障分析的基本原理和方法,提高实际动手能力,为今后从事生产、科研工作打下较牢固的基础。

三、实训要求

(1)遵守实训操作规程,注意设备及人身安全。

(2)了解实训仪器、设备的检测原理;熟悉实训电控汽油发动机的组成结构;掌握电控汽油发动机有关传感器的检测方法。

(3)能分析电控汽油发动机故障产生的原因及其检测方法。

(4)按时完成实训报告。

四、实训仪器、设备

(1)电控汽油发动机或整车,1台。

(2)汽车电脑故障诊断仪,1台。

(3)多通道示波器,1台。

(4)高阻抗数字式万用表,1台。

(5)相关导线(跨接线)。

(6)相关工具,1套。

(7)对应实训电控汽油发动机或整车维修手册。

五、注意事项

(1)性能分析仪器、设备与发动机连接时,必须在发动机点火开关置于"OFF"位置的情况下进行,否则,容易烧毁性能分析仪器、设备和发动机有关电子元件。

(2)在测试过程中,必须正确区分电源的正负极,且蓄电池负极搭铁必须可靠,否则将影响部分测试信号,以至测试结果不准确。

(3)测试车辆必须摆放平稳,并拉紧手制动器;启动发动机时应将排挡置于空挡位置。

(4)实训场所不得有明火。

六、电控汽油发动机检测方法

1. 空气流量计的检测

空气流量计的电阻如不准确,则送给 ECU 的电压信号不能正确反映空气流量,从而使发动机的功率下降、运转不平稳、油耗增加,所以应对其电阻、输出电压进行检测。

(1)叶片式空气流量计的检测(以丰田佳美 1 VZ – FE 发动机为例)。

1)空气流量计电阻的检测。

空气流量计的原理及检测方法,如图 3 – 1 所示。将点火开关置于"OFF"位置,拔下空气计流量的导线连接器,用万用表电阻挡测量空气流量计上各端子间的电阻,测得的各端子间电阻值应符合表 3 – 1(环境温度约 25℃),否则应进行更换(注意,当改变进气温度时,THA $\sim E_2$ 间的电阻应改变)。

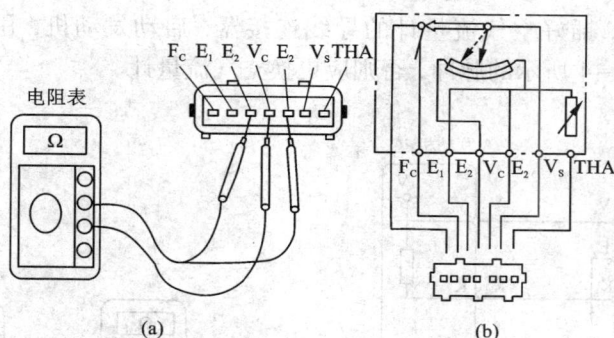

图 3 - 1　叶片式空气流量计的检测方法及原理图

(a) 检测方法；(b) 原理图

表 3 - 1　叶片式空气流量计各端子间的标准电阻值

端子	$V_S \sim E_2$	$V_C \sim E_2$	THA $\sim E_2$	$F_C \sim E_1$
标准电阻值/kΩ	0.2 ~ 0.6	0.2 ~ 0.4	2 ~ 3	∞

2) 空气流量计电压的检测。

将点火开关转至 "ON" 位置，用万用表电压挡测量 $V_C \sim E_2$、$V_S \sim E_2$ 间的电压。测量时将表笔换成针头插入端子。测量结果应符合规定，如表 3 - 2 所示，否则应进行更换。

表 3 - 2　叶片式空气流量计 $V_C \sim E_2$、$V_S \sim E_2$ 各端子间的标准电压值

端子	$V_C \sim E_2$	$V_S \sim E_2$	
		叶片全关	叶片全开
标准电压/V	4 ~ 6	3.7 ~ 4.8	0.2 ~ 0.5

在检测 $V_C \sim E_2$、$V_S \sim E_2$ 间的电压时，首先将各缸喷油器的控制线束拔下，用起动机带动发动机转动，用万用表电压挡测量 $V_S \sim E_2$ 间的电压，$V_S \sim E_2$ 间的电压值应随空气流量计叶片开度的增大而变小，否则应进行更换。

(2) 卡门涡旋式空气流量计的检测(以丰田凌志 LS400 轿车 1UZ - FE 发动机为例)。

1) 卡门涡旋式空气流量计电阻的检测。

卡门涡旋式空气流量计的电路，如图 3 - 2 所示。检测时，首先应将点火开关置于 "OFF" 位置，拔下空气流量计的导线连接器。

如图 3 - 3 所示，用万用表电阻挡测量空气流量计上 THA $\sim E_2$ 端子间的电阻，所测得的 THA $\sim E_2$ 端子间的电阻应符合规定，如表 3 - 3 所示，否则应进行更换。

2) 卡门涡旋式空气流量计电压的检测。

在对 THA $\sim E_2$ 端子间的电阻检测完毕之后，应先插好空气流量计的导线连接器，并将点火开关置于 "ON" 位置，用万用表的电压挡测量各个端子间的电压，其检测结果应符合

23

表 3 −4。如 $V_C \sim E_1$ 端子间电压与标准值不符，应检查发动机 ECU。否则应更换空气流量计。

拔下喷油器线束，插好空气流量计的导线连接器，启动发动机，用示波器测量时端子 $K_S \sim E_1$ 间应有如图 3 −4 所示的脉冲，否则应更换空气流量计。

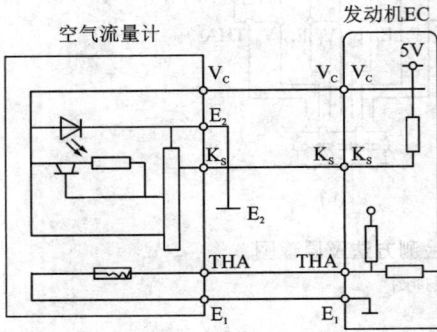

图 3 − 2　卡门涡旋式空气流量计的电路图

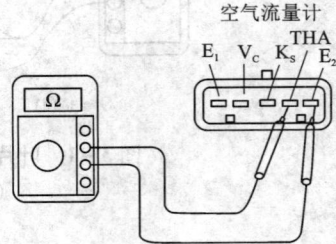

图 3 − 3　检测卡门涡旋式空气流量计电阻

表 3 − 3　卡门涡旋式空气流量计 $THA \sim E_2$ 端子间的标准电阻值

端子	标准电阻值/kΩ	温度/℃
$THA \sim E_2$	2 ~ 3	20
	0.9 ~ 1.3	40

表 3 − 4　卡门涡旋式空气流量计 $V_C \sim E_1$ 端子间的标准电压值

端子	$V_C \sim E_1$	$K_S \sim E_1$	$THA \sim E_2$
标准电压/V	4.5 ~ 5.5	4.5 ~ 5.5	0.5 ~ 3.4

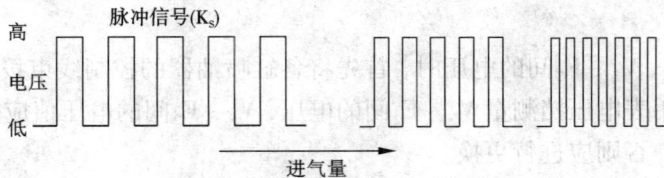

图 3 − 4　卡门涡旋式空气流量计的电压检测信号

(3)热丝式空气流量计的检测(以日产 A33 发动机为例)。

①热丝式空气流量计与 ECU 的连接线路，如图 3 −5 所示。

②将点火开关置于常开挡，用万用表电压挡测量，其"2"脚与"3"脚间应有约 5 V 的电压，"4"脚与搭铁间应有约 12 V 的蓄电池电压，否则，应检查电源电路或 ECU 线路。

③启动发动机，并适时改变发动机转速，测量流量计的"1"脚与"3"脚间电压，发动机怠速时为 1.2 ~ 1.8 V，随着转速升高，电压也升高，发动机以 2500 r/min 运转时，电压为 1.6 ~

2.2 V，否则应检查或更换流量计。

④经步骤②的方法进行检测后，如果各插脚的电压正常，但发动机仍然无法启动或无法加速，可采用拆下空气滤清器，从流量计的进风口吹风的方法进行检测。此时风速越高，"1"脚与"3"脚间电压越高，否则应更换流量计。

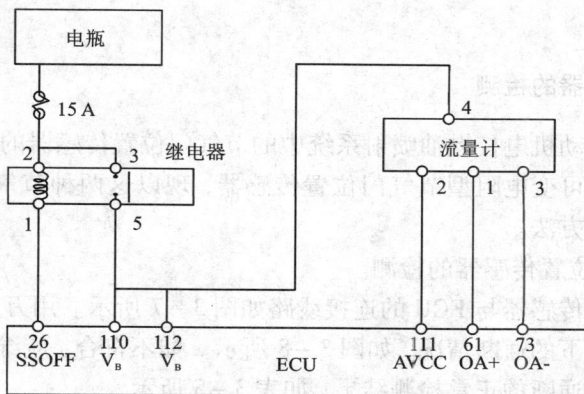

图 3 - 5　热丝式空气流量计与 ECU 的连接线路图

（4）热膜式空气流量计传感器的检测（以捷达 5 气阀电喷发动机为例）。

①该发动机在无空气流量信号的情况下，发动机仍可运行，但无法加速。其空气流量计与 ECU 的连接线路，如图 3 - 6 所示。

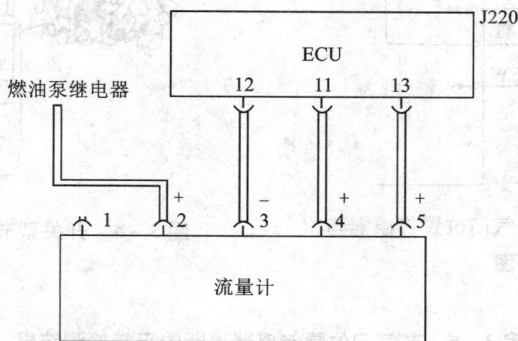

图 3 - 6　热膜式空气流量计与 ECU 的连接线路图

②首先，关闭点火开关，并将空气流量计插线连接器拔下，用万用表电阻挡测量"3"脚与车身搭铁间的电阻，其值应为"0"Ω（搭铁脚）。

③插好空气流量计导线连接器，将点火开关置于长开挡，用万能表电压挡测量"4"脚与"3"脚间的电压值，检测结果应有 5 V 的电压，否则，即为 ECU 或 ECU 至空气流量计之间的导线有故障。

④启动发动机，用万能表电压挡测量"2"脚与搭铁间的电压值，检测结果应约有 14 V 的电压。否则，应检查油泵继电器至空气流量计之间的连接线路。

⑤用万用表电压挡测量"5"脚与"3"脚间的电压,发动机怠速时约 1.4 V,随着发动机转速的升高,"5"脚与"3"脚间所测得的电压也随之升高,最高转速对应的电压约 2.5 V。否则应更换该空气流量计。

⑥如发动机不能加速,应拆下空气滤清器,从空气流量计的进气口吹风,用万用表电压挡测量"5"脚与"3"脚间的电压,随着风速的增大,"5"脚与"3"脚间的电压值也应变高,否则应更换该流量计。

2. 节气门位置传感器的检测

目前安装在汽车发动机电控燃油喷射系统中的节气门位置传感器的类型有很多,但常用的主要有开关型和线性可变电阻型节气门位置传感器,现以这两种节气门位置传感器为例,分别介绍其检测的基本方法。

(1)开关型节气门位置传感器的检测。

开关型节气门位置传感器与 ECU 的连接线路如图 3-7 所示。用万用表电阻挡测量节气门开度大小在不同情况下的通断情况,如图 3-8 所示。如不符合,应维修触点,或更换。

节气门位置传感器通断的正常检测结果,如表 3-5 所示。

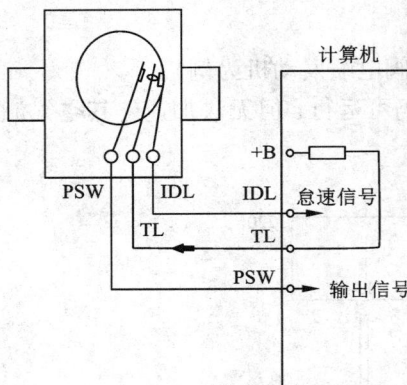

图 3-7 丰田 1G-EU 节气门位置传感器与 ECU 线路图

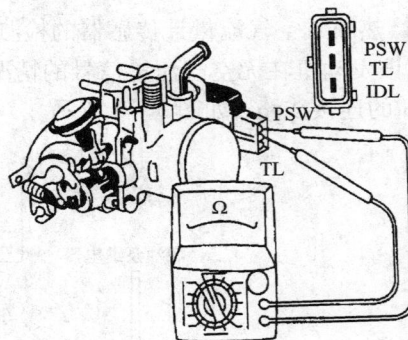

图 3-8 开关型节气门位置传感器检测

表 3-5 节气门位置传感器通断的正常检测结果

节气门开闭状态	测量端子	
	TL-IDL	TL-PSW
全闭	通	断
轻微打开	断	断
全开	断	通

（2）线性可变电阻型节气门位置传感器的检测。

线性可变电阻型节气门位置传感器与 ECU 的连接线路，如图 3 - 9 所示。

传感器端子电压检测：将点火开关置于"ON"位置，用万用表电压挡测量节气门位置传感器各个端子间电压，传感器端子导线插头一般如图 3 - 10 所示。其测量值应符合表 3 - 6。在节气门全开至气门全闭过程中，$V_{TA} \sim E_2$ 端子间的电压应逐渐增大，如图 3 - 11 所示。如测量结果不符合，应进行修理或更换。

传感器的电阻检测：拔下传感器导线插头，用万用表电阻挡测量，各端子的电阻应符合表 3 - 7 的检测值。$V_{TA} \sim E_2$ 端子间的电阻值随节气门开度的增大，电阻值应线性增大，不应出现中断现象，如不符合规定，应进行更换。

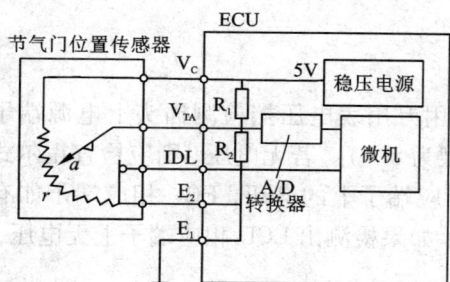

图 3 - 9　线性节气门位置传感器线路连接图

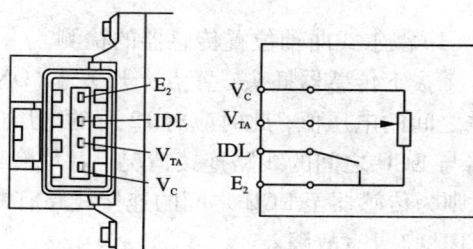

图 3 - 10　节气门位置传感器导线插头

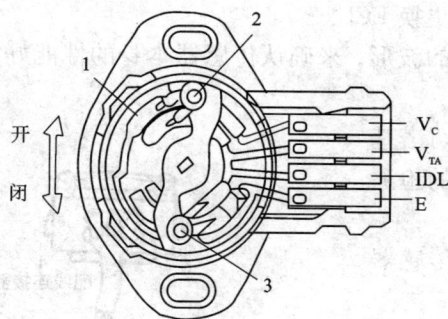

(a) 结构图

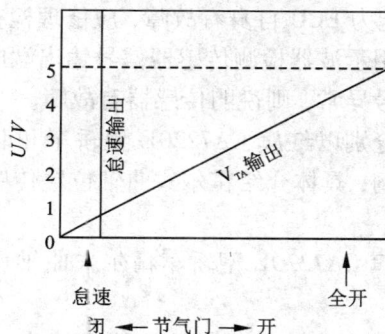

(b) 特性曲线

图 3 - 11　线性节气门位置传感器的结构与特性曲线图

表 3 - 6　传感器端子电压正常的检测值

端子	条件	电压/V
$IDL \sim E_2$	节气门全开	9 ~ 14
$V_C \sim E_2$	—	4.0 ~ 5.5
$V_{TA} \sim E_2$	节气门全闭	0.3 ~ 0.8
	节气门全开	3.2 ~ 4.9

表 3 - 7　传感器端子电阻正常的检测值

节气门开度	测量端子		
	$V_C \sim E_2 / k\Omega$	$V_{TA} \sim E_2 / k\Omega$	$IDL \sim E_2 / k\Omega$
全闭	3.1 ~ 7.2	0.34 ~ 6.3	0.5 或更大
轻微打开	3.1 ~ 7.2	0.34 ~ 6.3	∞
全开	3.1 ~ 7.2	2.4 ~ 11.2	∞
全闭→全开	3.1 ~ 7.2	电阻逐渐增大	∞

3. 曲轴位置传感器的检测

（1）霍尔式曲轴位置传感器的检测。

①拔下传感器插头，置点火开关于"ON"位置，用万用表电压挡检测插头上电源端子与搭铁之间的电压值，此时应有 12 V 的电压（有些车型为 8 V）。若无电压，则应检查霍尔式传感器与 ECU 之间的线路连接情况，以及检测 ECU 相应端子上的电压，ECU 相应端子如有电压，则为传感器至 ECU 之间的连接线路有断路故障；如果检测出 ECU 相应端子上无电压，则为 ECU 自身有故障。

②将拔下的传感器插头重新连接好，启动发动机，用万用表电压挡检测霍尔式传感器输出端子的电压信号，此时正常的输出电压值为 3 ~ 6 V，若无输出信号或输出电压值过高、过低，则可能为 ECU 自身有故障，应修理检查或更换 ECU。

③可用示波器检测传感器信号输出端电压的波形，来确认传感器本身的性能好坏，如无信号或信号异常，则说明传感器有故障。

下面分别以红旗 CA7220E 型轿车和北京切诺基吉普车为例，具体介绍霍尔式曲轴位置传感器的检测方法。

1）红旗 CA7220E 型轿车霍尔式曲轴位置传感器的检测。

它由安装在离合器壳上的传感器头和位于飞轮盘上的靶轮两部分组成，其作用是输出供发动机电控单元 ECU 计算并确认曲轴位置和发动机信号。该传感器一旦发生故障可按以下方法和步骤进行检测：

①首先将点火开关置于"OFF"位置，拔下曲轴位置传感器与发动机转速传感器配线连接插头。

②如图 3 - 12，将检测灯接线夹 1 与发动机机体进行连接，接线夹 2 与蓄电池正极相连，并将检测灯配线连接器 4 与曲轴位置传感器和发动机转速传感器的配线连接器相连，如图 3 - 12 所示。

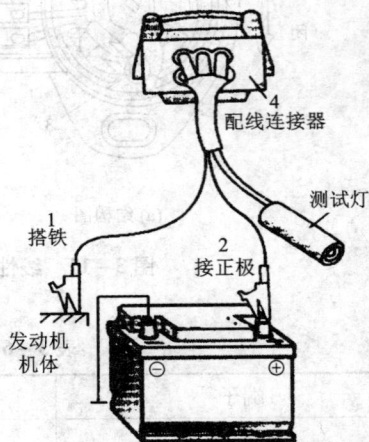

图 3 - 12　红旗 CA7220E 型轿车曲轴位置传感器的检测方法

③启动发动机或用起动机带动发动机曲轴转动，此时，检测灯应快速闪烁，如检测灯不闪烁，或常亮、常灭，均为表面曲轴位置传感器和发动机转速传感器有故障，应进行修理或更换。

2)北京切诺基吉普车霍尔式曲轴位置传感器的检测。

该传感器安装在变速器壳体上，发动机工作时，向控制单元 ECU 提供曲轴位置信号，信号板与飞轮同步旋转，其边缘上开有不同的槽组(4 缸发动机为两组，每组四个槽；6 缸发动机为 3 组，每组四个槽；4 缸发动机槽组间相隔 180°，6 缸发动机槽组间相隔 120°)。北京切诺基吉普车曲轴位置传感器与电控单元 ECU 的连接方法，如图 3 – 13 所示。该传感器一旦发生故障可按以下方法和步骤进行检测：

①将曲轴位置传感器的 B、C 端子与示波器输入端相连。

②接通点火开关，启动发动机，此时示波器上应显示出脉冲信号波形。

③如果无波形显示，可取下示波器连线，检查曲轴位置传感器端子 A 与搭铁之间的电压

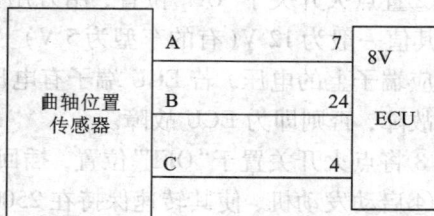

图 3 – 13 北京切诺基吉普车曲轴
位置传感器的检测方法

应为 8 V 左右。如无电压，应检查配线或接线器有无断路或接触不良的情况，如检测结果电压正常，则可能是曲轴位置传感器自身的故障，应对其进行修理或更换。

(2)电磁感应式曲轴位置传感器的检测。

电磁感应式曲轴位置传感器大多安装在曲轴前端或分电器内部，也有的安装在凸轮轴前端或曲轴飞轮处。其功能主要是检测发动机曲轴转角、发动机转速和活塞上止点位置，并将所检测信号传送到发动机电控单元，用以控制发动机的点火时间和喷油正时。其安装位置及结构，如图 3 – 14 所示。电磁式曲轴位置传感器的检测方法主要有：开路检测法和在路检测法。以下分别进行介绍：

1)开路检测法。

①首先将点火开关置于"OFF"位置，拔下曲轴位置传感器接线器插头。

②用万用表电阻 $R \times 10\ \Omega$ 挡，测量传感器磁感应线圈的电阻值，其值应符合原厂规定(一般为 $300 \sim 1500\ \Omega$)。

2)在路检测法。

①将万用表测量表笔与传感器输出端子相接，分别测量在发动机启动及运转时传感器的输出电压，启动时应高于 0.1 V，运转时应为 0.4 ~ 0.8 V。

②用示波器检测其输出波形信号，其波形变化如图 3 – 14 所示。

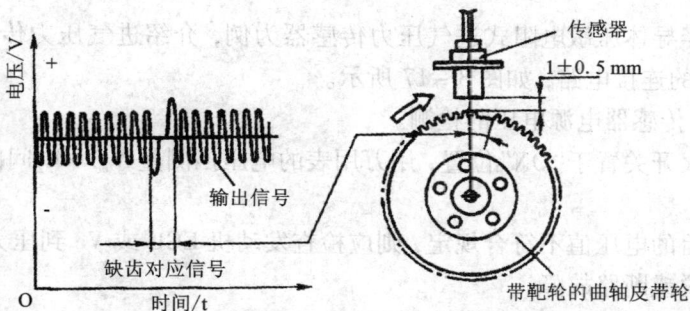

图 3 – 14 传感器波形

③如果在传感器上能检测到电压信号，而在 ECU 连接器上检测不到信号，则应检查传感器至 ECU 之间的连接导线以及插接器是否连接牢靠或有无断路故障。

（3）光电式曲轴位置传感器的检测（图 3－15 所示为光电式曲轴位置传感器的结构）。

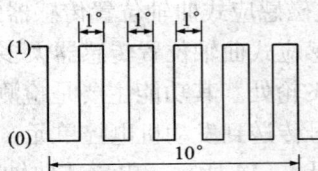

①首先将点火开关置于"OFF"位置，拔下曲轴位置传感器接线器插头。

②置点火开关于"ON"位置，用万用表电压挡检测插头电源端子与搭铁端子之间的电压值，其值一般为 12 V（有的车型为 5 V）。若无电压信号，则应检测传感器至 ECU 之间的导线和相应端子上的电压，若 ECU 端子有电压，则为 ECU 至曲轴位置传感器之间的连接导线有断路故障，否则即为 ECU 故障。

③将点火开关置于"OFF"位置，插回曲轴位置传感器接线器插头。

④启动发动机，使其转速保持在 2500 r/min 左右，用万用表电压挡检测传感器输出端子上的输出电压，正常值一般为 2～3 V，如果不在此范围内，即为光电式曲轴位置传感器损坏。

⑤用示波器检测出光电式曲轴位置传感器的有关波形，根据波形变化情况也可判断光电式曲轴位置传感器的好坏。

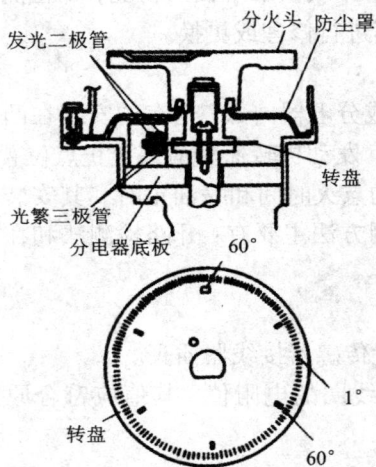

图 3－15　光电式曲轴位置传感器

图 3－16　120°时的波形示意图

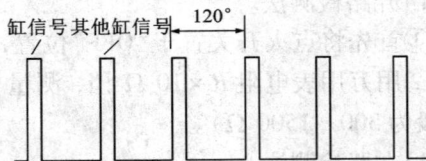

4. 进气歧管绝对压力传感器的检测

以丰田轿车半导体压敏电阻式进气压力传感器为例，介绍进气压力传感器的检测方法。该传感器与 ECU 的连接电路，如图 3－17 所示。

（1）进气压力传感器电源电压的检测。

①首先将点火开关置于"ON"位置，用万用表的电压挡测量 V_{cc}～E_2 间的电压，其电压值约为 5 V。

②如果所测得的电压值不符合规定，则应检查发动机 ECU 或 Vc 到压力传感器的 Vcc 间的导线是否有松脱或断路故障。

（2）进气压力传感器输出电压信号的检测。

①将点火开关置于"ON"位置，不要着车，拔下传感器真空软管。

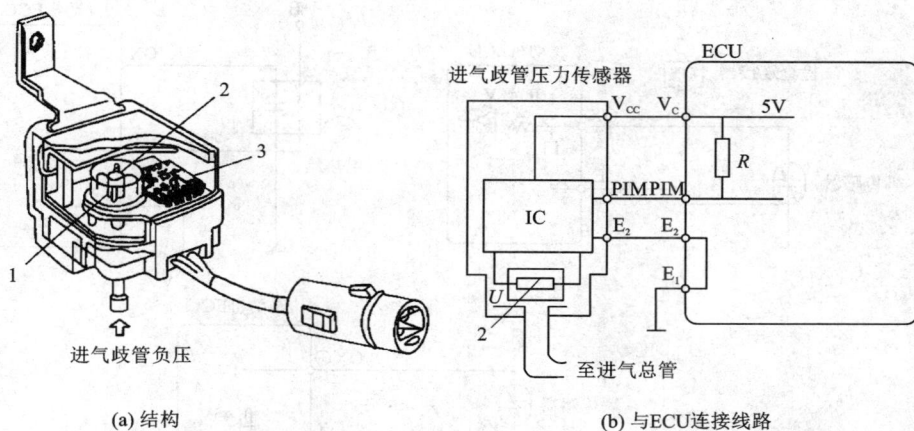

(a) 结构　　　　　　　　　　　　(b) 与ECU连接线路

图 3-17　丰田轿车半导体压敏式进气压力传感器的结构及与 ECU 连接线路图
1—真空管；2—硅片；3—混合集成电路

②用真空泵向进气压力传感器内施加真空，用万用表电压挡分别测量 PIM ~ E_2 端子间的输出电压。测量值应符合表 3-8 所示规定。如测量值不符合规定，则应进行更换。

表 3-8　进气压力传感器 PIM ~ E_2 端子之间输出电压标准值

真空度/kPa(或 mmHg)	13.3 (100)	26.7 (200)	40.0 (300)	53.5 (400)	66.7 (500)
电压值/V	0.3 ~ 0.5	0.7 ~ 0.9	1.1 ~ 1.3	1.5 ~ 1.7	1.9 ~ 2.1

5. 氧传感器的检测

传感器的连接线路，如图 3-18 所示。

(1) 氧传感器加热器电阻的检测。

拔下氧传感器线束插头，用欧姆表测量传感器连接线端中加热器端子与搭铁端子间的电阻，如图 3-19 所示。测量结果应为 4 ~ 40 Ω。

(2) 氧传感器反馈电压的测量。

①将 FLUKE 示波器调至电压挡。

②将发动机热车至正常工作温度。

③将表笔正极插入故障诊断座内的 OX_1 或者 OX_2 插孔(或直接插入传感器的信号输出线)，负极接诊断座内的 E_1 插孔或蓄电池负极。

④让发动机以 25000 r/min 左右的转速保持运转，同时检查电压能否在 0 ~ 1 V 来回跳动。记下 10 s 内跳动的次数。通常在 0.45 V 上下不断变化，10 s 内表跳动次数应不多于 8 次，否则应进行更换，如图 3-20 所示。

31

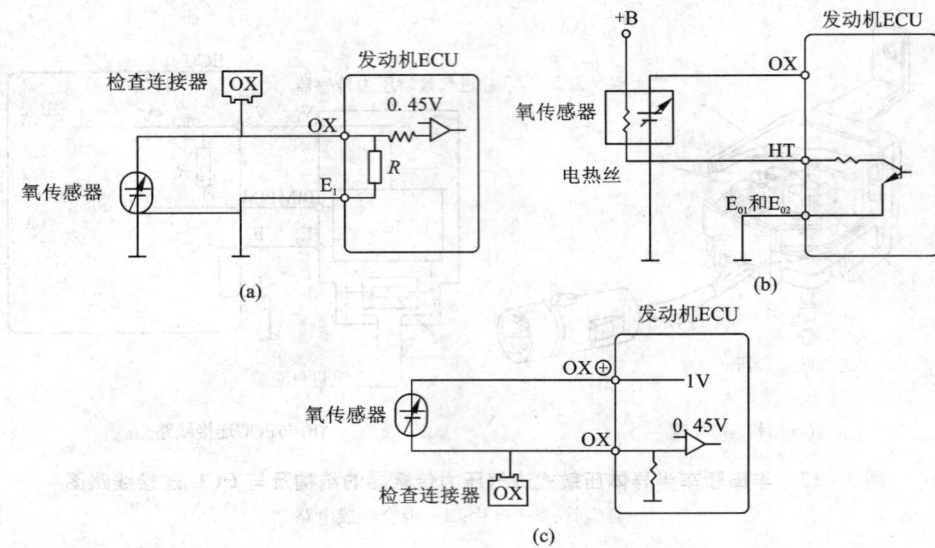

图 3-18 传感器的连接电路图

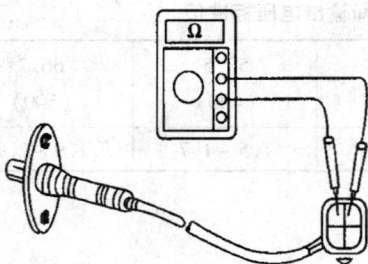

图 3-19 氧传感器加热器电阻的检测

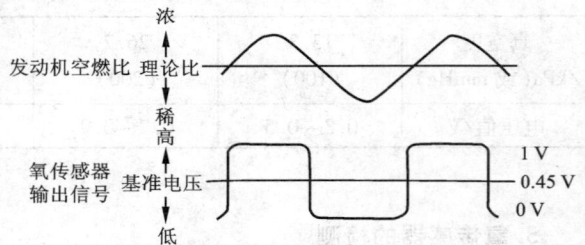

图 3-20 氧传感器反馈电压的测量结果

（3）氧传感器功能检测。

拔下氧传感器的线束，使传感器不再与电控单元连接，反馈控制系统进入开环控制态。将电压表的正极测笔直接与氧传感器反馈电压输出端连接，负极与蓄电池负极连接，运转发动机，脱开接在进气歧管上的曲轴箱强制通风管或其真空软管，人为地形成稀混合气，电压应下降；拔下水温传感器，形成浓混合气，电压应上升。否则，应更换传感器。

（4）氧传感器的拆卸检查。

拆下传感器，检查传感器外壳上的通气孔有无堵塞（二氧化锆元件型）、陶瓷芯有无破损；检查氧传感器的颜色，正常颜色为淡灰色。

6. 爆震传感器的检测

（1）爆震传感器输出信号的检查。

检查爆震传感器是否正常，可在发动机工作时，用示波器检测传感器输出电压波形。应有不规则的震动波形，且该波形随发动机爆燃情况的变化有明显的变化，否则应进行更换，如图 3 – 21 所示。

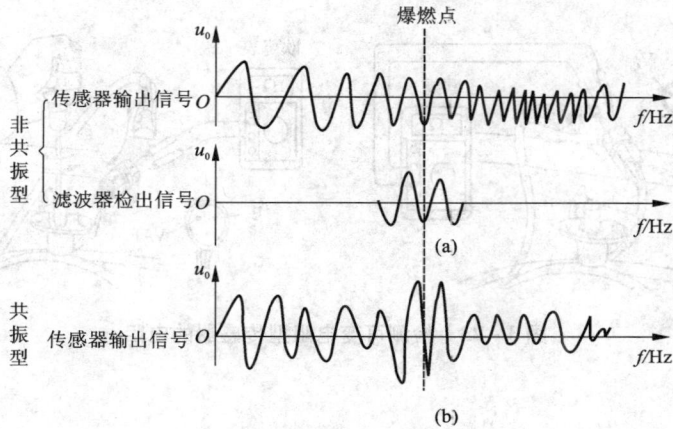

图 3 – 21　爆震传感器输出电压不规则振动波形图

（2）爆震传感器电阻的检测。

如果测量传感器电阻值时，此电阻值极小，则说明传感器有故障。

7. 可变电阻型传感器的检测

可变电阻型传感器的一般电路连接，如图 3 – 22 所示。

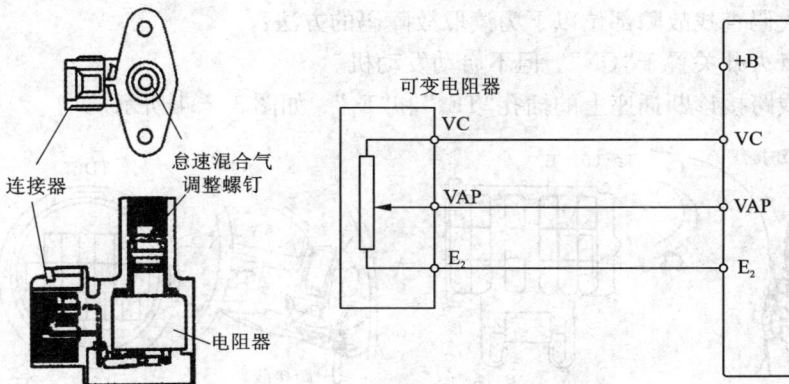

图 3 – 22　可变电阻型传感器的连接线路图

（1）可变电阻型传感器的电阻检测：

脱开传感器的导线连接插头，用万用表电阻挡测量端子 Vc 与 E_2 间的电阻，测得结果约为 46 kΩ，如图 3 – 23 所示。用螺钉旋具转动怠速混合气调整螺钉，VAP ~ E_2 间的电阻应在 0 ~ 5 kΩ 变化。否则应进行更换。

（2）可变电阻型传感器的电压检测。

将点火开关置于"ON"位置，用万用表电压挡测量端子 V_c、E_2 间的电压为 4 ~ 6 V，调整螺钉深度，VAP ~ E_2 间的电压应当在 0 ~ 5 V 变化。否则应进行更换。

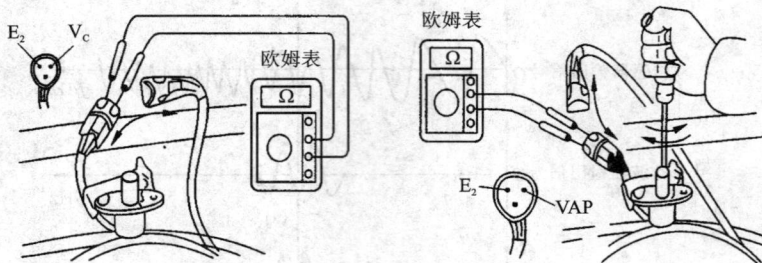

图 3 – 23　检测可变电阻型传感器的电阻

七、电控汽油发动机故障原因与分析

1. 发动机不能启动，且无任何着火的征兆（以丰田车系轿车为例）

（1）故障现象。

启动发动机时，起动机能够带动发动机运转，但发动机无任何启动的征兆。

（2）故障检测与分析。

进行发动机故障自诊断，检查有无故障码，如曲轴位置传感器故障等。如有故障码，可按显示的故障代码查找故障部位以下为读取故障码的方法：

①首先将点火开关置于"ON"，但不启动发动机。

②用跨接线跨接诊断插座上的插孔"TE_1"和"E_1"，如图 3 – 24 所示。

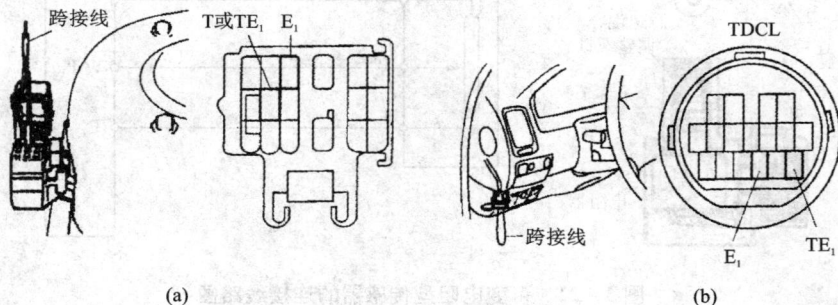

(a)　　　　　　　　　　　　　　(b)

图 3 – 24　检测诊断插座

③仪表板"CHECK ENGINE"故障指示灯将闪烁（如图3－25所示），按照故障产生的先后顺序，显示故障码。故障波形如图3－26所示。

图3－25　仪表故障指示灯

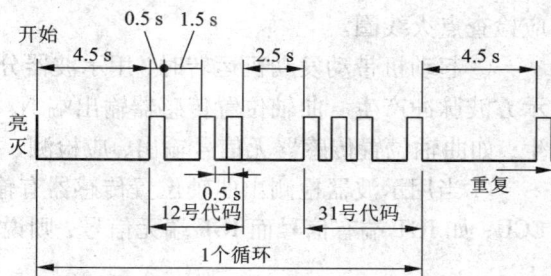

图3－26　故障波形图

④完成检查后，拆下诊断跨接线。

⑤对故障部位进行检测修理后，必须将记录在ECU中的故障码进行清除。清除方法：将点火开关置于"OFF"位置，从熔断丝盒中拆下EFI熔断丝（如图3－27所示）10 s以上即可。

（2）检查熔断丝盒，重点检查整车线路保险盒内的EFI、IGN等熔断丝是否已被熔断，如图3－27所示。

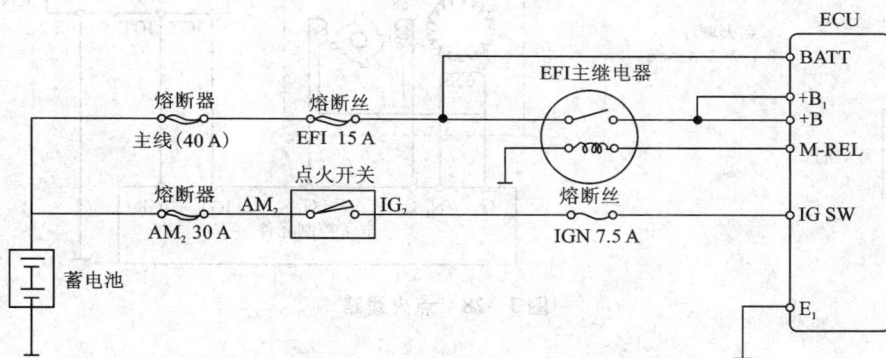

图3－27　电源线路图

（3）用起动机带动发动机旋转的过程中，注意辨别排气管所排出的废气是否有明显的汽油味。如没有任何汽油味，则造成发动机不能启动的原因在供油系统的可能性较大；如有较浓的汽油味，则造成发动机不能启动的原因在点火系统的可能性较大。

（4）高压试火。从分电器中央插孔上拔下中心高压总线或从火花塞上拔下高压分线，让线端子的金属距离发动机缸体5~6 mm，用起动机带动发动机曲轴转动，观察高压线端有无强烈的、蓝色的高压火花。如果没有高压火花或高压火花很弱，则应检查点火系统是否有故障。

（5）点火系统的检查。

①将点火开关置于"ON"，但不启动发动机，用万用表电压挡检查点火线圈低压线路，如

35

图 3 - 28 所示。正常情况下，从点火线圈(+)端到搭铁及点火器 + B 端均应有 12 V 电压，如果检测值不符合规定，则应检查电源电路。

②用万用表电压挡检测点火器 $C_{(-)}$ 端，应有接近 12 V 电压，如果检测值不符合规定，则应检查点火线圈。

③起动机带动发动机运转时，用示波器分别检测点火器 IGT、IGF 端是否有如图 3 - 29 所示方波脉冲产生。曲轴位置传感器输出端 N_E、G_1、G_2 到 $G_{(-)}$ 端应有如图 3 - 30 所示信号产生，如曲轴位置传感器无信号输出，应检测、检修曲轴位置传感器。

④当用示波器检测出曲轴位置传感器有输出信号产生，而 IGT 无信号时，则故障可能在 ECU；如 IGT 端有信号而 IGF 端无信号，则说明点火器可能有故障。

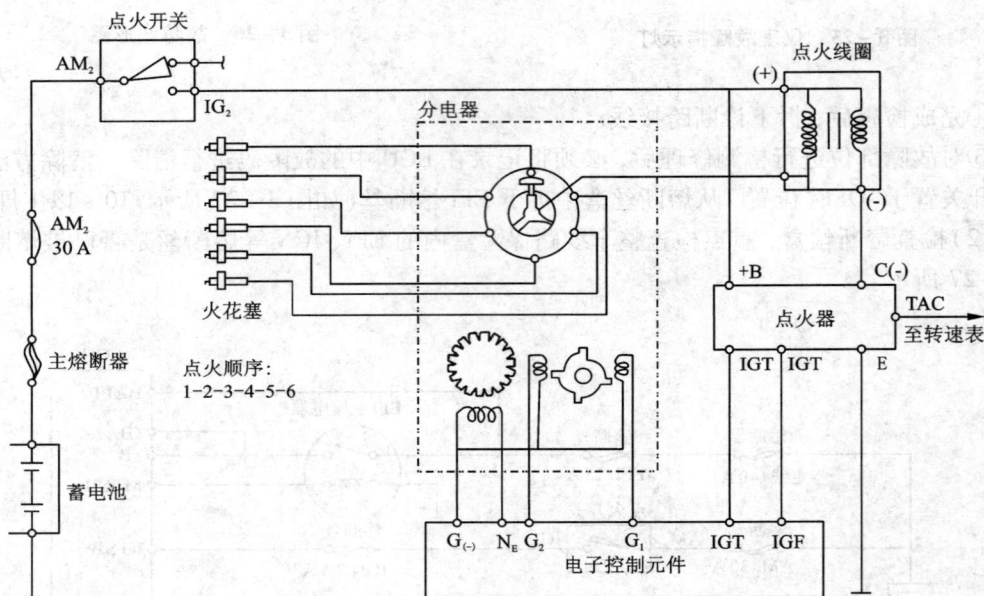

图 3 - 28 点火线路

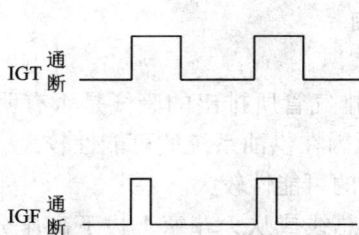

图 3 - 29 信号波形

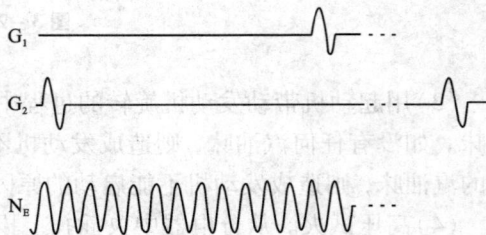

图 3 - 30 信号波形

(6)检查点火正时。如果点火正时与标准值相差太远，发动机就会无任何启动迹象。点火正时具体的检查、调整方法按以下步骤进行：

①将正时灯与发动机连接(将正时灯的线钳夹在第一缸的高压线上)。

②使发动机怠速处于运转状态。

③用跨接线将诊断座上的端子 TE_1 与 E_1 连接,如图 3 – 24 所示。

④用正时灯检查点火正时,其点火提前角一般为上止点前 10°,如图 3 – 31 所示。

5)脱开诊断座上的跨接线,用正时灯进一步检查点火正时,正时记号在 10°的每侧移动量不超过 5°。如果检测结果与规定值不相符,则应对点火正时进行检查调整。具体操作方法:如有些车型在分电器上有调整螺钉,调整时,拧松该螺钉,左右旋转分电器壳体即可改变点火正时提前角,如果采用此方法不能达到调整要求时,则应检查凸轮轴与曲轴的装配关系,如正时皮带是否装配正确、正时记号是否对正等。

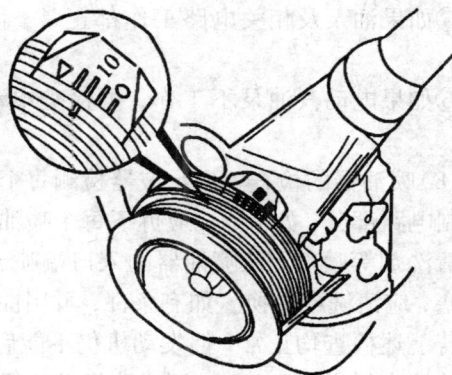

图 3 – 31　检查点火正时

(7)油路的检查。如供油系统有故障,造成燃油压力过低,同样会使发动机不能启动,其检查方法和步骤如下:

①用跨接检测导线将检测插孔的 + B 和 FP 短接,并将点火开关置于"ON"位置,如图 3 – 32 所示。

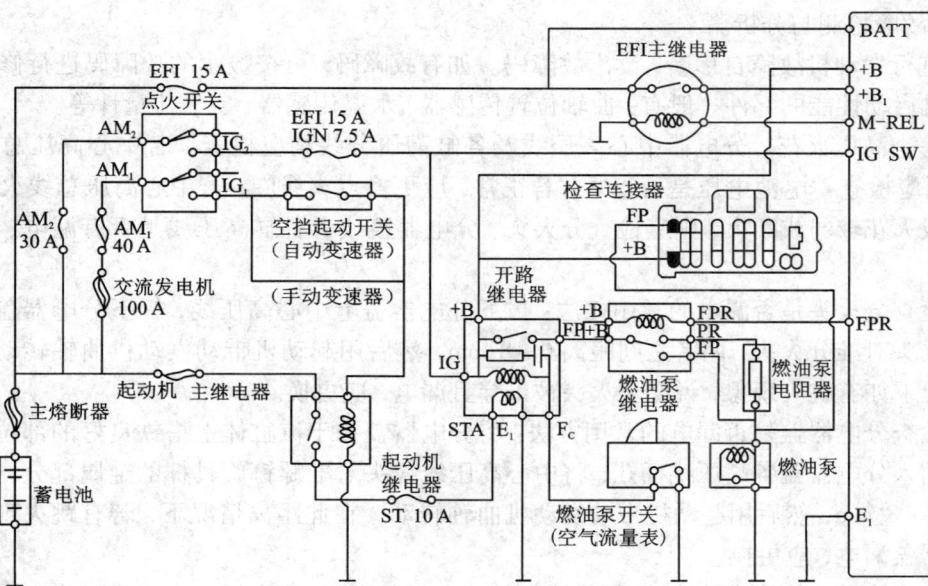

图 3 – 32　电动汽油泵线路图

②将点火开关置于"ON"位置,此时应能听到燃油电动油泵工作的声音,用手握住电动油泵进油管时,应能明显感觉到进油管的油压脉动,否则电动油泵可能有故障。

③如有条件应在怠速喷口或方便的地方接汽油压力表,测量汽油压力,将点火开关置于

"ON"位置，在发动机未运转的状态下，正常燃油压力应不低于0.3 MPa。

④如果检测出燃油压力明显过低，可用钳子包上软布，将油压调节器的回油管堵住，阻断回油通路。正常情况下，油压应迅速上升。如果燃油压力上升缓慢或基本不上升，则说明油路堵塞或电动燃油泵有故障。

⑤如果油泵及相关电路工作都正常，但输出油压仍偏低，则须检查油压调节器是否有故障。

⑥如果电动汽油泵不工作，可检查电动油泵控制电路，如果电路正常，则说明汽油泵故障。

（8）喷油器的检查。用示波器检测每个喷油器接线两端是否有电脉冲。如果没有，应检查控制电路部分；如果有，应拆下每个喷油器，在喷油器接线端加12 V电压，用除锈水或化油器清洗剂等喷剂，从喷油器的入口端喷放喷剂，看喷嘴是否有喷剂喷出；如没有，说明喷嘴堵塞，应清洗或更换。如有条件，可用性能分析仪器对喷油器进行清洗及检验。

若上述检查均正常，但发动机仍不能启动，则应进一步检查发动机气缸压缩压力。若气缸压缩压力低于0.8 MPa，则说明发动机机械部分有故障。

2. 发动机有着火征兆，但仍不能启动

（1）故障现象。

启动发动机的时候，起动机能带动发动机正常运转，有轻微的着火征兆，但发动机始终不能着火。

（2）故障检测与分析。

1）进行发动机故障自诊断，读出故障码。如有故障码，可按显示的故障码进行修理。影响发动机启动性能的部件一般有：曲轴位置传感器、水温传感器、空气流量计等。

2）检查高压火花。分电器中心高压线及各缸高压分线均应检查。若中心高压总线火花太弱，则应检查蓄电池电压是否正常，若正常，应更换点火线圈；若中心高压总线火花正常而分缸线火花较弱或断火，则应检查分火头、分电器盖或者各缸高压线是否有漏电、断路的情况。

①检查分火头是否漏电的常用方法：拔下分电器盖上中心高压线，拆下分电器盖，将中心高压线头对准分火头，两者之间距离6~8 mm，然后用起动机带动发动机曲轴转动，在此距离情况下如有跳火现象，说明分火头被击穿且漏电，应更换。

②检查分电器盖是否漏电的常用方法：将分电器盖扣于汽缸体上搭铁良好的部位，用螺钉旋具插入分电器盖各高压线插孔，将中心高压线线头对准螺钉旋具杆的金属部分，两者之间距离6~8 mm，然后用起动机带动发动机曲轴转动。在此距离情况下，若有跳火现象，说明分电器盖漏电，应更换。

3）检查火花塞。火花塞电极间隙为0.8~1.2 mm，若火花塞间隙太大或过小，都将影响发动机的启动性能。拆检火花塞时，若发现火花塞的表面有大量的汽油，则说明气缸中有呛油现象。此时，应将全部火花塞拆掉，断掉喷油器电路，将节气门全开，用起动机带动发动机曲轴转动几圈即可。如果仍出现呛油现象，应拆检喷油器，检查喷油器性能，即有无漏油、雾化效果等现象。

4）检查燃油压力。若燃油压力低于0.3 MPa，应检查燃油滤清器是否有堵塞、油压调节器及电动油泵是否已损坏。

5）检查空气供给系统。如果因空气滤芯过脏造成堵塞，发动机也难以启动，此时可拆掉滤芯后启动发动机。如能正常启动，则应更换空气滤芯，并检查进气系统有无漏气现象。采用空气流量计进气量的燃油喷射系统，如在流量计的后面漏气，将影响进气量的计量准确性，使混合气过稀，严重时发动机无法启动。此时，应检查流量计后面的进气软管有无破裂，各接头卡箍有无松脱，曲轴箱通风软管是否接好。

6）检查空气流量计。如果空气流量计没有空气流量信号输出，发动机将无法工作。应查看空气流量计本体有无破裂、测量板转动是否发卡、转轴是否松旷等。如有上述不良情况，则应更换空气流量计；若无，应用万用表测量空气流量计各端子间的电阻及输出信号是否正常，如不正常应更换空气流量计。

7）检查水温传感器。水温传感器无信号输出或输出信号不准确，将影响发动机 ECU 对喷油量的修正，造成混合气过浓或过稀，使发动机不能启动、运转不平稳、停转或间断运转。水温传感器的好坏主要通过检测其不同温度时的电阻值，是否符合规定值来确定。

8）检查冷启动喷油器。启动发动机，用示波器检测冷启动喷油器接线端是否有脉冲，若无，应检查冷启动喷油器控制电路；若有，应继续检查喷油器是否堵塞。

9）检查点火正时。点火正时不正确，将使发动机难以启动。

3. 发动机启动困难

（1）故障现象。

启动发动机时，曲轴运转速度正常，有明显着火征兆，但需要较长时间才能启动，有时甚至无法启动。

（2）故障检测与分析。

①进行发动机故障自诊断，检查有无故障码，并消除所有的故障代码。

②检查进气系统漏气。进气系统漏气将影响发动机的启动性能。可用棉纱在进气系统外表移动，若有吸附棉纱现象，说明该处有漏气发生。用真空表检测进气管的真空度，其真空度应不小于 66.7 kPa。

③检查空气滤清器。如果空气滤清器滤芯堵塞，会导致通气不畅，进气量不足，混合气过浓，使发动机启动困难。此时，应清洗或更换空气滤清器滤芯。

④检查急速控制阀。如果节气门全关时启动困难，而稍稍打开节气门时，发动机正常启动，并且启动后关闭节气门，发动机发抖甚至熄火，那么急速控制阀有故障的可能性较大。为进一步确认，可拔下急速控制阀线束插头，或将附加空气阀进气软管用钳子夹住，如果发动机转速没有下降，则说明急速控制阀工作不正常。

⑤检查燃油压力。燃油压力应在 300 kPa 左右。

⑥检查温度时间开关。温度时间开关触点接触不良或加热线圈不良，将使冷启动喷油器不喷油或连续喷油，发动机启动时缺油或产生"淹死"现象，造成混合气过稀或过浓，使发动机启动困难。

⑦按前文介绍的检查空气流量计的方法检查空气流量计。

⑧检查冷启动喷油器。首先检查喷油器线束插头电压，如正常，再检查喷油器是否堵塞。如热车状态下难启动，应检查冷启动喷油器是否滴漏。如果冷启动喷油器不工作或工作

性能异常，将使发动机启动困难。

⑨检查水温传感器。水温传感器的故障，会影响喷油量的修正，可能会造成混合气过浓或者过稀，而使发动机难于启动。应检测水温传感器在不同水温下的电阻值变化是否符合标准。

⑩按前文介绍的方法检查点火正时。

⑪检查启动开关至电脑的启动信号是否正常，如果电脑接收不到启动开关的启动信号，就不能进行启动加浓控制，也会导致启动困难。对此，应检查 ECU 的 STA 端在启动时有无信号。

⑫按前文介绍的检查气缸压缩压力的方法检查发动机气缸压缩压力。

⑬如上述检查均正常，可换一个新的 ECU 重试，重试后如正常，则说明原车 ECU 有故障，应更换 ECU。

4. 发动机怠速运转不良

（1）故障现象。

发动机在怠速运转的情况下，转速不稳定、发抖，甚至熄火。

（2）故障检测与分析。

①进行发动机故障自诊断，检查有无故障代码，并消除所有的故障代码。

②检查进气系统是否漏气。如果进气系统有漏气现象，进入汽缸的混合气变稀，使发动机在怠速运转时，造成怠速不稳甚至熄火。

③检查空气滤清器。拆掉空气滤清器滤芯后启动发动机，如能怠速运转正常，则应更换空气滤芯。

④用前文介绍的方法检查怠速控制阀的工作性能，如怠速空气通道是否有堵塞等。拔下怠速控制阀插接器插头，如果怠速运转不稳的现象无改变，则说明怠速控制阀工作不良；如果怠速运转不稳的现象发生改变，且怠速运转不稳的现象加剧，则说明怠速控制阀工作性能正常。

⑤用前文介绍的方法检查水温传感器的电阻值是否符合规定。

⑥检查附加空气阀。正常情况下，在发动机温度上升后，附加空气阀应处于关闭的状态，使发动机在怠速时，其转速高于正常的怠速转速。当将附加空气阀软管堵死后，如果怠速转速下降，则可判断为附加空气阀在发动机处于怠速运行的情况下不能关闭，应进行检修或更换。

⑦拆检火花塞。按规定检查调整火花塞电极之间的间隙，并检查电极是否有积炭、烧蚀等现象，跳火是否正常，如有必要，应进行更换。

⑧检查燃油压力。发动机在怠速运转时，其燃油压力应在 250 kPa 左右，如压力过低，则应检查油压调节器、电动燃油泵、汽油滤清器等。

⑨拆检喷油器。在喷油器试验台上，检查调整喷油器的喷油量、雾化质量及是否有滴漏等情况，如不符合规定应进行更换。

⑩在发动机怠速时，检查各缸的工作状况，并逐缸拔下高压线。如某缸在拔下高压线后，发动机转速基本不发生改变，则说明该缸工作不良或基本不工作，可按上述方法依次检查该缸的火花塞、喷油器等。

⑪按规定和正确的方法重新调整发动机怠速。发动机怠速不稳诊断流程如图 3 – 33
所示。

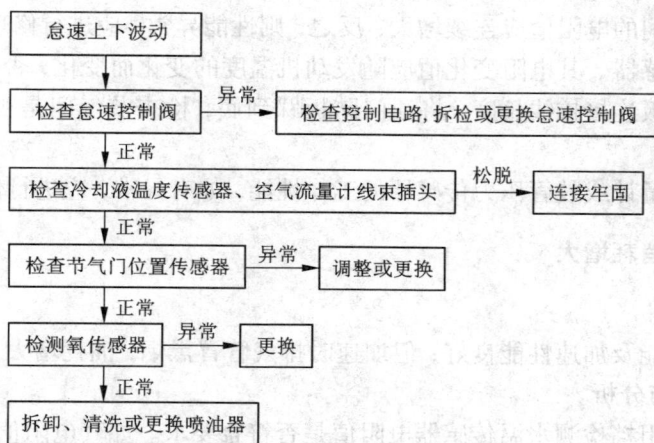

图 3 – 33　发动机怠速不稳诊断流程图

5. 汽车行驶过程中发动机加速不良、动力不足

（1）故障现象。

①汽车在行驶过程中，踩下加速踏板后，发动机转速不能迅速提高，有迟滞现象，有时
甚至在踩下加速踏板后，发动机转速不升反而降低。

②汽车在行驶过程中，当加速踏板踩到底时，仍感到发动机转速不高，动力不足，达不
到最高车速。

（2）故障检测与分析。

①进行发动机故障自诊断，检查有无故障码，如有则按故障代码提示进行维修，并消除
所有的故障代码。

②检查、清洗、更换空气滤清器滤芯。

③检查供油压力是否符合要求。发动机在怠速时燃油压力应在 250 kPa 左右，加速时燃
油压力应上升 50 kPa 左右；如检测结果不符合要求，则可能是油路有堵塞，或喷油器、油压
调节器、电动燃油泵等有故障，应进行清洗、检修、更换。

④检查测量进气系统真空度，以此判定进气系统是否有漏气现象。一般情况下，在发动
机怠速时，其真空度应大于 66.7 kPa，如果小于规定值，则说明进气系统有漏气现象。

⑤按前文介绍的方法检查发动机点火正时。发动机处于怠速时，点火提前角应在上止点
前 10° ~ 15° 范围内；加速时，点火提前角应能自动加大到上止点前 20° ~ 30°。

⑥在发动机怠速时，检查各缸的工作状况，并逐缸拔下高压线，如某缸在拔下高压线后
发动机转速基本不发生改变，则说明该缸工作不良或基本不工作，可按前面介绍的方法依次
检查该缸的火花塞、喷油器等。

⑦按前文介绍的方法，对点火系统进行高压跳火试验。如火花不符合要求，则应检查点
火器、点火线圈的工作性能及点火系统线路的连接状况。

⑧检测节气门位置传感器。对于开关型节气门位置传感器，在节气门处于全闭时，怠速开关触点应闭合；节气门打开时，怠速开关触点应断开；节气门接近全开时，全负荷开关触点应闭合。对于线性输出式节气门位置传感器，在节气门由全闭到全开的变换过程中，其信号端子与接地端子间的电阻值应连续增大，反之，则性能异常，应进行修理或更换。

⑨检查水温传感器。其电阻变化值应随发动机温度的变化而变化，否则应进行更换。

⑩检查油门踏板连接拉线长度，将油门踏板踩到底，检查节气门是否处于全开的位置，否则应进行调整。

⑪检查空气流量计或歧管压力传感器的工作性能，如有异常，应进行修理或更换。

6. 发动机燃油消耗增大

（1）故障现象。

发动机动力性能及加速性能良好，但加速时排气管冒黑烟，油耗增大。

（2）故障检测与分析。

①用万用表电阻挡检测水温传感器电阻值是否符合要求。如其电阻值过大，则会使 ECU 误判断发动机仍处于低温状态，从而对发动机进行加浓控制，使油耗增加。

②检测空气流量计或歧管绝对压力传感器的电阻值及工作电压是否符合规定。如歧管绝对压力传感器的信号出现误差，就会影响喷油器喷油量的大小。

③检测节气门位置传感器的工作性能及输入输出信号。当节气门处于中小负荷时，发动机全负荷开关触点应处于断开状态；如果发动机全负荷开关触点始终闭合或闭合时间过早，会使 ECU 对发动机燃油供给系统始终发出进行全负荷加浓的信号，从而增大了油耗。

④检查供油压力是否符合要求。燃油压力应在 300 kPa 左右，如果发动机燃油压力始终偏高，同样会增大燃油消耗量，检查油压调节器的工作状况，如有必要，应进行修理或更换。

⑤检查冷启动喷油控制系统工作是否正常。可用示波器检测冷启动喷油器工作的持续时间是否符合规定值，若工作时间过长或启动后一直处于工作状态，则应检查冷启动温度时间开关及其控制线路（冷启动控制装置只是在发动机冷启动时才工作，其他工况均处于停止状态）。

⑥拆检喷油器，在喷油器性能分析仪上对其雾化、喷油量大小、密封等性能进行校验。

7. 汽油发动机废气排放量增大，进气量波动甚至发动机不能正常工作

（1）故障现象。

①进气温度传感器信号中断，导致热启动困难、废气排放量增大。

②发动机进气量发生显著波动，影响输出功率。

③实际进气量与 ECU 目标进气量存在较大差异，严重时甚至会导致发动机不能正常工作。

（2）故障检测与分析。

①检测进气温度传感器时，用高阻抗数字式万用表检测传感器的电源电压和信号电压。检测电源电压时，拔下进气温度传感器插头，接通点火开关，检测传感器线束插头上两端子间的电源电压应为 5 V 左右。检测信号电压时，插上传感器插头，接通点火开关挡，当发动机工作时，温度传感器的检测结果应当符合规定。温度高时电压低，温度低时电压高。如电

压偏差过大，应当更换传感器。

②检测温度传感器阻值时，断开点火开关，拔下温度传感器插头，拆下温度传感器，将传感器和温度表放入烧杯或可加热容器中。在不同温度下，用万用表电阻挡检测传感器插座上两端子间的电阻值，然后再与标准阻值进行比较。如果阻值偏差过大、过小或为无穷大，说明传感器失效，应进行更换。

③发动机怠速运转或在熄火状态下打开电门对节气门强制开启装置施以负压，用万用表测节气门位置传感器 IDL 信号线电压，当节气门止动螺丝和挡杆之间的间隙小于 0.35 mm 时（节气门开度 <3°），IDL 信号线电压应为 0 V；当节气门止动螺丝和挡杆之间间隙大于 0.70 mm 时（节气门开度 >3°），IDL 信号线电压应为 12 V。

④怠速开关 IDL 断路及调整不当，会使电脑误认为发动机已处于中速状态（不在怠速范围），引起发动机怠速过高、怠速不稳等现象。在发现怠速过高、怠速不稳时或用汽车专用解码器读取数据流。在怠速开关项目栏中，观察节气门打开与关闭时 IDL 信号电压是否有反应迟钝或信号电压不变化的现象。

转动节气门 IDL 信号反应迟钝或信号电压在 0~12 V 不再变化时，先应调整节气门传感器位置。若调整后的 IDL 信号电压符合技术要求，说明传感器及线路正常，原车故障是调整不当引起的。

在调整节气门传感器位置时，若 IDL 信号一直处于 12 V，说明 IDL 信号线已断路或怠速开关 IDL 已开路而损坏。测量传感器中的 IDL 接柱与传感器地线 E_1 接柱之间电阻，当节气门关闭时为导通，节气门打开时为截止，符合以上要求则传感器是好的，否则线路是坏的。

⑤线性式节气门位置传感器 VTA 信号断路会引起发动机加速不良、AT 换挡点不准等现象，信号断路时电脑会有故障代码。若读出 41 码，一般说明线性式节气门位置传感器 VTA 及线路有故障。在电门锁打开时，用万用表测量 VTA 接柱的电压是否随节气门开度变化而变化，若不变，则说明线性式节气门位置传感器 VTA 及线路一定有故障。

先测量电脑输向传感器 $V_C \sim E_2$ 电压是否为 5 V，若没有 5 V，则说明 $V_C \sim E_2$ 线路故障及电脑电源系统出故障。在传感器 $V_C \sim E_2$ 电压输入正常前提下，测得的 VTA 电压应随节气门开度变化电压 0.5~4.5 V 变化。否则说明线性式节气门位置传感器 VTA 损坏，及线路 VTA 断路。具体操作可先测 VTA 线电阻的通断，若电阻正常，一般故障出在传感器。

⑥线性式节气门位置传感器 VTA 信号不良会引起发动机加速不良，或节气门在某一区域内动力性突然变差。用万用表检测这类间歇性的动态故障比较困难，用示波器检测则比较容易。

⑦进气压力传感器的故障检测。

a. 检查真空软管连接情况。仔细检查 MAP 的真空软管与节气门体的连接情况，如图 3 - 34 所示。若连接不良或漏气，则会影响传感器性能并影响发动机工作，可视情节修理或更换真空软管。

b. 检测传感器电源电压。当点火开关接通时，检测传感器 C 端子上的电压应为 1.5~5.5 V。如果电压为零，再检测 ECU 线束插头

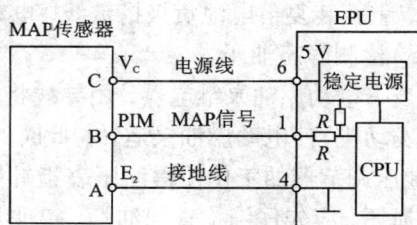

图 3 - 34　MAP 传感器示意图

"6"端子上的电压。如果电压为 4.5 ~ 5.5 V，说明传感器电源线断路或插头松动。

c. 检测传感器端子电压 C。传感器端子电压可用高阻抗数字式万用表直流电压挡进行检测。传感器插座处有 A、B、C 三个端子，当点火开关接通、发动机未启动时，检测输出端子"B"上的电压应为 4 ~ 5 V，当发动机热机怠速运转时，B 端子电压应下降到 1.5 ~ 2.1 V；当节气门开度增大时，B 端子电压应逐渐升高。检测 ECU 线束插头"1"端子上的电压，则应与 B 端子电压相同。如检测结果不符规定，说明传感器信号线断路、插头松动或传感器内部有故障。

d. 检测传感器负极导线连接情况。用万用表电阻挡检测传感器 A 端子与发动机缸体之间的电阻值应当小于 0.5 Ω。如阻值过大，说明传感器负极导线断路或 ECU 插头连接不良。

8. 汽油发动机燃油泄漏、泵油困难

（1）油箱密封检测。

燃油箱是由镀铅锡合金钢板或高密度模制聚乙烯制成。在检查燃油箱是否泄漏前，必须在工作区准备好干粉灭火器。实训检测步骤如下：

①释放燃油系统的压力。

②拆卸燃油箱。

③放出燃油箱中的燃油。

④堵住燃油箱上所有出口。

⑤在燃油箱通风口安装一个短的油管。

⑥通过通风管给燃油箱加入压缩空气，使压力达到 7 ~ 10 kPa，夹紧通风管。

⑦用肥皂水或浸入法检查怀疑泄漏的部位，若观察到泄漏，更换燃油箱。

（2）燃油供给系统检测。

通过测试燃油系统压力，可诊断燃油系统是否有故障。测试时使用专用油压表和管接头，实训检测步骤如下：

1）卸除燃油系统的压力。

启动发动机，维持怠速运转。在发动机运转时，拔下汽油泵继电器或燃油泵保险丝。再使发动机启动 2 ~ 3 次，将完全释放燃油系统压力。关闭点火开关，装上油泵继电器或燃油泵保险丝。

2）安装汽车专用汽油压力表。

拆下蓄电池负极搭铁线，安装汽车专用汽油压力表（量程为 1 MPa）。压力表一般安装于汽油滤清器的出油口或燃油分配管的进油口处，带测压口的车辆可将燃油压力表连接至测压口处，重新装复蓄电池负极搭铁线、电动燃油泵继电器和电动燃油泵导线插头。

3）检测静态油压。

拔下电动燃油泵继电器，用导线将电动燃油泵继电器供电端子短接；打开点火开关（不启动发动机）使电动燃油泵运转，此时的燃油压力应符合技术要求，一般应在 300 kPa 左右摆动（油压调节器的工作使得油压表指针摆动）。静态油压偏高多是由于回油管变形或油压调节器损坏，应先仔细检查回油管。变形的油管会阻碍燃油的流动，导致静态油压升高，若回油管完好，应更换燃油压力调节器。静态油压偏低多是由于油泵进油滤网脏堵、电动燃油泵内部磨损、电动燃油泵限压阀损坏、汽油滤清器脏堵、油压调节器调压弹簧过软或喷油器喷

孔卡滞常喷油造成。可更换汽油滤清器后检查，若油压没有恢复正常，则继续下述检测步骤，找出故障确切位置。

4）检测怠速工作压力。

在发动机怠速运转时，其油压表读数即为燃油供给系统的怠速工作压力，一般为 250 kPa 或为符合车型技术规定的值。怠速工作油压偏高多是由于油压调节器真空管错装、漏装或漏气造成的。此时，应先检查真空管安装是否正确、是否存在漏气部位，必要时应进行更换。检测怠速工作压力时，拔下真空管的油压应上升至 300 kPa，与节气门全开时的加速油压基本相等，否则应更换油压调节器。

5）检测急加速压力。

急加速至节气门全开时，其油压表读数即为燃油供给系统的急加速油压。一般急加速时的油压应迅速由怠速工作时的 250 kPa 上升至 300 kPa，或为符合车型技术规定的值。若急加速油压无变化，则可能是真空管插在了有单向阀的真空储气罐上（如真空助力刹车系统），应进行恢复。若急加速油压与怠速工作油压差值小于 50 kPa，则说明在节气门全开时，进气系统仍存在真空节流（如节气门无法开至最大角度），应进行检修。

6）检测油泵最大供油压力。

在发动机怠速运转中，用包有软布的钳子将回油软管夹住，此时油压表读数即为油泵最大供油压力，其值应符合车型技术要求，一般为工作油压 2～3 倍，即 500～750 kPa。油泵最大供油压力偏高是由于油泵限压阀卡滞，应更换电动燃油泵。油泵最大供油压力偏低是由于燃油滤清器堵塞、油泵进油滤网脏堵、电动燃油泵内部磨损、油泵限压阀关闭不严或调压弹簧过软。应先更换燃油滤清器后重新检测，若油压仍然偏低，则从油箱拆出电动燃油泵进行检测；若油泵进油滤网脏污，则清洗油箱和油泵进油滤网；若油泵进油滤网良好，则应更换电动燃油泵总成。

7）检测调节压力。

在发动机怠速运转中，将油压调节器真空管拆开后，燃油系统升高后的油压与怠速工作油压的差值，应符合车型技术规定，一般为 28～70 kPa。

8）检测燃油供给系统是否保持压力。

松开油管夹钳，恢复静态油压，取下油泵继电器跨接线，使油泵停止运转，并等待 30 min。此时，油压表读数即为燃油供给系统保持压力的值，应符合车型技术规定。保持压力过低是由于电动燃油泵止回阀关闭不严、油压调节器回油口关闭不严或喷油器滴漏。应首先恢复静态油压，再用包有软布的钳子夹住回油软管，若压力停止下降，则应更换油压调节器；若保持压力继续下降，则用包有软布的钳子夹住燃油压力表三通接头至燃油分配管之间的进油软管，清洗后复检，必要时进行更换；若保持压力仍继续下降，说明电动燃油泵止回阀密封不严，应更换电动燃油泵总成。保持压力检测完毕后再次复查静态压力，如果静态压力仍偏低应更换油压调节器。

（3）燃油泵故障检测。

检修电动燃油泵时，应判断是控制电路故障，还是油泵本身的故障。

1）先关闭点火开关，拆下后备厢底板处的油泵检测盖板，拔下电动燃油泵导线插头；打开点火开关（有初始油压）或用起动机带动曲轴旋转（无初始油压），检测电动燃油泵导线插头中电源端子和搭铁端子之间的电压，若为 12 V 说明油泵控制电路完好，故障点在油泵；若不为 12 V 说明故障点在油泵控制电路。

2）电动燃油泵电阻的检测。

测量电动燃油泵电源端子和搭铁端子间的电阻，即为电动燃油泵直流电动机线圈的电阻，其阻值应为 0.2~3 Ω，否则应进行更换。

3）电动燃油泵工作状态检测。

将电动燃油泵与蓄电池相连（正负极不得反接），并使燃油泵尽量远离蓄电池，每次通电时间不得超过 10 s（时间过长会烧坏电动燃油泵电动机的线圈）。如果电动燃油泵不转动，则应进行更换。

4）电动燃油泵供油量的检测。

①按安全操作规程拆除燃油分配管上的进油管。

②把拆开的进油管放入一个大号量杯中。

③用跨接线将电动燃油泵与蓄电池相连，此时电动燃油泵工作，泵送出高压汽油。

④记录电动燃油泵工作时间和供油体积，供油量应符合车型技术要求。一般经汽油滤清器过滤后的供油量为 0.6~1 L/30 s。

检测电动燃油泵供油量时，应充分认识此项操作的危险性，操作现场应通风良好、断绝火源并准备好灭火器材。

5）电动燃油泵进油滤网的检查。

电动燃油泵在进油口处有一个进油滤网，用来过滤汽油中直径较大的杂质和胶质，保护油泵电动机。杂质和胶质较多时会影响电动燃油泵的泵油量，严重时会导致电动燃油泵无法吸油，此时须清洗油泵滤网和汽油箱。电动燃油泵滤网破损后应更换电动燃油泵总成。

（4）喷油器故障检测。

在发动机运行或启动的状况下，使用声音探测仪检测发动机在恒定转速下是否有正常的工作噪声。如果没有噪声探测仪，可用手指检测喷油器的喷油工作情况。如果没有工作噪声或有不正常的工作噪声，则检测线束端脚、喷油器或来自 ECU 的喷油信号。

①发动机运转时，用手接触喷油器，可感觉到喷油脉动。

②检测喷油器电阻值，高电阻型喷油器的电阻值应为 13~16 Ω，低电阻型喷油器的电阻值应为 2~3 Ω。通过检测，判断其喷油器的电阻值是否在标准范围内。

③喷油器拆下后，通或断 12 V 电压时，听到接通和断开的声音，试验时通电时间不能太长，再次试验应有一定时间间隔，以防喷油器发热损坏。

④测量喷油器供电电压。在发动机运转或使燃油泵继电器工作时，端子对地电压应为蓄电池电压。

⑤检查喷油器的滴漏。拔下汽油压力调节器上的真空软管和喷油器的插头及凸轮轴的插头，从进气管上拆下汽油分配管连带的四个喷油器，分别给四个喷油器供电，观察喷油器喷油的形状是否良好、是否有滴漏现象。

⑥安装好拆下的喷油器，用故障诊断仪中的执行元件测试功能，分别对各个喷油器进行测试，观察对应喷油器是否工作。

⑦通过故障实训台设定故障 3、4、5、6（对应故障为 1、2、3、4 缸喷油器断路），来观察由此对发动机工作的影响。当某个或多个喷油器信号断路时，会造成发动机怠速不稳，严重时会使发动机熄火。

9. 汽油发动机尾气排放异常

（1）氧传感器故障检测。

1）检测氧传感器两端电压。

使用万用表，选择功能"读测量数据块"测试氧传感器信号电压，如果氧传感器电压读数波动缓慢，则检测氧传感器加热器；如果氧传感器电压读数维持在 0.45~0.50 V 不变，说明信号线开路；如果氧传感器电压读数维持在 0.01~0.3 V（混合气太稀），表明氧控制已经达到最大浓度极限，但氧传感器仍记录"混合气太稀"；如果传感器电压读数维持在 0.7~1.0 V（混合气太浓），表明氧控制已经达到最稀浓度极限，但氧传感器仍记录"混合气太浓"。混合气调节系统具有调节能力，也就是说，氧控制能识别发动机（喷油器喷油、气缸压缩压力、汽油压力等）的差异，并对控制单元预编程序的基本喷油时间进行补偿调节。喷油时间延长或减少，直至达到"λ=1"混合气成分。实际喷油时间和控制单元中最初设定的喷油时间的点阵图之间的差值用百分比表示。

2）检测氧传感器加热器。

拔下氧传感器 G39 上 4 针插头。测量传感器端子 1 和 2 间的电阻，在室温时氧传感器加热器电阻为 1~5 Ω，温度上升一点，电阻值迅速上升。如果断路，更换氧传感器。如果氧传感器加热器是通路，则测试氧传感器加热器的供电电压。

3）检测氧传感器信号线路的电压。

如果氧传感器加热正常，而氧传感器信号电压不正常，可拔下传感器插头。打开点火开关，测量氧传感器端子 3 和 4 间的电压，标准值为 450±50 mV（测试量程 2 V），如果读数不对，检查氧传感器是否对正极或对地断路或短路。如果线路正常，更换发动机 ECU。

（2）三元催化转换系统故障检测：

在对三元催化转换器进行检查之前，应先确认是否有关于氧传感器的诊断故障代码，因为氧传感器的故障会影响到三元催化转换器的转换效率。如果存在关于氧传感器的诊断故障代码，则应首先排除氧传感器的故障，然后再进行三元催化转换器的检查。检查三元催化转换器的步骤：

①连接汽车诊断仪并读取识别参数。

②车辆以 60~90 km/h 的速度行驶 10 min，使三元催化转换器达到正常工作温度。

③使发动机怠速运转，记录在 1 min 内的识别参数。

④记录前部、后部氧传感器曲线超过 0.5 V 的次数。

⑤计算比率：比率=前部氧传感器波形脉冲数/后部氧传感器波形脉冲数。如果比率不小于 5.5 或者是后部氧传感器输出信号没有变化，则说明三元催化转换器的运转是正常的。如果比率小于 1.125，则说明三元催化转换器已基本失去催化转换作用，需要更换。如果比率为 1.125~5.5，则表明三元催化转换器的功效有不同程度的降低，但尚能满足发动机工作要求，使用期间应注意观察。

（3）废气再循环系统故障检测。

1）诊断节气门真空度。

从节气门体上拆下真空软管（绿条）并将真空泵接到真空软管上，在发动机分别处于冷（发动机冷却液温度为 50℃ 或更低）、热（发动机冷却液温度为 80~95℃ 或更高）状态下，检查 EGR 系统的工作状况。发动机冷态、怠速运转时施加真空，真空应该消失，发动机热态时，真空应能保持住。

2）检测诊断 EGR 阀的控制真空度。

发动机冷却液温度为 80～95℃时，从节气门体的 EGR 真空接头上拆下真空软管，接上真空泵；加大油门使发动机转速增高后，检查 EGR 阀的控制真空度是否随发动机转速的升高而正比例增加；如果真空度变化不合理，则说明节气门的通风孔可能堵塞，需要清理。

3）检测诊断 EGR 阀。

拆下 EGR 阀，检查有无黏结、积炭现象，如有则需要清洗；将真空泵接到 EGR 阀上，向一个 EGR 通道吹气，检查 EGR 阀的工作情况，当真空度不大于 7 kPa 时，空气应吹不过去；当真空度不小于 23 kPa 时，空气可以吹过去。

4）检测诊断 EGR～TVV。

①从 EGR～TVV 上拆下真空软管，并将真空泵接到 EGR～TVV 上。

②抽真空，检查 EGR～TVV 的真空情况。正常情况下当发动机冷却液温度不高于 50℃时，真空度下降；当发动机冷却液温度不低于 80℃时，保持真空。

③将发动机冷却液从散热器中排入合适的容器内，从旁通出水口上拆下 TVV 阀，并将 TVV 阀放入水中。

④当水温低于 35℃时，TVV 阀应关闭，将空气吹入管口中，空气应不能流过 TVV 阀，当水温高于 54℃时，TVV 阀应开启，将空气吹入管口中，空气应能自由流过 TVV 阀。

⑤在检测过程中，拆卸和安装 EGR～TVV 时，对于塑料部位均不得使用扳手。安装 EGR～TVV 时，在螺纹部分要涂一层密封剂并将紧固螺栓拧紧至 20～40 N·m 的规定力矩，并重新加注发动机冷却液，检查有无泄漏。

实训四 发电机性能检测与故障分析

一、实训教学组织

(1)集中讲授仪器、设备的结构和工作原理。

(2)讲解实训内容、操作步骤及注意事项。

(3)根据实训目的、要求进行分组。

(4)在教师指导下,各组学生自己独立操作,并对试验、检测数据进行记录。

(5)教师总结实训情况。

二、实训目的

通过本次实训,使学生进一步加深对本专业所学"汽车构造""汽车电器"等相关课程课堂理论知识的理解,增强感性认识;掌握汽车发电机及调节器实训的基本原理和方法,提高操作能力,为今后从事实际工作打下较牢固的基础。

三、实训要求

(1)遵守实训操作规程,注意设备及人身安全。

(2)了解汽车发电机及调节器的组成结构,掌握发电机、调节器的检测方法。

(3)记录实训数据,并能结合实训检测数据,对实训用发电机及调节器的技术状态、工作可靠性等进行综合判定。

(4)按时完成实训报告。

四、实训仪器、设备

(1)汽车电器万能试验台,1台。
(2)万用表,1只。
(3)JFZ1913Z 型交流发电机,1 台。
(4)JF132 交流发电机,1 台。
(5)电子调节器,1 个。
(6)发电机拆装工具,1 套。

五、注意事项

(1)所有实训电路电缆线正、负极连接应正确,导线连接应牢固、可靠。
(2)发电机装配时,前后端盖轴承应加注锂基润滑脂,加注量为轴承空间的2/3 为宜。
(3)实训过程中,必须正确区分 380 V、220 V、12 V 电源插座。
(4)试验完成后应及时切断试验设备的电源。

六、发电机性能检测方法

1. 交流发电机的不解体检测

为了判定交流发电机有无故障及故障部位,应首先对其进行不解体检查。常见内搭铁型发电机的各接线端子间的标准电阻值及其故障现象和产生的原因分别如表 4 - 1、表 4 - 2所示。

表 4 - 1 常见发电机各接线柱间电阻值/Ω

发电机型号	"F"与"E"间电阻值	"B"与"E"间电阻值		"N"与"E"或"B"间电阻值	
		正向	反向	正向	反向
JF11、JF13、JF15、JF21	47	40~50	$\geqslant 10^4$	10~15	$\geqslant 10^4$
JWF14(无刷)	3.5~3.8	40~50	$\geqslant 10^4$	10~15	$\geqslant 10^4$
夏利轿车 JFZ1542	2.8~3.0	40~50	$\geqslant 10^4$	10~15	$\geqslant 10^4$
桑塔纳轿车 JFZ1913	2.8~3.0	65~80	$\geqslant 10^4$	10~15	$\geqslant 10^4$

表4-2　JF132N 内搭铁型发电机的各接线端子间的标准电阻值及故障现象和原因

端子阻值	"F"端子与"E"端子 5~7 Ω		"B"端子与"E"端子		"N"端子与"N"端子		"N"端子与"E"端子	
			正向	反向	正向	反向	正向	反向
			50~60 Ω	>10 kΩ	13~15 Ω	>10 kΩ	13~15 Ω	>10 kΩ
故障现象和原因	1. 阻值为无限,磁场绕组断路 2. 阻值大于标准值,电刷与集电环接触不良 3. 阻值为零,"F"端子有搭铁故障或集电环短路		1. 正向电阻值小于标准电阻值,二极管短路 2. 正、反向电阻值均为零,"B"端子搭铁或正、负元件间绝缘损坏或正、负二极管中有短路发生		1. 正向阻值为无限,"N"端子引线所连接的一相绕组和正二级管断路或正二极管均断路 2. 正、反向电阻值均为零,正二极管中至少一个短路		1. 正向阻值为无限,"N"端子引线所连接的一相绕组和负二极管断路或三个负二极管均为断路 2. 正、反向电阻值均为零,负二极管中至少一个短路	

2. 交流发电机内部故障的解体检测

（1）发电机解体的基本步骤。

①拆下电刷和调节器的固定螺钉，取下电刷组件和调节器。

②拆下发电机前后端盖连接螺栓，使定子、整流器及后端盖部分与转子前端盖、风扇及皮带轮部分分开。

③拆下整流器固定螺钉，从后端盖上取下整流器与定子总成。

④用电烙铁焊开定子绕组引线与整流二极管引出电极间的4个焊点，使定子总成与整流器分开。

⑤按正确的方法及要求对拆下的各零部件进行清洗。

（2）转子（磁场）绕组的检测方法与步骤。

1）集电环的检测方法。

①如图4-1（a）所示，用万用表 $R \times 1\ \Omega$ 挡检测两集电环之间的电阻，检测结果应与被测型号发电机标准阻值相符。若阻值为"∞"，则应检查该线圈导线端头与集电环焊接处是否出现脱落或接触不良，否则说明线路断路；若检测结果显示其阻值过小，则说明集电环线路有短路故障。

②如图4-1（b）所示，用万用表最大电阻挡检测集电环与铁芯（或转子轴）之间的电阻，此值应为"∞"，否则为搭铁。

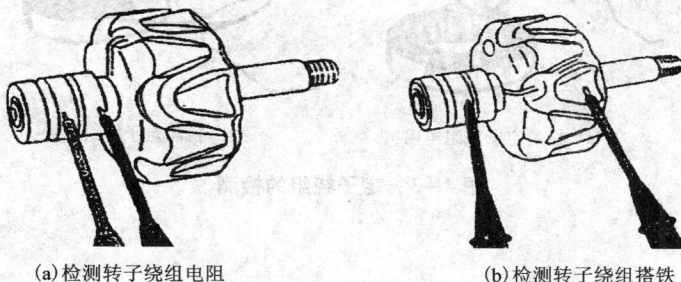

（a）检测转子绕组电阻　　　　　（b）检测转子绕组搭铁

图4-1　转子绕组的检测

③断路时应焊修或更换转子总成；短路或搭铁时，应更换转子总成。

2）集电环、转子轴的检修方法。

①集电环表面应光滑、无烧蚀，若有轻微烧蚀，应用"00"号砂布进行打磨，若烧蚀严重，则应在车床上进行精车加工。

②集电环厚度应符合原厂规定，否则应更换。

③用百分表测量转子轴径向圆跳动，其值应符合规定，如检测结果不符合规定，则须对转子轴进行校正，检测方法如图4－2所示。

（3）定子绕组的检测。对定子主要进行定子线圈的绝缘性能、短路和断路的检查，其方法如下：

1）定子绕组断路的检测。

如图4－3（a）所示，用万用表 $R \times 1$ 挡检测定子绕组三个接线端，两两相测，阻值应小于规定值，且三相位读数应基本相等。如某相读数为"∞"，则说明某相电路有断路故障，很可能是引线处脱焊或中性线头连接处脱焊；若某相读数小于其他两相读数，则说明该相线圈有短路故障。

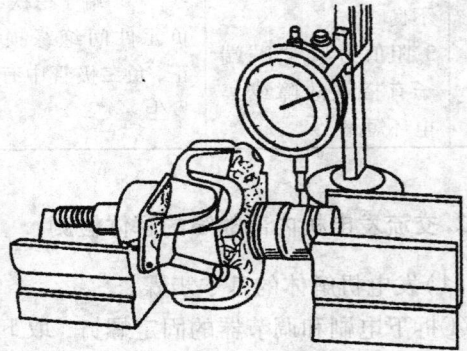

图4－2　发电机转子轴径向圆跳动的检测方法

2）定子绕组搭铁的检测。

如图4－3（b）所示，可使用万用表最大电阻挡进行检查，检测各组线圈引出线与铁芯之间的电阻值应为"∞"，否则，说明某一组线圈搭铁。

3）定子绕组短路的检测。

通过电器万能试验台测量发电机输出功率，或通过示波器测量其输出电压波形进行判断。通过示波器检测的定子绕组的各种故障的端电压波形，如图4－4所示。

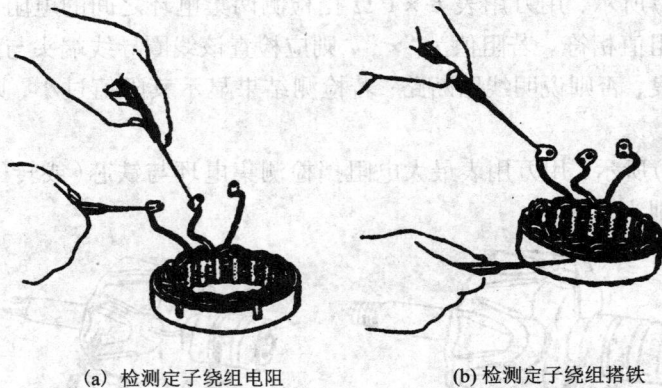

（a）检测定子绕组电阻　　　　（b）检测定子绕组搭铁

图4－3　定子绕组的检测

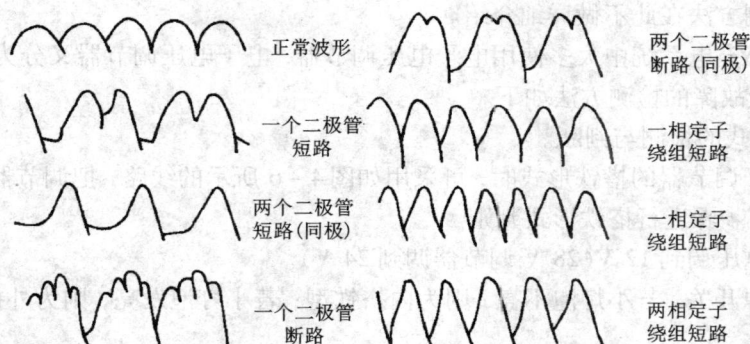

图 4 - 4 定子绕组各种故障的端电压波形图

3. 整流器的检测方法与步骤

①正二极管的检查：将指针式万用表拨到 $R \times 1$ 挡(数字式万用表拨到 $0 \Omega \times 200$ 挡)，用万用表的红表笔(正表笔)接触正元件板，黑表笔(负表笔)分别与各二极管引线接触，正向电阻应较小，为 $10 \sim 20 \Omega$，且各个二极管的阻值应相接近。交换两支表笔的测量位置，反向电阻值应为无穷大。

②负二极管的检查：将指针式万用表拨到 $R \times 1$ 挡(数字式万用表拨到 $0 \Omega \times 200$ 挡)，用万用表的黑表笔(负表笔)接触负元件板，红表笔(正表笔)分别与各二极管引线接触，正向电阻值应较小，为 $10 \sim 20 \Omega$，交换两支表笔的测量位置，反向电阻应为无穷大。

③励磁二极管的检查：用万用表两只笔分别与励磁二极管的引线和外壳之间接触，测量二极管的正反电阻，以判断二极管的好坏。

整流二极管的检测方法，如图 4 - 5 所示。

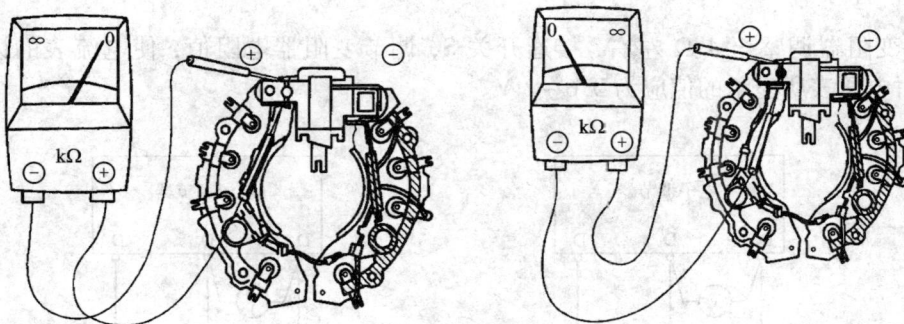

图 4 - 5 整流二极管的检测方法示意图

4. 电压调节器的检测方法与步骤

交流发电机调节器按其总体结构可分为电磁振动式电压调节器和电子电压调节器。由于电磁振动式电压调节器结构简单，故障多为接触点烧蚀、弹簧弹力不足或弹簧弹力过大等，因此对它的检测方法在此不做详细介绍。

在现代汽车充电系统中大多使用电子电压调节器，电子电压调节器又分为内搭铁型和外搭铁型，其一般故障的检测方法如下。

（1）搭铁形式的检测与判断。

当不知电子调节器的搭铁形式时，可采用如图4-6所示的线路，把调节器和可调直流电源连接，按以下步骤进行搭铁形式判别。

①将电源电压调到12 V（28 V调节器调到24 V）。

②接通电源开关，若小灯泡不亮，则为内搭铁型；若小灯泡发亮，则为外搭铁型。

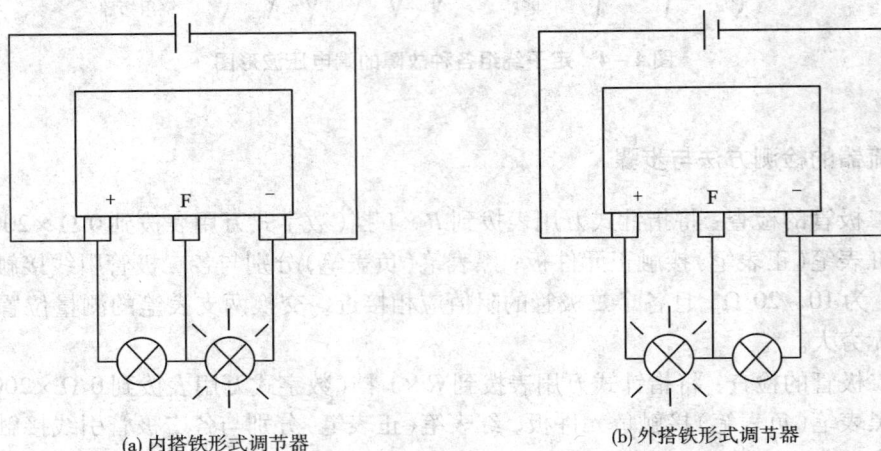

(a) 内搭铁形式调节器　　　　(b) 外搭铁形式调节器

图4-6　电子调节器搭铁形式判断示意图

（2）电压调节器的检测。

对于内搭铁型调节器，按图4-7（a）所示，连接好检测线路，按以下方法和步骤进行检测：

①将变阻器调整至4 Ω左右，接通开关S，调节变阻器电阻值，使电流表的读数达到3 A，此时电压表所显示的值应为0.6~2 V。

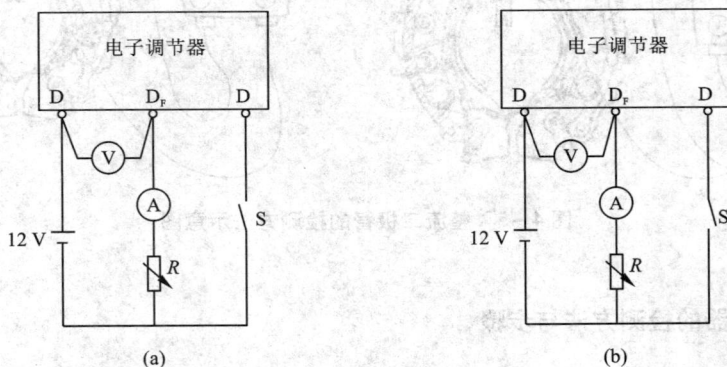

(a)　　　　(b)

图4-7　电子电压调节器的检测

②若检测电压大于 2 V，则说明调节器性能降低或本身就有故障，必须修理或更换；如果检测电压小于 0.6 V，则说明大功率晶体管短路，必须更换晶体管或调节器。

对于外搭铁型调节器，按图 4 – 7(b)所示，连接好检测线路，按以下方法和步骤进行检测：

①将变阻器调整至 3 Ω 左右，接通开关 S，调节变阻器电阻值，使电流表的读数达到 4 A，此时电压表所显示的值应为 0.6 ~ 1.6 V。

②若检测电压大于 1.6 V，则说明调节器性能降低或本身就有故障，必须进行修理或更换；如果检测电压小于 0.6 V，则说明大功率晶体管短路，须更换调节器。

常见电子调节器各接线柱之间的标准电阻值，如表 4 –3 所示。

表 4 – 3　系列晶体管电压调节器各接线柱之间的电阻值/Ω

调节器型号	"S" 与 "F" 之间		"S" 与 "E" 之间		"F" 与 "E" 之间	
	正向	反向	正向	反向	正向	反向
JFT141、JFT142B	500 ~ 750	5.0 ~ 7.5	1.2 ~ 1.6	3.5 ~ 4.0	550 ~ 600	3.9 ~ 4.0
JFT241、JFT242B	650 ~ 700	5.0 ~ 5.5	1.6 ~ 1.8	3.0 ~ 3.3	550 ~ 600	4.3 ~ 5.0
JFT106、JFT107	1500 ~ 2000	3.0 ~ 4.0	1.4 ~ 1.6	1.4 ~ 1.6	1400 ~ 1600	3.0 ~ 4.0
JFT206、JFT207	1300 ~ 1500	2.0 ~ 3.0	1.5 ~ 2.0	1.5 ~ 2.0	1300 ~ 1500	4.0 ~ 6.0
JFT126	4600 ~ 5000	7.5 ~ 8.0	3.0	3.0	550	6.5 ~ 7.0

5. 交流发电机与调节器的试验

①如图 4 – 8 所示，进行试验电路连接(即整体式交流发电机可直接进行试验，普通交流发电机需要连接调节器才能进行试验)。

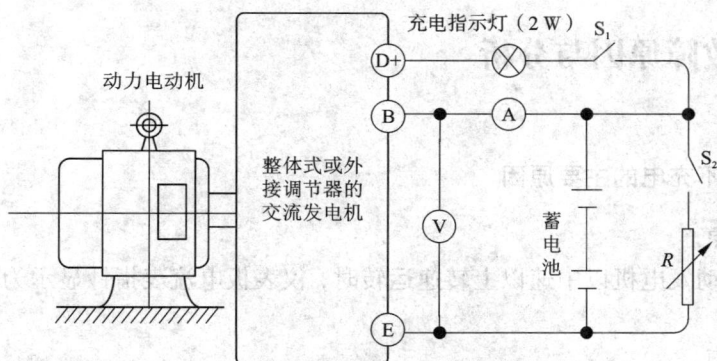

图 4 – 8　交流发电机与调节器实训电路

②发电机空载转速试验：按试验要求连接交流发电机、调节器和汽车电器万能试验台；断开开关 S₂，再接通开关 S₁，使蓄电池向发电机提供磁场电流；启动汽车电器万能试验台拖动电动机，使发电机转速逐渐提高，直到充电指示灯开始指示充电，记录此时的转速。

③发电机零电流转速试验：按试验要求连接交流发电机、调节器和汽车电器万能试验台；断开开关 S_2，再接通开关 S_1，使蓄电池向发电机提供磁场电流；启动汽车电器万能试验台拖动电动机，将发电机转速提高到 1000 r/min 以上，然后逐渐降低发电机转速直至输出电流介于额定电流的 5% 和 2 A 之间，不能低于 2 A，记录此时的转速和电流，以供图解零电流转速用。将电流 - 转速特性曲线延长至与横坐标相交，该点的转速即为零电流转速。图解外延法应在各项测试完成后进行。

④发电机最小工作电流试验：按试验要求连接交流发电机、调节器和汽车电器万能试验台；断开开关 S_2，再接通开关 S_1，使蓄电池向发电机提供磁场电流；启动汽车电器万能试验台拖动电动机，将发电机转速调整到 1500 r/min，记录此时发电机的输出电流。

⑤发电机额定输出电流试验：按试验要求连接交流发电机、调节器和汽车电器万能试验台；断开开关 S_2，再接通开关 S_1，使蓄电池向发电机提供磁场电流；启动汽车电器万能试验台拖动电动机，将发电机转速调整到额定转速，记录其输出电流。

⑥调节器调节特性试验：根据试验电路将调节器和发电机与试验台连接；接通开关 S_1，启动拖动发电机，并将发电机转速升高到 6000 r/min，并保持不变；接通开关 S_2，调节负载电阻，使发电机输出电流达到 50% I_R（即额定输出电流的一半），此时电压表指示的电压即为调节器的调节电压值。

⑦调节器转速特性试验：接通开关 S_1，将发电机的转速升高到 2000 r/min；接通开关 S_2，调节负载电阻使发电机输出电流达到 10% I_R（不低于 2A）保持不变，并记录此时电压表指示的发电机电压值。将发电机转速从 2000 r/min 逐渐升高到 10000 r/min，同时读取电压表指示的电压值。

⑧调节器的负载特性试验：接通开关 S_1，将发电机转速升高到 6000 r/min，并保持不变；接通开关 S_2，调节负载电阻，使发电机输出电流达到 10% I_R（不低于 2 A），并记录此时电压表指示的发电机电压值，将负载电流从 10% I_R 增大到 85% I_R，同时读取电压表指示的电压值。

七、发电机故障原因与分析

1. 充电系统不充电的主要原因

（1）故障现象。

当发动机带动发电机以中速以上转速运转时，仪表板电流表指针显示为不动或充电指示灯不熄灭。

（2）故障原因。

1）发电机传动皮带过松，造成传动时打滑。

2）接线错误，电流表等元件或线路有断路、短路故障。

3）发电机内部元器件故障。例如：

①硅二极管击穿、短路或断路。

②定子或转子线圈断路、短路或搭铁。

③炭刷在炭刷架内因卡滞而与集电环接触不良。

④电枢和磁场接线柱绝缘损坏或其接线接触不良。

⑤集电环绝缘层被击穿。

⑥转子绕组爪极松动。

⑦电压调节器故障或调节器与发电机不匹配。

（3）故障检测与分析。

①检查发电机传动皮带的挠度。

②检查各连接导线连接是否良好，发电机接线是否正确；若线路连接正常，接通点火开关，将试灯一端与发电机"F"接柱相接，而另一端搭铁（也可用万用表直流电压挡"＋"表笔与发电机磁场接线柱相接，"－"表笔搭铁）。若试灯点亮，则磁场外电路正常。若试灯不亮（或电压表无读数），则将试灯的火线端依次接调节器的"B"接柱；若试灯点亮，则为调节器或调节器和发电机之间连线断路或短路；若调试后，试灯仍不亮，则为调节器和蓄电池之间的元件损坏或电路断路或短路。

③若磁场外电路正常，可拆下发电机"F"接柱导线，检测"F"接柱与"－"（"E"）之间的电阻是否正常，若不正常，则为磁场内电路故障。若正常，则重新连接好"F"导线并拆下发电机"B"上的连线，将试灯一端接触电枢接线柱，另一端搭铁，启动发动机并使发动机稍高于怠速运转（不允许高速运转），若试灯不亮或亮度暗红，则说明是发电机内部故障；若试灯亮度正常，则为调节器故障。

2. 充电电流过小的主要原因

（1）故障现象。

蓄电池存电不足，照明灯光暗淡，电喇叭声音小，起动机运转缓慢无力。

（2）故障原因。

①充电线路接线不良，接触电阻大。

②发电机传动皮带过松打滑，造成发电机转速过低。

③发电机整流器个别二极管损坏。

④发电机集电环表面脏污、炭刷与集电环接触不良，致使励磁电流过小。

⑤发电机定子绕组某相导线连接不牢靠，有短路或断路故障，转子绕组局部短路，转子与定子刮碰或气隙不当。

⑥电压调节器故障。

（3）故障检测与分析。

①检查导线连接情况和发动机传动皮带的挠度，确定其工作状况是否良好。

②若上述检查良好，可拆下发电机"B"接线柱导线，用试灯的两根导线分别和发电机的接线柱"B"和"F"相连，然后启动发动机，逐渐提高转速进行试验，并观察试灯亮度。

若试灯发红，可再提高转速试验。若试灯亮度不增强，则说明发电机内部有故障。

若试灯亮度随发动机转速提高而增强，则说明发电机良好，故障在调节器。对于电磁调节器可能是调节器的调节电压过低或触点脏污所致。

3. 充电电流过大的主要原因

（1）故障现象。

①在蓄电池不亏电的情况下，充电电流仍在 10 A 以上。汽车行驶 2～3 h，电流表上所显示的充电电流始终指示为 5 A。

②蓄电池的电解液消耗过快，须经常添加。

③照明灯泡、分电器断电触点经常烧损。

④点火线圈或发电机有过热现象。

（2）故障原因。

①电压调节器电压调整过高。

②电磁式电压调节器低速触点黏结或高速触点脏污、接触不良、搭铁电阻增加，使励磁绕组不能及时短路。

③磁化线圈或温度补偿电阻断路。

④发电机绝缘电刷或正电刷与元件板短路。

⑤电子调节器的大功率三极管集电结和发射结之间漏电过大，不能有效截止。

（3）故障检测与分析。

用万用表直流电压挡测试发电机电压。用万用表红表笔触及发电机"B"接线柱，黑表笔搭铁，逐渐提高发动机转速，检查发电机输出电压。

①如果电压偏低、充电电流很大，应检查蓄电池是否严重亏电或内部短路。

②如果电压过高，可能是电压调节器低速触点黏结或高速触点接触不良。

③如果人为闭合高速触点，电压下降，则为电磁线圈、温度补偿电阻断路。

④如果人为闭合高速触点，电压仍不下降，则因高速触点氧化、脏污而存在闭合时电阻过大，以致不能合理短路励磁电路。

4. 充电电流不稳定的主要原因

（1）故障现象。

发动机在怠速以上运转时，时而充电，时而不充电，仪表板上电流表指针不断摆动或充电指示灯频繁闪烁。

（2）故障原因。

①发电机传动皮带过松，造成打滑。

②蓄电池至发电机电枢接线柱导线接线不良。

③集电环脏污或炭刷与集电环接触不良，炭刷弹簧弹力不足。

④电磁振动式电压调节器触点烧蚀或脏污，触点臂弹簧弹力不足。

（3）故障检测与分析。

检测时，应首先排除风扇皮带传动不良、导线接线不良等影响因素，然后对下述四种情况进行检测诊断：

①电流表指示充电且指针在各种转速范围内均摆动。这说明电压控制不平稳，可在发动机稍高于怠速运转时，用起子搭接电压调节器低速触点。如电流表指针稳定，说明该触点接触不良，或气隙、弹簧张力调整不当。

②电流表指针仅在高速范围内摆动。这说明电压调节器高速触点接触不良，可检查该触点是否烧蚀、脏污或接触不良。

③某一转速范围充电不稳。此故障多为电压调节器气隙调整不当所致。

④若经上述诊断检查仍无效，则故障在发电机内部，一般为集电环脏污或炭刷接触不良。

5. 充电指示灯故障的检测与诊断

充电指示灯故障包括：接通点火开关后指示灯不亮或随着发动机转速的提高，充电指示灯仍不熄灭等故障。

（1）接通点火开关，指示灯不亮。

1）故障现象：

接通点火开关后，指示灯不亮或显示为暗红。

2）故障原因：

①保险丝烧断，充电指示灯线路接线松动或断路。

②指示灯泡烧毁。

③充电指示继电器触点接触不良，两对触点黏结。

3）故障检测与分析；

①检查保险丝是否熔断，接线是否松动。

②若良好，可将调节器的接线插接器拔开，取出指示灯引线，接通电源开关，用此引线进行搭铁试验。

③若指示灯亮，说明指示灯泡良好。故障是指示继电器的触点接触不良或调节器内部搭铁不良。

（2）随着发动机转速的提高，指示灯不熄灭。

1）故障现象：

发动机以中速以上转速运转时，充电指示灯不熄灭。

2）故障原因：

①插头或导线连接松动或断路。

②指示继电器调整不当或触点黏结分不开。

3）故障检测与分析：

应首先判明发电机是否发电。如发电而指示灯不熄灭，可拆下调节器盖，检查调节器触点是否黏结。可将触点分开试验，如分开后指示灯熄灭，则说明调节器调整不当或触点烧结。如分开后指示灯仍不熄灭，则应进一步检查有无搭铁之处。

6. 发电机运转时有异响的主要原因

（1）故障现象

发电机在运转过程中有不正常噪声。

（2）故障原因

①风扇皮带过紧或过松。

②发电机轴承损坏被卡住或松旷缺油，轴承钢球护架脱落等。

③发电机转子与定子相碰，即"扫膛"。

④电刷磨损过大，或电刷与集电环接触角度偏斜，电刷在电刷架内倾斜摆动。

⑤发电机总装时部件不到位，使机体倾斜或发电机电枢轴弯曲。

⑥发电机传动带轮与轴松旷，使传动带轮与散热小风扇碰撞。

（3）故障检测与分析：

①检查风扇皮带松紧度。

②检查发电机传动带轮与发电机安装是否松旷。

③用手触摸发电机外壳和轴承部位，若有烫手感，说明定子与转子相碰或轴承损坏。

④用听诊器探听发电机轴承部位，若有不规则清脆响声，说明轴承缺油或滚珠已损坏。

⑤拆出电刷，观察并检测其完好程度，磨损过大会导致接触不良故障。

⑥检查发电机内部机件的配合及润滑情况，检查二极管和磁场线圈有无短路或断路。

实训五　起动机性能检测与故障分析

一、实训教学组织

(1)集中讲授仪器、设备的结构和工作原理。

(2)讲解实训内容、操作步骤及注意事项。

(3)根据实训目的、要求进行分组。

(4)在教师指导下,各组学生自己独立操作,并对试验、检测数据进行记录。

(5)教师总结实训情况。

二、实训目的

通过本次实训,使学生进一步加深对本专业所学"汽车构造""汽车电器"等相关课程课堂理论知识的理解,增强感性认识;掌握汽车起动机实训的基本原理和方法,提高操作能力,为今后从事实际工作打下较牢固的基础。

三、实训要求

(1)遵守实训操作规程,注意设备及人身安全。

(2)了解汽车起动机的组成结构,掌握起动机的检测方法。

(3)记录实训数据,并能结合实训检测数据,对实训用起动机的技术状态、工作可靠性等进行综合判定。

(4)按时完成实训报告。

四、实训仪器、设备

(1)汽车电器万能试验台,1台。

(2)万用表,1只。

（3）弹簧秤，1 个。

（4）转速表，1 只。

（5）蓄电池（或启动电源），1 个。

（6）起动机，1 台。

（7）起动机拆装工具，1 套。

五、注意事项

（1）所有实训电路电缆线正、负极连接应正确，导线连接牢固、可靠。

（2）起动机装配时，转子轴衬套内应加注锂基润滑脂。

（3）实训过程中，必须正确区分 380 V、220 V、12 V 电源插座、开关。

（4）试验完成后，应及时切断试验设备的电源。

六、起动机性能检测方法

1. 起动机拆装（以 QD1225 型起动机为例）步骤及要求

①拆下电磁开关与电动机之间的连线，拆下电磁开关固定螺钉，从驱动齿轮端盖上取下电磁开关及铁芯、卡片和弹簧。

②拆下轴端防尘罩固定螺钉，取下防尘罩。

③拆下起动机整体连接螺栓，取下炭刷端盖。

④用专用拉钩取出炭刷，然后取下炭刷支架。

⑤取下电动机磁场绕组及壳体，拆下拨叉销钉，取下电枢及单向离合器及拨叉。

⑥将止推圈向单向离合器方向压入至卡环露出，取出卡环及止推圈。

⑦按要求正确清洗解体后的各零部件。

⑧按分解的相反顺序组装好起动机。

2. 起动机的解体检测

汽车启动系一般包括蓄电池、起动机、起动机继电器、启动开关、导线等，有防盗系统的汽车还装备有防盗系统。启动系一旦发生故障，就会导致起动机不能带动发动机运转。常见的故障有起动机不转或运转无力、起动机空转以及起动机异响。

（1）磁场绕组的检测步骤及方法。

①磁场绕组断路的检测：万用表电阻挡 $R \times 1 \ \Omega$ 进行检测，将万用表两支表笔分别接触磁场绕组引线端头和正电刷，此时，万用表显示的阻值应为零或接近于零。如阻值显示为无穷大，则说明磁场绕组断路或接触不良，如图 5-1 所示。

②磁场绕组搭铁、短路的检测：用万用表电阻挡 $R \times 10 \ \mathrm{k}\Omega$ 进行检测，将万用表两支表笔分别接触磁场绕组引线端头和起动机外壳，此时，万用表显示的阻值应为无穷大。如阻值为

零，则为磁场绕组搭铁或短路，如图 5 – 2 所示。

（2）电枢的检测步骤及方法。

①电枢绕组断路的检测：用万用表电阻挡 $R \times 1\ \Omega$ 进行检测，将万用表两支表笔分别接触任意两个换向片，此时，万用表显示任意两个换向片之间的阻值应为零或接近于零，否则为绕组断路或接触不良，如图 5 – 3 所示。

②电枢绕组搭铁的检测：用万用表电阻挡 $R \times 10\ \mathrm{k}\Omega$ 进行检测，测量任一换向片与铁芯或轴之间的阻值，此时，万用表显示的阻值应为无穷大，否则为绕组搭铁，如图 5 – 4 所示。

③电枢绕组短路的检测：电枢绕组短路的检测，应使用电枢检验仪进行检测。

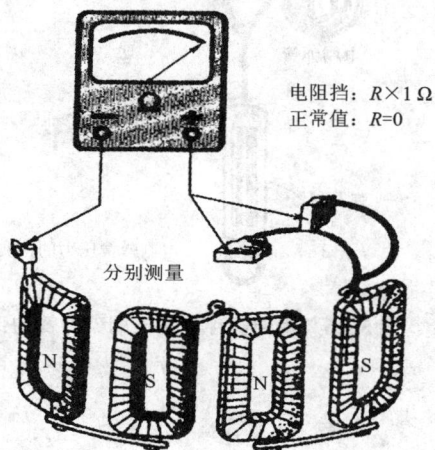

电阻挡：$R \times 1\ \Omega$
正常值：$R=0$

分别测量

图 5 – 1　磁场绕组断路的检测

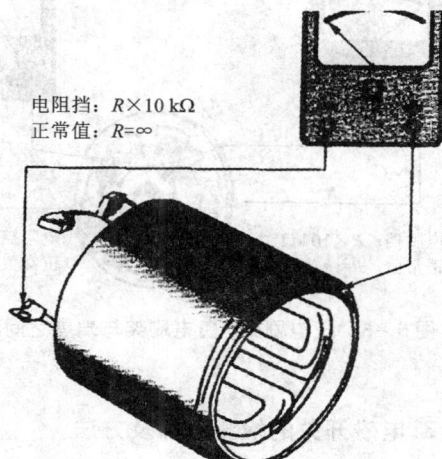

电阻挡：$R \times 10\ \mathrm{k}\Omega$
正常值：$R=\infty$

图 5 – 2　磁场绕组搭铁或短路的检测

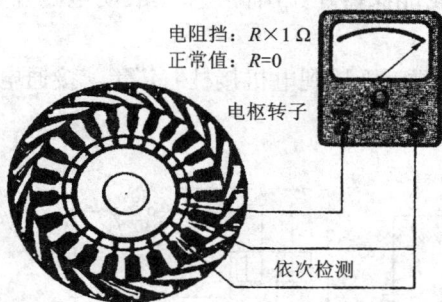

电阻挡：$R \times 1\ \Omega$
正常值：$R=0$

电枢转子

依次检测

图 5 – 3　电枢绕组断路的检测

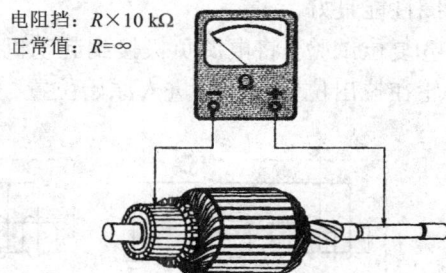

电阻挡：$R \times 10\ \mathrm{k}\Omega$
正常值：$R=\infty$

图 5 – 4　电枢绕组搭铁的检测

（3）电刷组件的检测步骤及方法。

①正电刷架搭铁、短路的检测：用万用表电阻挡 $R \times 10\ \mathrm{k}\Omega$ 进行检测，将万用表两支表笔分别接触正电刷架和起动机端盖，此时，万用表显示的阻值应为无穷大，如阻值为零，则为电刷架搭铁或短路，如图 5 – 5 所示。

②负电刷架断路的检测：万用表电阻挡 $R \times 1$ Ω 进行检测，将万用表两支表笔分别接触负电刷架和起动机端盖，此时，万用表显示的阻值应为零或接近于零，如阻值显示为无穷大，则说明磁场绕组断路或接触不良，如图 5 – 5 所示。

③电刷弹簧弹力的检测：用弹簧秤测量电刷架弹簧的弹力应在 8 ~ 15 N，如图 5 – 6 所示。弹簧长度不得小于规定长度的 2/3。

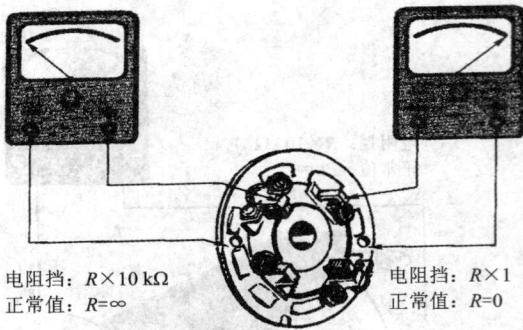

电阻挡：$R \times 10 \ \text{k}\Omega$
正常值：$R = \infty$

电阻挡：$R \times 1$
正常值：$R = 0$

图 5 – 5　正电刷架、负电刷架与端盖之间的检测

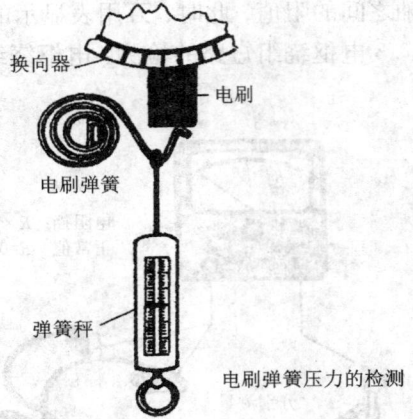

换向器
电刷
电刷弹簧
弹簧秤
电刷弹簧压力的检测

图 5 – 6　用弹簧秤测量电刷架弹簧的弹力

3. 电磁开关的检测步骤及方法

①吸拉线圈的检测：将电源负极分别接机壳和电机接柱"M"上，正极接柱接到"50"线柱上，如图 5 – 7(a) 所示，小齿轮应能有力地被吸拉出。

②保持线圈的检测：在吸拉试验中，正常吸拉出小齿轮的情况下，将电机接柱"M"上引线断开，其他保持不变，如图 5 – 7(b) 所示；若小齿轮能保持在拉出位置，则表明电磁开关保持线圈性能良好。

③复位试验：将电源负极接到起动机外壳上，电源正极接到电机接柱"M"上，接通电路，小齿轮在拉出位置应自动进入原始位置，如图 5 – 7(c) 所示。

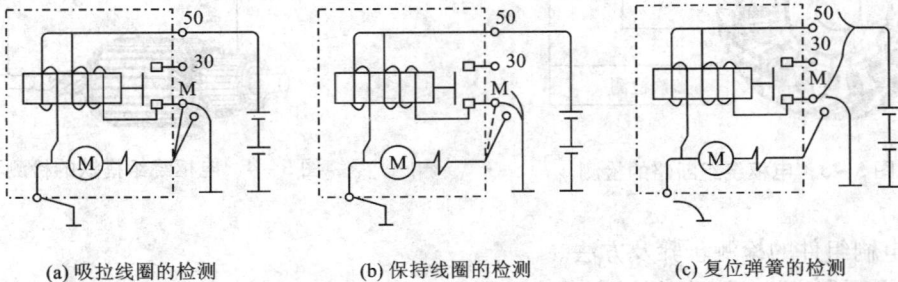

(a) 吸拉线圈的检测　　　　(b) 保持线圈的检测　　　　(c) 复位弹簧的检测

图 5 – 7　检测起动机电磁开关线圈

4.起动机性能试验

①起动机空转试验：在汽车电器万能试验台上进行，连接线路，接通电源开关，待起动机运转稳定后，测量记录起动机电流、转速及电压，如图5－8所示。

②起动机全制动试验：在汽车电器试验台上进行，连接线路，接通电源开关，测量记录起动机电流、电压及输出扭矩。试验时每次接通电源的时间不应超过5 s，以免损坏起动机，如图5－9所示。

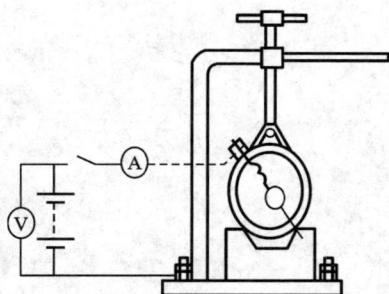

图5－8　起动机空转试验　　　　　　图5－9　起动机全制动试验

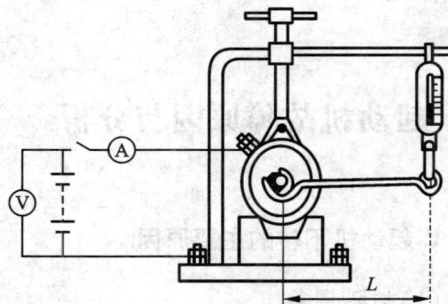

常用起动机有关参数见表5－1、表5－2。

表5－1　常用起动机性能参数

起动机型号	额定参数		空转试验		全制动试验			适用车型
	电压/V	功率/kW	电流/A	转速/(r·min^{-1})	电压/V	电流/A	转矩/(N·m)	
QD121 QD1255	12	1.1	≤100	>5000	≤8	≤525	>15.68	BJ2020
QD124 QD1211	12	2.0	≤95	>5000	≤8	≤650	>29.4	EQ1090
QD1215 QD124A	12	2.0	≤90	>5500	≤8	≤600	>25.49	CA1091
QD1225 QD1229	12	0.95	≤110	>5000	≤8	≤480	>13.00	桑塔纳

表 5 - 2　常用起动机电磁开关线圈数据

电磁开关型号	适用起动机型号	保持线圈			吸拉线圈		
		线径/mm	匝数	电阻(20℃时)/Ω	线径/mm	匝数	电阻(20℃时)/Ω
384	321	Φ0.83	245±3	0.97	Φ0.9	235±5	0.6
PC811	ST811	Φ0.71	230±5	1.13	Φ0.9	230±8	0.53
PC604	ST614	Φ0.93	230±5	0.6	Φ0.93	230±5	0.8

七、起动机故障原因与分析

1. 起动机不转的主要原因

（1）故障现象。

接通启动开关，起动机不转。

（2）故障原因。

①蓄电池电容量不足，或各导线连接松动、接线柱脏污或接触不良。

②起动机电磁开关线圈断路或接触不良。

③启动继电器触点烧蚀、继电器磁力线圈断路或烧坏。

④起动机内部电枢轴弯曲或轴承过紧，整流子表面脏污或烧蚀。

⑤电刷磨损过短、弹簧过软造成电刷与电枢之间不能完全接触，以及电枢线圈或磁场线圈短路、断路或搭铁。

⑥启动防盗系统故障。

（3）故障检测与分析。

对安装有启动防盗系统的汽车，将点火开关转到"ON"位，观察防盗系统指示灯是否异常，若有异常应先排除防盗系统的故障，然后再逐一进行诊断。

①按喇叭，开大灯。如果喇叭不响，大灯不亮，则应检查蓄电池容量及其线路是否有故障。

②如果喇叭声响、大灯亮度都正常，则开大灯并启动起动机：若大灯灯光变暗，起动机不转，则为起动机搭铁故障。若大灯亮度不变，起动机不转，短接起动机电磁开关；起动机能正常运转为电磁开关故障；有火花，起动机不能运转，则为起动机内部机械故障；无火花，起动机不转，则为起动机内部线圈断路故障，实际检测诊断的操作流程，如图 5 - 10 所示（图中"×"为故障部位）。若仪表指示大量放电，起动机不转，则为起动机连接线路或继电器搭铁故障。

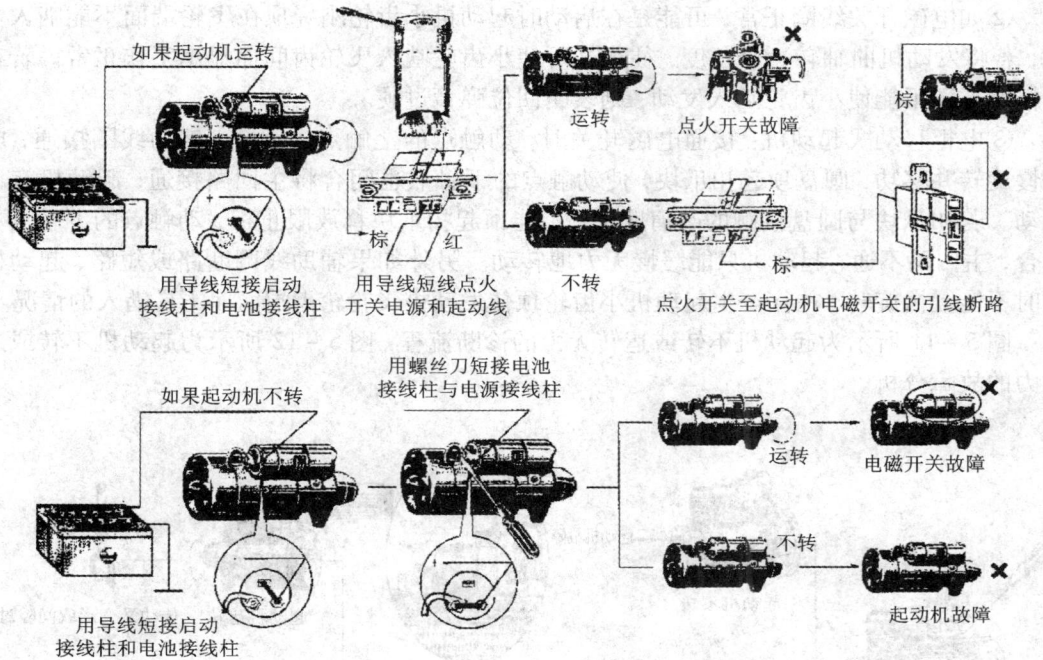

图 5 – 10　起动机不转的诊断流程

2. 起动机不转或运转无力的主要原因

（1）故障现象。

当接通启动开关时，起动机转动缓慢无力，不能带动发动机启动；或接通启动开关时，起动机只发出"咔哒""咔哒"的响声，但不转动。

（2）故障原因。

①蓄电池电容量不足或电源连接导线松动，接触不良。

②起动机轴承过紧或松旷，电枢轴弯曲有时碰擦磁极，整流子和电刷间脏污。

电刷磨损过短、弹簧过软造成电刷与电枢之间不能完全接触、电枢线圈或磁场线圈短路、断路或搭铁。

③起动机电磁开关触点烧蚀或电磁开关线圈短路。

④电枢移动式起动机串联辅助线圈断路或短路。

（3）故障检测与分析。

1）诊断程序基本与起动机不转的诊断程序相同。因为这两种故障产生的主要原因基本一样，只是程度不同。

2）接通启动开关，起动机开关只发出"咔哒"一声，但起动机不转动，该故障常发生在电磁控制式和电枢移动式起动机。

①电磁控制式起动机：接通电磁开关，有"咔哒"一声，但起动机不转动，说明电磁开关线圈短路或接触不良，产生的磁力太小，不足以进一步压缩回位弹簧，致使主回路接触盘接

触不良。

②如电磁开关线圈正常，可能是在启动时起动机小齿轮刚好顶在飞轮端面不能啮入。这时，若将发动机曲轴转一个角度，往往又可使小齿轮啮入飞轮齿间而显示工作正常。若在这种情况下还不能使小齿轮啮入发动，则表明回位弹簧过硬。

③电枢移动式起动机：接通电磁开关时，动触点的上触点先闭合，辅助线圈接通，电枢缓慢旋转并移功，圆盘顶起扣爪块，使动触点的下触点也闭合将主回路接通，起动机有力地转动。若扣爪块与圆盘接触的凸肩磨损，不能顶起扣爪块释放限止板，动触点的下触点不能闭合，主回路不通，起动机只能缓慢无力地转动。另外如果辅助线圈断路或短路，起动机启动时不能缓慢旋转，往往产生起动机小齿轮顶住发动机飞轮轮齿端面而不易啮入的情况。

图5－11所示为起动机不转或运转无力的诊断流程，图5－12所示为起动机不转或运转无力的故障分析。

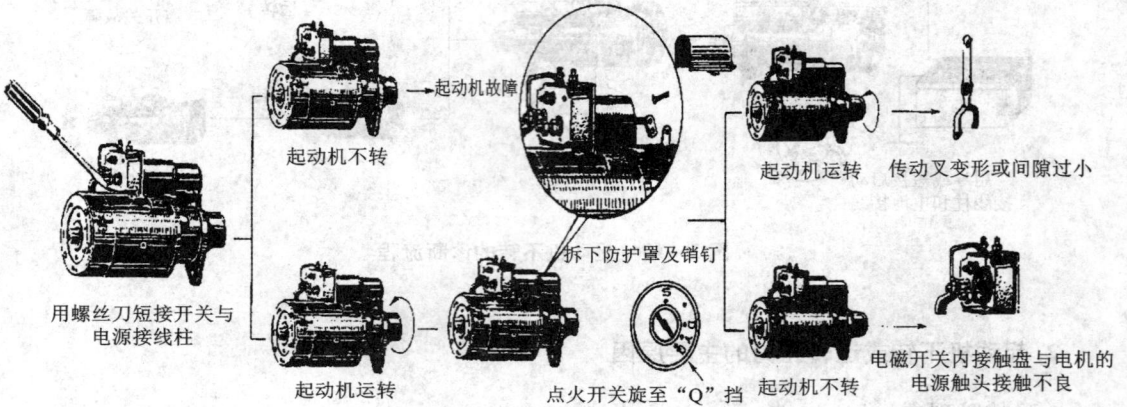

图5－11　起动机不转或运转无力的诊断流程

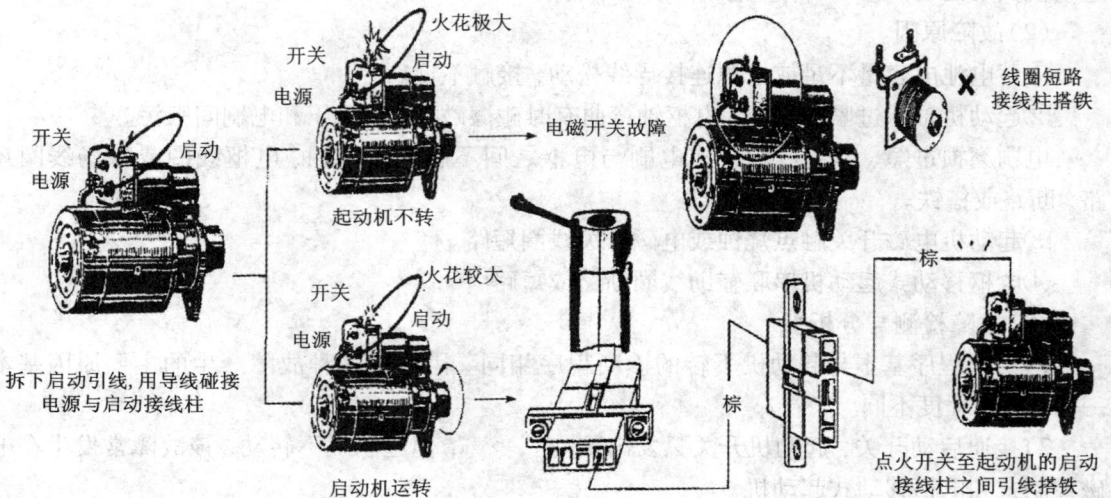

图5－12　起动机不转或运转无力的故障分析

3. 起动机空转的主要原因

（1）故障现象。

接通启动开关，起动机只是空转，小齿轮不能啮入飞轮齿圈带动发动机转动。

（2）故障原因。

①机械强制式起动机的拨叉脱槽，不能推动驱动小齿轮，或其行程调整不当，不能进入啮合。

②电磁控制式起动机的电磁开关铁芯行程太短。

③电枢移动式起动机辅助线圈短路或断路，不能将电枢带到工作位置。

④起动机单向啮合器打滑。

⑤飞轮齿严重磨损或打坏。

（3）故障检测与分析。

起动机空转实际有两种情况：一种是起动机驱动小齿轮不能与飞轮齿圈啮合，导致空转，故障主要在起动机的操纵和控制部分；另一种是起动机驱动小齿轮已和飞轮齿圈啮合，由于单向啮合器打滑而空转，故障主要在起动机单向啮合器。

1）若驱动小齿轮不能与飞轮齿圈啮合，则应进行如下检查、诊断：

①对于机械强制式起动机，应先检查传动叉行程是否调整适当。若调整不当，在未驱使驱动小齿轮与飞轮齿圈啮合时，主接触盘已与触点接通而导致起动机空转。如调整适当，则可能是传动叉脱出嵌槽。

②对于电磁控制式起动机，则应检查主回路接触盘的行程是否过小。过小会使主回路提早接通，造成电枢提前高速旋转。

③对于电枢移动式起动机，主要是扣爪块上阻挡限制板的凸肩磨损，不能阻挡限制板的移动，致使活动触点的下触点提早闭合，并使电枢高速旋转。当活动触点与固定触点上下两触点间隙调整不当，即下触点间隙太小也同样会引起电枢提前高速旋转。

2）若单向啮合器打滑空转，应拆解起动机进行检修或更换。

4. 起动机异响的主要原因

（1）故障现象。

接通启动开关，起动机运转时有撞击声，且不能带动发动机运转。

（2）故障原因。

①启动开关或电磁开关行程调整不当。

②电枢移动式固定触点和活动触点间隙调整不当。

③起动机驱动小齿轮或飞轮轮齿严重磨损或打滑。

④起动机固定螺栓松动或离合器壳松动。

⑤起动机内部故障。

（3）故障检测与分析。

此现象表明起动机驱动小齿轮啮入困难，可通过将曲轴转一个角度，再接通启动开关的方式检测。

①若撞击声消失且能啮入启动发动机，则说明飞轮齿圈部分轮齿啮入端打坏，应进行

更换。

②如曲轴转到任何角度都不能消除撞击声，且驱动小齿轮始终不能啮入，则表明起动机拨叉行程或电磁开关行程过短，导致驱动小齿轮尚未啮入即高速旋转。

③当接通启动开关时，起动机壳体明显抖动，说明起动机固定螺栓或离合器壳固定螺钉松动，应立即紧固，否则可能造成起动机驱动端盖折断。

④此外，根据撞击声响特征也可大致判明原因。一般行程调整不当或带有空转的撞击声是连续的，起动机固定螺栓或离合器壳松动或飞轮齿损坏引起的撞击声是断续的，且有时可以啮入启动。空转带有撞击声的诊断方法同起动机空转故障。

实训六　汽车空调系统检测与故障分析

一、实训教学组织

（1）集中讲授仪器、设备的结构和工作原理。

（2）讲解实训内容、操作步骤及注意事项。

（3）根据实训目的、要求进行分组。

（4）在教师指导下，各组学生自己独立操作，并对试验、检测数据进行记录。

（5）教师总结实训情况。

二、实训目的

通过本次实训，使学生进一步加深对本专业所学"汽车构造""汽车电器""汽车测试技术"等相关课程课堂理论知识的理解，增强感性认识；掌握一般汽车空调检测实训的基本原理和方法，提高操作能力，为今后从事实际生产打下较牢固的基础。

三、实训要求

（1）遵守实训操作规程，注意设备及人身安全。

（2）了解一般汽车空调系统的组成结构，掌握一般汽车空调系统故障的检测方法及相关知识。

（3）记录实训数据，并能结合实训检测数据，对实训车辆空调系统的技术状态、工作可靠性等进行综合判定。

（4）按时完成实训报告。

四、实训仪器、设备

(1)实训车,1辆。

(2)容量超过 18 L/min(2.6 Pa)的真空泵,1台。

(3)歧管压力计(结构如图6-1所示),1台。

(4)制冷剂注入阀(结构如图6-2所示),1个。

(5)电子检漏仪,1台。

(6)拆装工具,1套。

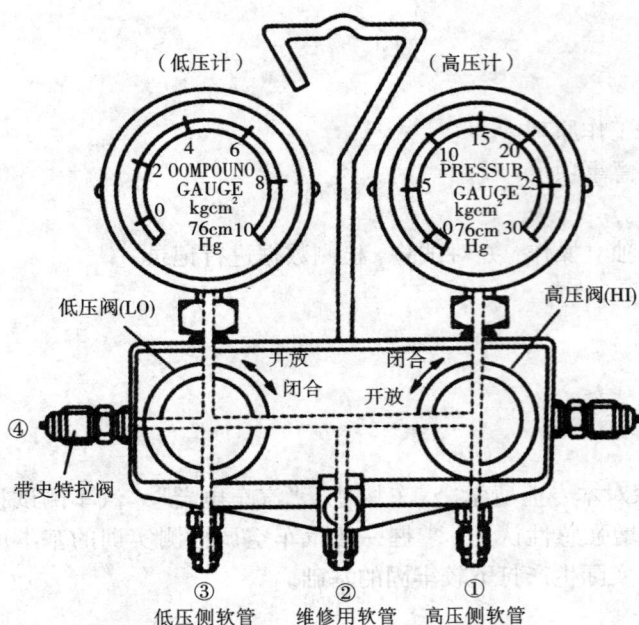

图6-1 歧管压力计

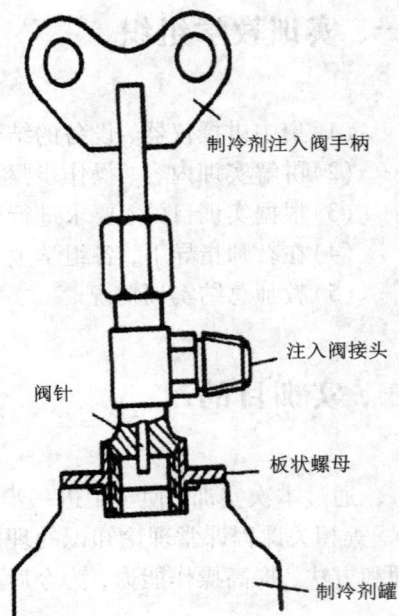

图6-2 制冷剂注入阀

五、注意事项

(1)使用制冷剂的过程中,须特别注意不要与皮肤接触,应戴橡胶手套和护目镜,以免冻伤皮肤和眼球。

(2)制冷剂应避免振动并不得放置在高温处,以免发生爆炸。制冷剂一般应放置在低于40℃以下的地方保存且必须远离火种。

(3)制冷剂 R134a 与 R12 不能混用,否则会导致压缩机损坏。

(4)如使用的制冷剂为 R134a,系统中应避免使用铜材料,以免产生镀铜现象。

(5)打开歧管压力计低压表、高压表阀门时,应注意压缩机油被一并放出。

(6)操作过程中,应拉紧实训车手制动器,并将排挡置于空挡位。

六、汽车空调系统结构认识及性能检测方法

1.认识汽车空调系统的基本组成结构(以桑塔纳2000Gsi型轿车空调制冷系统为例)

一般汽车空调制冷系统由压缩机、冷凝器、储液干燥器、膨胀阀、蒸发器、连接管路等元件组成。

图6-3为桑塔纳2000Gsi型轿车空调制冷系统的组成与部件安装位置图。

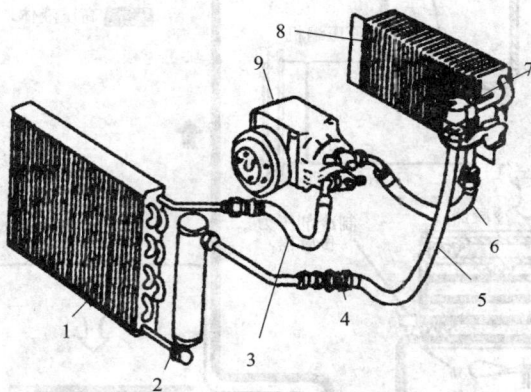

图6-3　制冷系统的组成及部件安装位置示意图

1—冷凝器；2—储液干燥器；3—高压蒸汽软管；4—视液镜；5—高压液体软管；
6—低压蒸汽软管；7—热力膨胀阀；8—蒸发器；9—压缩机

2.汽车空调系统各组成元件的功用

(1)压缩机的功用：压缩机是制冷系统中低压和高压、低温和高温的转换位置，是推动制冷剂在制冷系统中不断循环的动力。压缩机对输送制冷剂、保障制冷系统正常工作起着主要的作用。

(2)冷凝器的功用：冷凝器是把来自压缩机的高温高压气体通过管壁和翅片，将其中的热量传递给冷凝器周围的空气，从而把高温、高压的气态制冷剂冷凝成高温、高压的液体。

(3)蒸发器的功用：蒸发器是将经过节流降压后的液态-气态混合物制冷剂在蒸发器内蒸发汽化，吸收蒸发器表面周围的热量，从而降低温度，风机再将冷却空气送入车厢，从而达到车内降温的目的。

(4)干燥瓶的功用：干燥瓶是在制冷系统中，临时性地存储一下制冷剂。根据制冷负荷的需要，随时供给蒸发器，并对系统中的水分和杂质进行干燥和过滤，即存储制冷剂、过滤杂质、吸收湿气。

(5)膨胀阀的功用：膨胀阀又称节流阀，它将从干燥瓶来的高温、高压的液态制冷剂降压为容易蒸发的低温、低压的雾状制冷剂送入蒸发器，即分开了制冷剂的高压侧和低压侧。

同时能自动调节进入蒸发器的制冷剂流量，以满足制冷剂循环的要求，也能避免因液态制冷剂进入压缩机而造成的液击现象，并控制过热度处在一定范围内。

3. 一般汽车空调系统的工作过程

一般汽车空调系统制冷是通过消耗发动机一定的动力把制冷剂由气体转变成液体，然后再利用由液体转变成气体的过程，通过吸收来自汽车外部的热量，进行热交换来达到汽车制冷的目的。其工作过程及组成如图6-4所示。

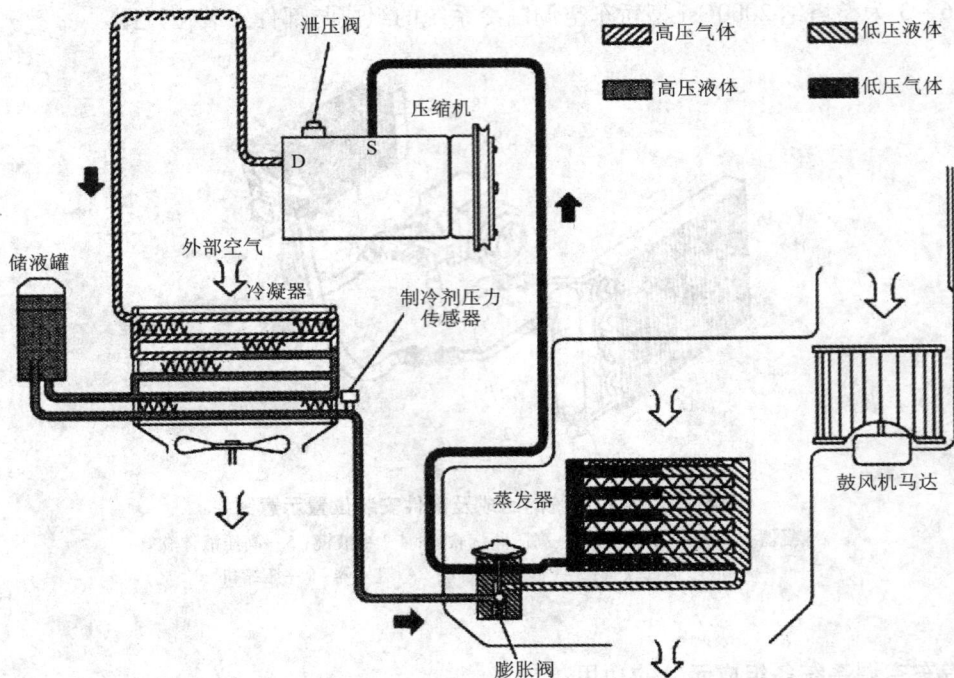

图6-4 汽车空调系统的制冷过程及组成

汽车空调系统具体的工作过程为：从蒸发器出来的低温、低压制冷剂 HCF1234a 气体，经低压软管、低压阀进入压缩机；经空调压缩机将气态制冷剂 HCF1234a 吸进并压缩后，变成高温、高压的制冷剂气体，再由高压阀出来经过高压管进入冷凝器，在此过程中，把热量排出车外，被冷却为高温、高压的液态 R1234a；从冷凝器底部流向储液干燥器，经过滤、脱水后由高压管送至膨胀阀；经膨胀阀的高压液态制冷剂减压后，变成为低温、低压的雾状物进入蒸发器，通过蒸发器心管吸收周围空气中的热量而变成气体，冷却后的空气即为冷气；最后被冷却风扇强制送回车内，从而达到了降温的目的。低温、低压的气态制冷剂，经低压软管回到压缩机，由此开始新一轮的工作循环。

4. 一般汽车空调系统的拆卸步骤及方法

（1）制冷液的排空方法。

①将点火开关置于"OFF"位置。

②拔下空调压缩机的电源插接器接头，以避免无意接通压缩机电源而使其损坏。

③如图6－5所示，将低压表1接入蒸发器与压缩泵之间的低压维修阀上，将高压表2接在存储液罐上的维修阀上，慢慢地打开低压表阀门3和高压表阀门4。

（2）空调制冷系统的拆卸步骤及方法。

空调系统的基本组成结构如图6－6所示。

①调整发动机与空调压缩机之间传动皮带的挠度。

②旋下压缩机与支架之间的连接螺钉，从压缩机支架上取下压缩机。

③按步骤依次拆下所有制冷管道。

④旋下螺钉，取出冷凝器。

⑤旋下螺钉，取下储液罐。

⑥旋下螺钉，取下风箱盖，取出蒸发器。

⑦从蒸发器上取下膨胀阀。

⑧从储液罐上拆下高、低压开关及易熔塞。

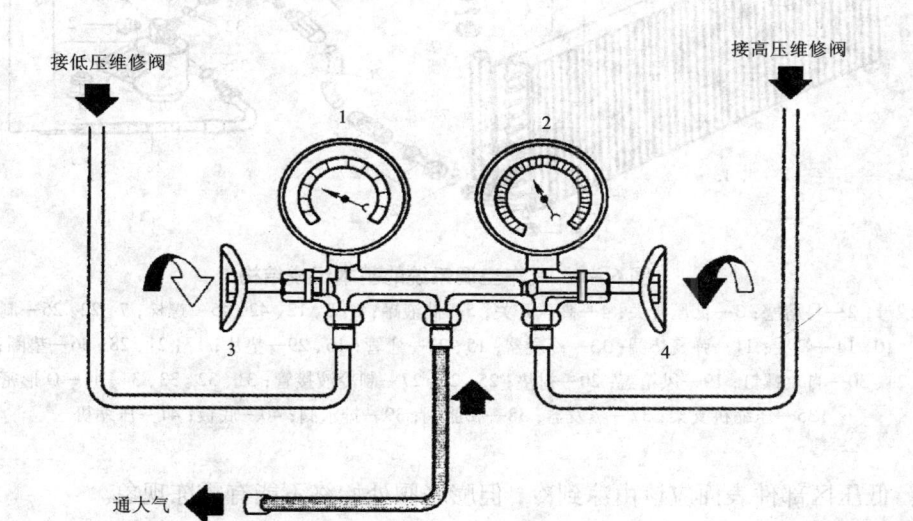

图6－5 空调制冷液的排出方法
1—低压表；2—高压表；3—低压表阀门；4—高压表阀门

5．一般汽车空调系统的检测

（1）空调系统温度的检测。

正常情况下，低压管路应呈低温状态，高压管路应呈高温状态。压缩机出口→冷凝器→储液干燥器→膨胀阀进口处是制冷系统的高压区。高压区部件表面温度在空调系统中处于工作状态时，应是先暖后烫，如有特别烫的部位，则此部位有故障，说明散热性能较差；反之，如有特别凉的部位，则此部位同样存在故障，可能有堵塞情况发生。储液器进、出口之间若有明显温差，则说明此处有堵塞或者制冷量不正常。膨胀阀出口→蒸发器→压缩机进口处是

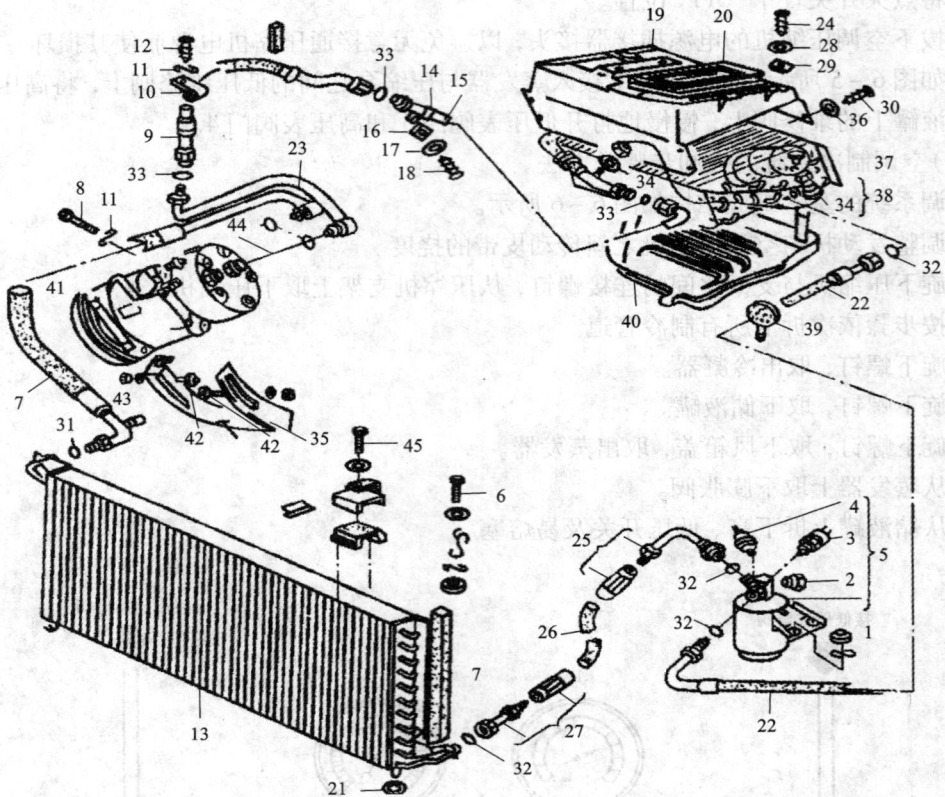

图 6-6 汽车空调系统的基本组成结构

1、43—螺母；2—易熔塞；3—低压开关；4—高压开关；5—储液罐；6、8、12、42、45—螺栓；7、22、26—制冷液软管；
10、14—管夹；11—弹簧垫圈；13—冷凝器；15、23—弯管；16、29—垫片；17、21、28、36—垫圈；
18、24、30—自攻螺钉；19—风箱盖；20—衬垫；25、26、27—制冷液接管；31、32、33、34、44—O 形密封圈；
35—压缩机支架；37—蒸发器；38—膨胀阀；39—排水阀；40—底板；41—压缩机

低压区。低压区部件表面应该由凉到冷，但膨胀阀处始终不能有霜冻现象。

（2）空调系统泄露的检测。

制冷剂的泄露有可能出现在所有连接部位，如冷凝器表面及蒸发器表面被损坏处、膨胀阀进出口连接处、压缩机轴封、前后端盖密封垫等处。上述部位一旦出现油渍，一般说明此处有制冷剂泄露，应尽快对其进行检修。

空调系统如有泄露，可采用如图 6-7 所示的方法，用电子检漏仪进行检测。

用电子检漏仪 1 对每个管路接头 3 进行检查，使用探针 2 接近检漏点，距离约 3 mm；探针 2 的移动速度必须低于 3 cm/s。按照检漏仪的额定灵敏度，若发现有感应现象，则说明这个部位有泄露现象。

（3）通过干燥器检视口处检测制冷剂量的多少。

在发动机运转、空调工作时，从干燥器检视口处可能看到的主要有以下几种情况，如图 6-8 所示。具体征兆及处理方法，如表 6-1 所示。

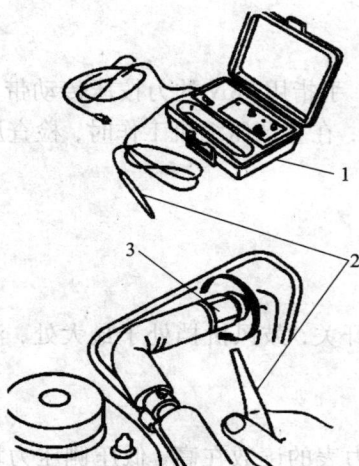

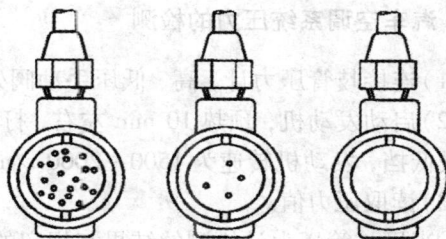

(a) 制冷剂缺失严重　(b) 制冷剂不足　(c) 制冷剂合适或过多

图 6-7　空调系统泄露的检测
1—电子检漏仪；2—探针；3—管路接头

图 6-8　干燥器制冷剂量检测

表 6-1　空调系统制冷剂量的多少对系统的影响及处理方法

序号	征兆	制冷剂量	处理方法
1	检视口处出现气泡	不足	用检漏仪检漏并进行修复或冲入适量制冷剂
2	检视口处未出现气泡	无、足够或过多	参照 3、4
3	压缩机进出口间无温差	无或很少	用检漏仪检漏并进行修复或冲入适量制冷剂
4	压缩机进出口间温差较大	适量或太多	参照 5、6
5	空调关闭后，制冷剂在检视口处立即呈清晰状态	过多	排出多余制冷剂，使其符合规定
6	空调关闭后，在检视口处可见制冷剂泡沫，而后呈清晰状态	正常	—

①清晰、无气泡，但出风口是冷的，说明制冷剂适当，制冷系统正常；出风口不冷，说明制冷剂不足或已经漏完；出风口不够冷，而且关掉压缩机 1 min 后仍有气泡慢慢流动，或在关掉压缩机的一瞬间就清晰无气泡、无流动，说明制冷剂太多。

②偶尔出现气泡，若有膨胀阀结霜现象，说明系统中有水分；若无膨胀阀结霜现象，可能是制冷剂缺少，或系统管路中含有空气。

③有气泡、泡沫不断流过，说明制冷剂不足，如果气泡很多，可能有空气。

④有长串油纹,或偶尔带有成块机油条纹,出风口不冷,说明几乎没有制冷剂;有泡沫且较混浊,说明冷冻油太多,或干燥剂散了。

(4)空调压缩机的检测。

检查压缩机传动皮带是否过紧或过松。正常情况下,手指用98N的力按压传动带,传动带的挠度应为8~12 mm,如不符合可调节支架进行调整;在空调压缩机工作时,检查压缩机运转声音是否正常,离合器离合是否彻底。

6.汽车空调系统压力的检测

(1)连接歧管压力计,高、低压手动阀处于关闭状态。

(2)启动发动机,预热10 min左右,打开空调A/C开关,鼓风机挡处于最大处,温度挡位于最低挡,发动机转速为1500~2000 r/min。

(3)读取压力值。

①当用歧管压力计检测的结果与规定的值相比,压力表的读数在高、低压侧压力均过低时(如图6-9所示),说明制冷剂量不足。如在用车辆空调系统出现此现象,有可能是系统内某处(如管道接口处)出现泄漏,必须找出漏点并进行排除。

②当用歧管压力计检测的结果与规定的值相比,压力表的读数在高、低压侧压力均过高时(如图6-10所示),则可能是制冷剂量过多引起的。可从低压侧放出一部分制冷剂后,再进行检测,直到压力表显示到规定压力值时为止。若某些车辆在刚开始使用时正常,后来才逐渐出现此现象,则这是由于冷凝器散热较差造成的。可检查冷凝器散热片是否堵塞、风扇皮带是否过松、风扇转速是否正常等,并应分别进行排除。

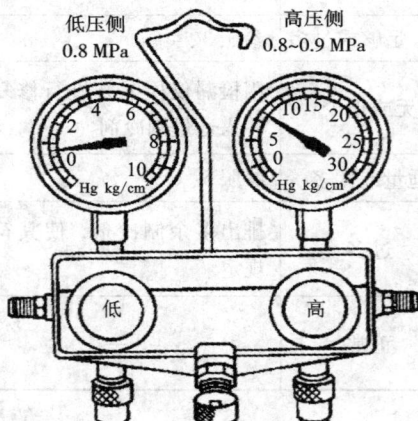

图6-9 制冷剂量不足时的显示　　　　图6-10 制冷剂过多时的显示

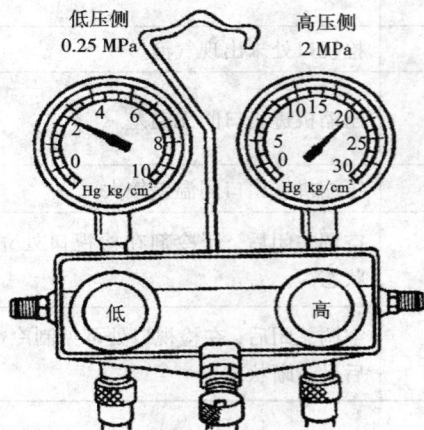

③当用歧管压力计检测的结果与规定的值相比,压力表的读数在高、低压侧压力均过高时,虽经②所述方法排除后,高、低压侧压力还是高,则可能是在加注制冷剂的过程中,未将空调系统管路的空气排尽;如系统内有空气,可更换干燥剂或清洁制冷机油,并重新加注制冷剂。

④用歧管压力计检测的结果与规定的值相比，压力表的读数在高、低压侧的读数为：低压侧偏高，高压侧偏低；增大发动机转速，高、低压显示结果变化不大（如图 6-11 所示）时，一般是由于压缩机工作不良造成的。应检查压缩机内阀片是否损坏，检查活塞及环的磨损等情况，检修并进行排除。

⑤如压力表反映的读数为低压侧出现真空，高压侧压力过低（如图 6-12 所示），说明膨胀阀感温包内的制冷剂完全泄露，使膨胀阀不能打开，制冷剂在系统内不循环，造成系统不能制冷。此时应更换或拆除膨胀阀。

⑥当空调系统压力检测完毕后，应将发动机熄火，卸掉压力表组，并旋紧检修阀的护帽。

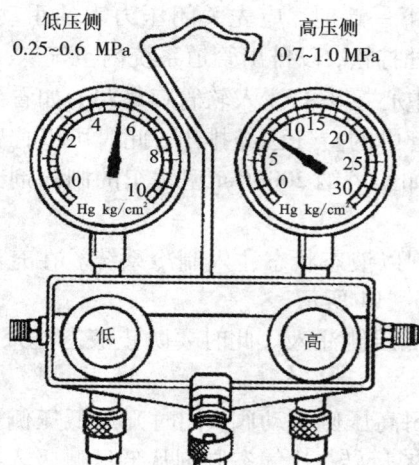

低压侧
0.25~0.6 MPa

高压侧
0.7~1.0 MPa

图 6-11　压缩机故障的显示

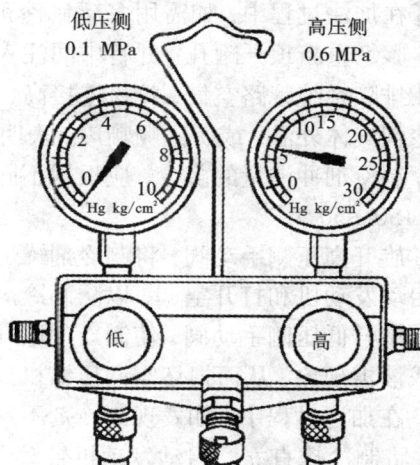

低压侧
0.1 MPa

高压侧
0.6 MPa

图 6-12　制冷剂不循环的显示

7. 空调系统充注制冷剂的步骤及方法

（1）抽取系统内真空的步骤及方法。

①分别将高压表接入储液罐的维修阀，低压表接入蒸发器至压缩机低压管路上的维修阀，在中间接入软管，软管与真空泵接口相接，如图 6-13 所示。

②启动真空泵，并将歧管压力计高、低压手动阀门全部打开。

③进行系统抽真空时，低压表所示的真空度应达到 10^5 Pa，抽真空时间为 5~10 min。

④关闭真空泵手动阀，真空泵继续运转，打开制冷剂罐，让少量制冷剂 R134a 进入系统（压力为 0~49 kPa），关闭罐阀。

⑤放置 5 min，观察压力表，若指针继续上升，说明真空下降，系统有泄露之处。应使用检漏仪

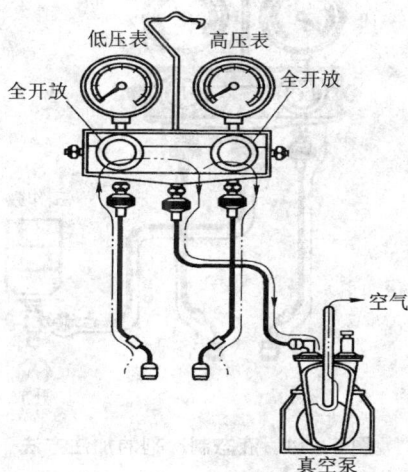

低压表　　高压表

全开放　　　　全开放

空气

真空泵

图 6-13　抽真空连接方法

进行泄露检查，找出泄露点并进行排除。

⑥继续抽真空 20 ~ 25 min，并重复步骤⑤，如压力指针保持不动，说明无泄露。可进行下一步工作。

⑦关闭高、低压压力表的手动阀，停止抽真空，从真空泵拆下中间连接软管，做好注入制冷剂的准备工作。

（2）制冷剂的加注步骤及方法。

①在抽完系统真空后，将注入阀连接在制冷剂罐上。

②将中间连接软管安装在注入阀接口上，顺时针拧紧注入阀手柄，使阀上的顶针将制冷罐顶开一个小孔。逆时针旋松注入阀手柄，推出顶针，使制冷剂进入中间注入软管。

③在加注过程中，如需用多罐制冷剂，则在加注下一罐时，应先关闭压力表的手动阀，并按步骤②重新顶开罐孔，并将中间注入软管在表头处拧松，以排出管道系统内空气。

④排除系统管路空气，拧松连接高、低压压力表中心接头的注入软管口螺母，如看到白色制冷剂气体外溢，或听到嘶嘶声，表明注入连接软管中的空气已经排出，此时可以拧紧该螺母。制冷剂冲注量的多少，应根据不同车型而定。如桑塔纳 2000Gsi 型轿车的制冷剂充注量为 1150 ± 50 g。

⑤旋开高压侧手动阀，将制冷剂罐倒立，使制冷剂以液态状态注入制冷系统。在充注时不得启动发动机和打开空调，以防制冷剂倒灌，如图 6 - 14 所示。

⑥旋开低压侧手动阀，使制冷剂以气态形式通过低压侧注入。此时要防止液态注入，以免造成液击现象，从而损坏空调压缩机。

⑦在加注过程中，如发现制冷剂不足，应立即关闭高压侧手动阀，同时开启低压侧手动阀，并将制冷罐直立。启动发动机带动空调压缩机快速运转，让气态制剂从低压侧吸入压缩机，如图 6 - 15 所示。

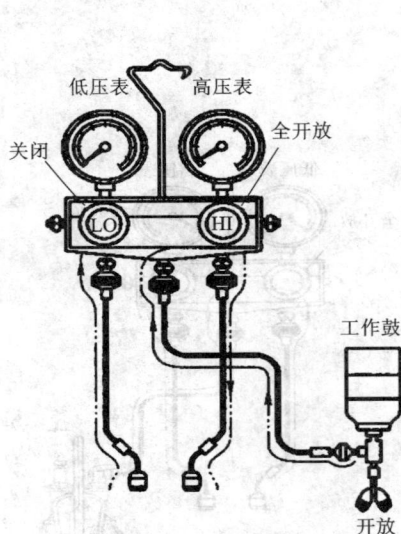

图 6 - 14　液态制冷剂的加注方法

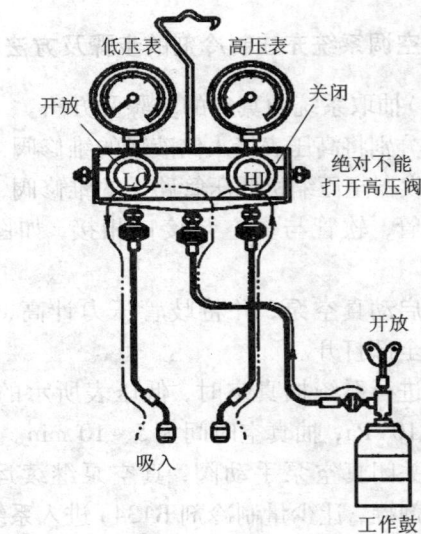

图 6 - 15　气态制冷剂的加注方法

⑧当向系统充注规定量的制冷剂后，应立即使发动机停止运转，同时关闭高、低压压力表的手动阀和制冷剂罐上的注入阀，并拆除低压侧维修阀软管；当高压侧压力下降后，方可从高压侧维修阀拆下高压表软管。

七、汽车空调故障原因与分析

一般汽车空调系统是在振动、灰尘、发动机高温和连续运转的条件下进行工作的，如果空调系统中的任何一个组成部件被损坏，都会使制冷效果下降甚至不制冷。因此，一旦系统出现故障，不能随意拆检，否则，不仅会损坏空调系统本身，而且空调系统中的制冷剂也会对人体造成危害。此外，由于系统密封性要求较高，会给故障诊断带来一定的困难。在实际的检测、维修过程中，必须辅以专用性能分析仪器进行分析、检测。

1. 空调系统不制冷的主要原因分析

（1）故障现象。
启动发动机并使其转速稳定在 1500 r/min 左右运行 2 min，打开空调系统 A/C 开关，冷气口无冷气吹出。
（2）故障原因。
①鼓风机开关或其相关的电器元件损坏。
②压缩机皮带挠度过松或皮带断裂。
③系统密封性较差。
④制冷剂量严重不足或无制冷剂。
⑤系统相关管道有堵塞。
⑥熔断丝熔断或电路短路。
（3）故障检测与分析。
空调系统不制冷的检测诊断流程，如图 6-16 所示。

2. 空调系统制冷不足的主要原因分析

（1）故障现象。
在空调系统长时间运行的过程中，车内温度能够下降，但出风口吹出的风不够冷，给人没有清凉舒适的感觉。
（2）故障原因。
①制冷剂注入过多，高压侧散热能力下降。
②制冷剂或冷冻机油过脏，造成系统内管道堵塞。
③压缩机内部泄露或驱动皮带挠度过松、电磁离合器打滑。
④制冷系统中含有空气，使冷凝器散热能力下降。
⑤膨胀阀开度调整过大，使蒸发器表面结霜，或开度过小，使流入蒸发器的制冷剂量不足。
⑥鼓风机开关或其相关的电器元件损坏。

系统不制冷
鼓风机是否旋转 （是／否）

【是】电磁离合器是否接合 （是／否）
　　【是】压缩机是否旋转 （是／否）
　　　　【否】皮带是否松旷、断裂 （是→调整更换／否→拆检压缩机）
　　【是】系统中是否有制冷剂 （否→系统检漏，充注制冷剂）
　　　　【是】管道是否堵塞 （是→清理）
　　　　　　【否】干燥过滤器是否堵塞 （是→清理或更换）
　　　　　　　　【否】膨胀阀是否堵塞 （是→清理）
　　　　　　　　　　【否】膨胀阀性能是否良好 （否→检修、更换）
　　　　　　　　　　　　【是】压缩机性能不良 →检修、更换

怠速控制阀是否良好 （否→更换）
　【是】温控器是否良好 （否→更换）
　　【是】压力开关是否良好 （否→更换）
　　　【是】电磁离合线圈是否断路 （是→修复、更换）
　　　　【否】线路连接断路 →检修、更换

【否】熔断器是否良好 （否→检查、排除）
　【是】空调开关、鼓风机是否良好 （否→检修、更换）
　　【是】变速电阻是否良好 （否→检修、更换）
　　　【是】鼓风机电机是否良好 （否→检修、更换）
　　　　【是】线路连接断路 →检修、更换

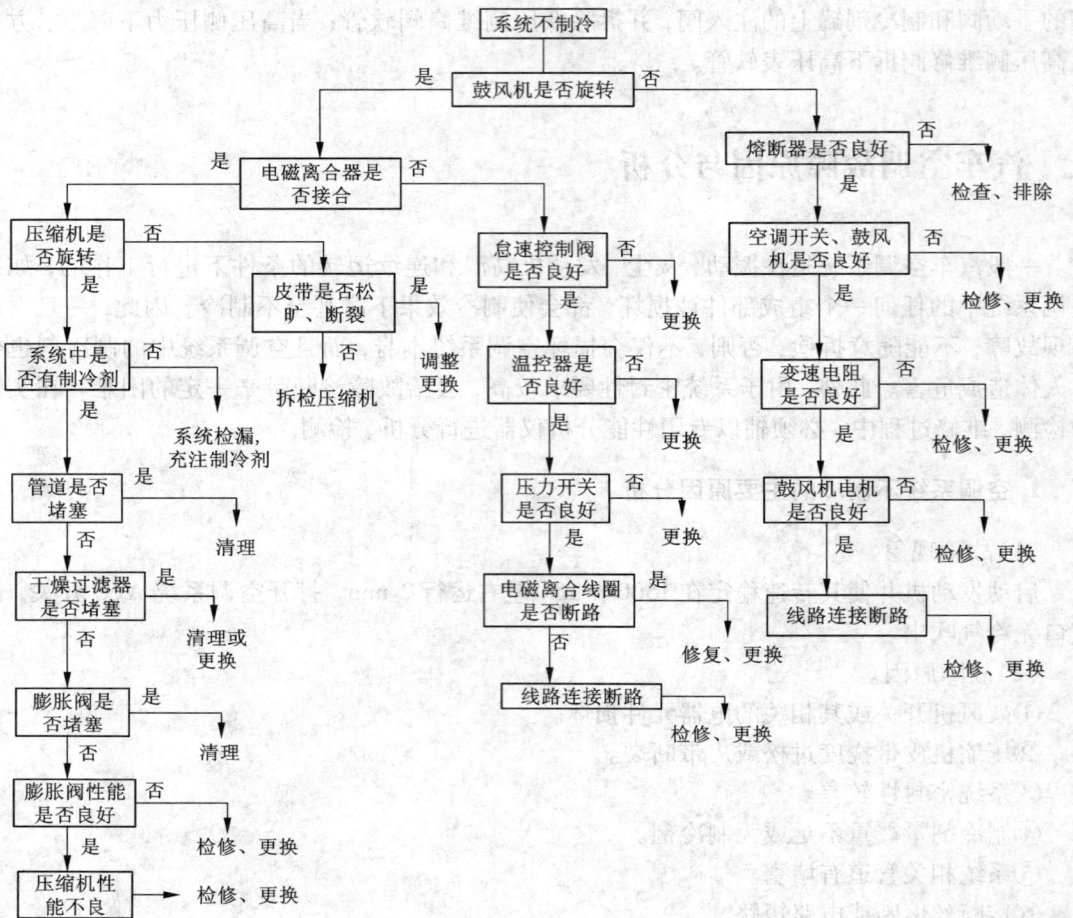

图 6 – 16　空调系统不制冷的检测诊断流程

⑦温度传感器失效。

⑧送风管路堵塞。

（3）故障检测与分析。

空调系统制冷不足的检测诊断流程，如图 6 – 17 所示。

3. 空调系统输出温度不稳定的主要原因分析

（1）故障现象。

汽车开启空调后虽然出风口有风正常输出，但是风的温度基本接近室温，并无制冷效果，或是空调输出的空气温度不稳定，有时温度正常，有时温度偏高等。

（2）故障原因。

①电器故障。电器系统发生故障，导致压缩机无法正常工作，空调失去制冷效果。

②机械故障。压缩机的传动带断裂或者没有紧固连接导致的压缩机不工作；压缩机故障引起的制冷剂循环量下降或者没有循环量；压缩机本身无故障但是其电磁离合器断路或者短

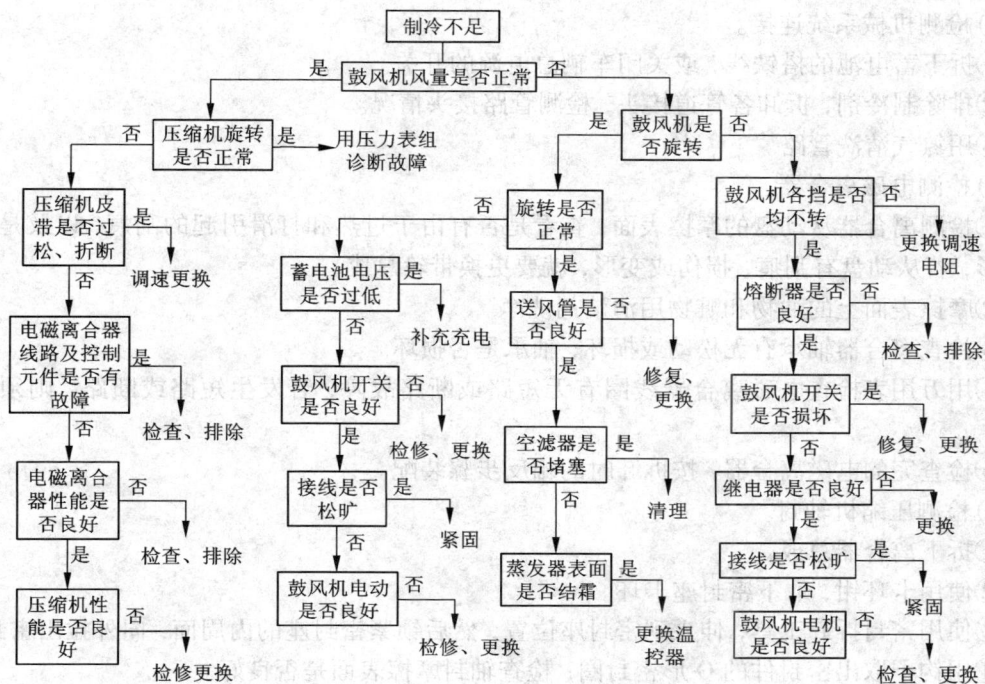

图6－17 空调系统制冷不足的检测诊断流程

路导致运转失常。

③制冷系统泄漏等。

（3）检测制冷系统泄漏。

①将歧管压力计正确连接到制冷系统相应的检修阀上。

②关闭歧管压力计上的两个手动阀。

③用手松开歧管压力计上的高、低压注入软管的连接螺母，让系统内侧的制冷剂将高、低压注入软管内的空气排出，然后再将连接螺母拧紧。

④启动发动机并使发动机转速保持在1000～1500 r/min，然后打开空调 A/C 开关和鼓风机开关，设置到空调最大制冷状态，鼓风机高速运转，温度调节在最冷。

⑤关闭车门、车窗和舱盖，发动机预热。

⑥把温度计插进中间出风口并观察空气温度，在外界温度为27℃时，运行5 min后出风口温度应接近7℃；

⑦观察高、低压侧压力，压缩机的吸气压力应为20～24 kPa，排气压力应为1103～1633 kPa。

⑧通过歧管压力计给系统内充入784～1172 kPa的干燥氮气。

⑨把肥皂水或其他起泡剂涂在需要检查的部位，如各连结头焊缝等处发现有排气声或吹出肥皂泡，则说明该处有泄露。

（4）检测空调系统机械故障。

机械故障检测主要包括机械连接副故障检测、压缩机故障检测与电磁离合器故障检测等。

1）检测机械系统连接。

①拆下蓄电池的搭铁线，或关闭车辆总电源的开关。

②排除制冷剂，拆卸各管道接头，检测管路接头情况。

③用氮气清洗管路。

2）检测电磁离合器。

①检测离合器从动盘的摩擦表面，查看是否有由于过热和打滑引起的刮痕，以及是否翘曲变形，若从动盘有刮痕、损伤或变形，就要更换带轮总成。

②摩擦表面上的油物和赃物用清洁剂洗净。

③检查离合器轴承有无松动或损坏，轴承是否损坏。

④用万用表检查电磁离合器线圈有无短路或断路故障，若发生短路或断路，则须更换线圈。

⑤检查完的电磁离合器，按拆卸时的相反步骤装配。

3）检测压缩机轴封。

①拆下离合器总成。

②使用卡环钳，取下密封座卡环。

③使用密封拆卸工具，伸入到密封座位置，然后锁紧密封座的内周面，向外拉出密封座。

④用钩子取出密封件的O形密封圈；检查轴封摩擦表面是否良好。

⑤检测石墨环是否磨损，更换新的轴封。

⑥用清洁的冷冻油清洗压缩机密封部位。

⑦安装卡环和油封盖。

⑧重新装上离合器。

4）检测压缩机内部零件故障。

①将压缩机从发动机上拆下，并安装在专用夹具上。

②取下离合器压板、带轮、离合器线圈及轴封等。

③从放油孔放出压缩机内的冷冻油，并用量筒测量出油量。

④用内六角扳手松开端盖上所有的螺栓，然后取下螺栓。

⑤用木槌轻轻敲击端盖凸缘，使它与压缩机分开。当压缩机的前后端盖打开后，就可以容易地抽出其活塞等部件。

⑥取下汽缸垫、O形密封圈、簧片阀板。

⑦检查压缩机活塞和气缸，若活塞和气缸有拉毛现象，则须更换压缩机。

⑧检查压缩机轴承，若有损坏则须更换。

⑨检查压缩机阀片和阀板。阀板可以用油石打磨平整，阀片、缸垫和O形密封圈损坏则须更换。

⑩用手转动压缩机，看运转是否顺利。

（5）检测空调电路故障。

①启动发动机。

②按下A/C开关，正常情况下会听到发动机转速迅速升高的声音，几乎同时，也会听到压缩机电子离合器吸合的声音。如果没有这些声音，说明压缩机没有工作。造成这一现象的

原因可能有两个：一是 A/C 开关请求没有被 ECU 确认；二是压缩机电源线路故障。

③用数字式万用表直流电压 200 挡测量 A/C 开关是否有 12 V 电压。

④按下 A/C 开关，检查开关端子是否都有电压，若有，说明 A/C 开关是好的，若无电压，说明 A/C 开关故障。

⑤检查压缩机电路，压缩机电路为：常电源 AM→20 A 空调保险→压力开关→压缩机继电器触点→压缩机离合器线圈→搭铁。

⑥用数字式万用表直流电压 200 挡，检查空调保险是否为 20 A，并检查是否有电。

⑦如果空调保险有电且良好，则进一步检查压力开关是否有电。用电阻挡检查通断情况，如果无电，说明保险丝到压力开关的电线有断路故障。

⑧如果压力开关不通，可用一根铜线临时短接，继续检查压缩机继电器触点和继电器线圈（压力开关不通时，有可能是开关本身没问题，只是冷媒压力过低或过高）。

⑨如果继电器良好，则拨下压缩机接头，用一根约 1 m 长的导线接在电蓄电池正极，不管发动机是否运转，都能听到"嚓"的一声，如果没有声音，说明压缩机已坏。

4. 制冷剂和冷冻油的相关知识

（1）制冷剂。

在制冷系统中，用于转换热量并循环流动的物质，称为制冷剂。目前，在汽车空调系统中使用的制冷剂有 R12 和 R134a 两种。其中字母"R"是 refrigerant（制冷剂）的简称。

1）对制冷剂的要求：

①蒸发温度时，其蒸发压力一般不应低于大气压力。

②在适当冷凝压力时，温度不能过高。

③无色、无味、无毒、无刺激性，对人体健康无损害，无腐蚀性。

④不易燃烧，不易爆炸。

⑤有较低的凝固点，能在低温下工作。

2）制冷剂 R12 的特性：

①无色、无味、无毒，不易燃烧、不易爆炸，化学性质稳定。

②不溶于水，对金属无腐蚀作用。

③能溶解多种有机物，所以一般不使用橡胶封圈。

④具有较好的热力性能，冷凝压力比较低。

⑤互溶性较好，它能与矿物油以任意比例互相溶解。

⑥对大气臭氧层有破坏作用，环保性能差，使全球变暖产生温室效应。

3）制冷剂 R134a 的特点：

①无色、无味、无毒，不易燃烧、不易爆炸，化学性质稳定。

②环保性能较高，不破坏臭氧层，在大气层停留时间较短，造成温室效应的影响也很小。

③黏度较低，流动阻力较小，汽化替热高，定压比热大，具有较好的制冷能力。

④分子直径比 R12 略小，易外泄，能被分子筛吸收。

⑤与矿物油不相溶，与氟橡胶不相溶。

⑥吸水性和水溶性比 R12 高。

（2）冷冻油。

在汽车空调制冷系统中，为了保证压缩机正常工作，不易磨损，用于制冷系统循环流动并和制冷剂相溶的油，称为冷冻油。目前汽车空调系统中使用的冷冻油有 R12 用矿物油、R134a 用合成油（RAG、POE）两种。

1）对冷冻油性能的要求。

①要有适当的黏度，受温度的影响要小，而且这种黏度形成的油膜强度要高，能承受较大的轴向负荷，在不同温度下具有良好的润滑性能。

②要有良好的低温流动性和互溶性。在制冷系统中，润滑油随制冷剂一起在系统中流动，在任何温度下都不能沉积，应具有互溶性，避免通过节流孔管时造成溅爆从而产生噪声。

③化学性质稳定，与制冷剂和其他材料不起化学反应。

④毒性腐蚀要小，闪点要高，这是对安全性的一种要求，最好是无毒，不燃烧，对金属橡胶无腐蚀。

⑤吸水性要小，如油中水分含量过高，通过节流阀时会因低温而结冰，造成系统因结冰而堵塞的现象。

2）冷冻油的作用。

①润滑作用：它能减少压缩机运动部件的摩擦和磨损，延长空调系统的使用寿命。

②冷却作用：它能及时带走运动表面摩擦产生的热量，防止压缩机温度过高从而烧坏压缩机，可降低压缩机工作时的噪声，因为冷冻油能在压缩机摩擦表面形成一种油膜，保护运动部件，防止因金属摩擦而发出声响。

③密封作用：密封件表面涂上冷冻油后能提高接触面、接触点的密封性，防止制冷剂泄露。

实训七　汽车辅助电器性能检测与故障分析

一、实训教学组织

（1）集中讲授仪器、设备的结构和工作原理。

（2）讲解实训内容、操作步骤及注意事项。

（3）根据实训目的、要求进行分组。

（4）在教师指导下，各组学生自己独立操作，并对试验、检测数据进行记录。

（5）教师总结实训情况。

二、实训目的

通过本次实训，使学生进一步加深对本专业所学"汽车电器"课程课堂理论知识的理解，增强感性认识，认识了解汽车常见辅助电器的结构及基本的检测调试方法，提高分析、解决汽车辅助电器设备故障的能力。

三、实训要求

（1）遵守实训规程，注意人身及设备、仪器安全。

（2）了解常见车型辅助电器，如喇叭、刮水器等的基本结构及检测调试方法。

（3）能绘制基本的汽车辅助电器电路图。

（4）按时完成实训报告。

四、实训仪器、设备

(1)前照灯(组合式),1 对。
(2)电喇叭,1 个。
(3)电动刮水器,1 套。
(4)汽车组合仪表,1 套。
(5)汽车电器试验台,1 套。
(6)实训车,1 台。
(7)万用表,1 支。
(8)常用拆装工具,1 套。
(9)电烙铁,1 支。

五、注意事项

(1)封闭式前照灯不能进行拆卸,如有损坏,须整体更换。
(2)应正确区分各类辅助电器的电源导线颜色及端子。
(3)检测完毕时,必须将各类辅助电器的导线插接器安插牢固。
(4)使用试灯或跨接线检测时,必须严格区分导线的正负极。

六、汽车辅助电器性能检测与故障分析

1.各种辅助电器结构的认识

(1)半封闭式前照灯的结构,如图 7-1 所示。
(2)封闭式前照灯的结构,如图 7-2 所示。
(3)桑塔纳 2000Gsi 组合前照灯的结构,如图 7-3 所示。
(4)螺旋形电喇叭的结构,如图 7-4 所示。
(5)盆形电喇叭的结构,如图 7-5 所示。
(6)电动刮水器的结构,如图 7-6 所示。
(7)CA1091 载货汽车组合仪表的结构,如图 7-7 所示。
(8)电动燃油泵结构及工作原理,如图 7-8 所示。
(9)汽车电路保护器件。
电路保护器件主要用于汽车电路或电器设备发生短路、过载时,自动切断电路电源,以防线束和电器设备被烧毁。常见汽车电路保护器件及其图形符号,如图 7-9 所示。

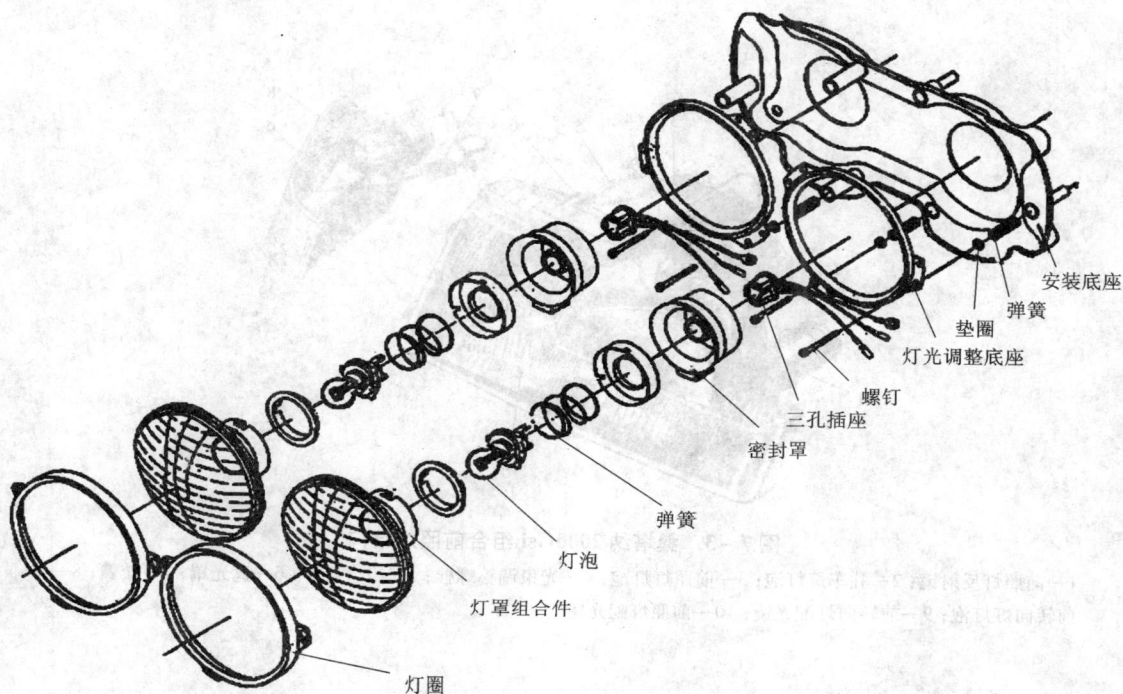

安装底座
弹簧
垫圈
灯光调整底座
螺钉
三孔插座
密封罩
弹簧
灯泡
灯罩组合件
灯圈

图 7-1　半封闭式前照灯结构

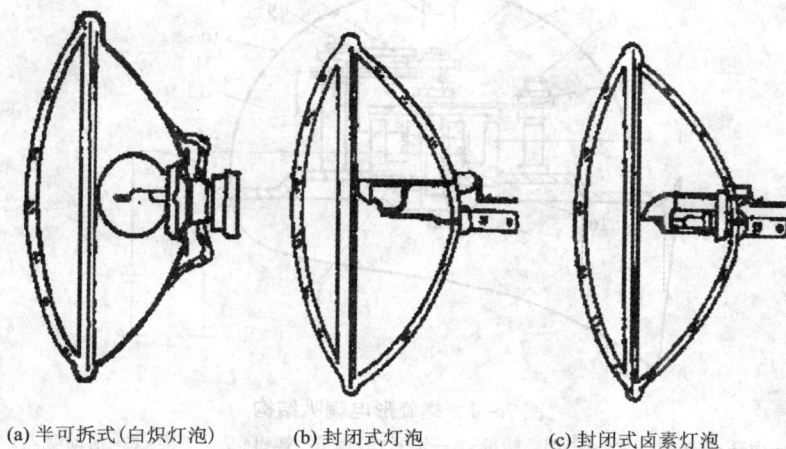

(a) 半可拆式(白炽灯泡)　　(b) 封闭式灯泡　　(c) 封闭式卤素灯泡

图 7-2　封闭式前照灯结构

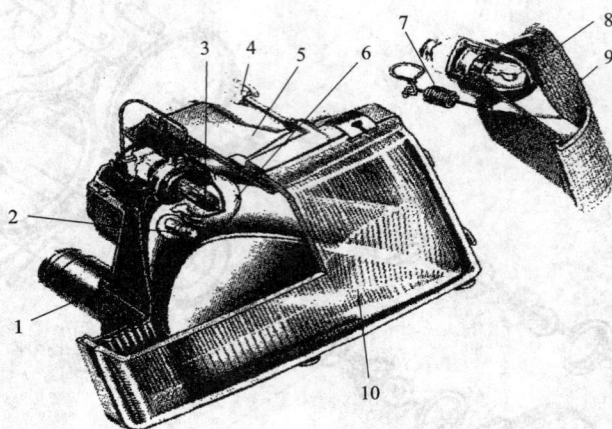

图7-3 桑塔纳2000Gsi 组合前照灯结构

1—前照灯反射镜；2—驻车灯灯泡；3—前照灯灯泡；4—光束调整螺栓；5—组合灯体；6—遮光罩；7—拉簧；8—前转向灯灯泡；9—前转向灯配光镜；10—前照灯配光镜

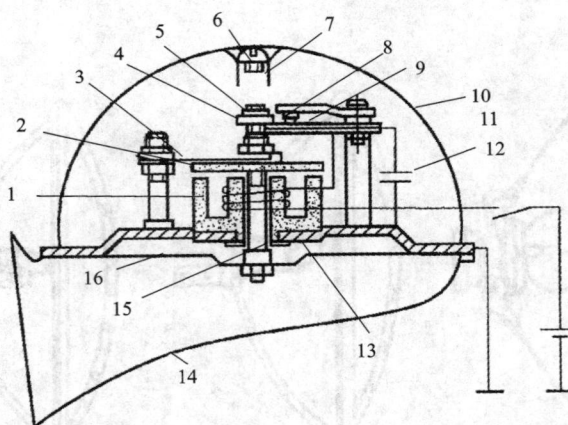

图7-4 螺旋形电喇叭结构

1—铁芯；2—衔铁；3—弹簧片；4—调整螺母；5—锁紧螺母；6—螺钉；7—支架；8—活动触点；9—固定触点；10—防护罩；11—绝缘片；12—灭弧电容；13—磁化线圈；14—传声筒；15—中心螺杆；16—振动膜片

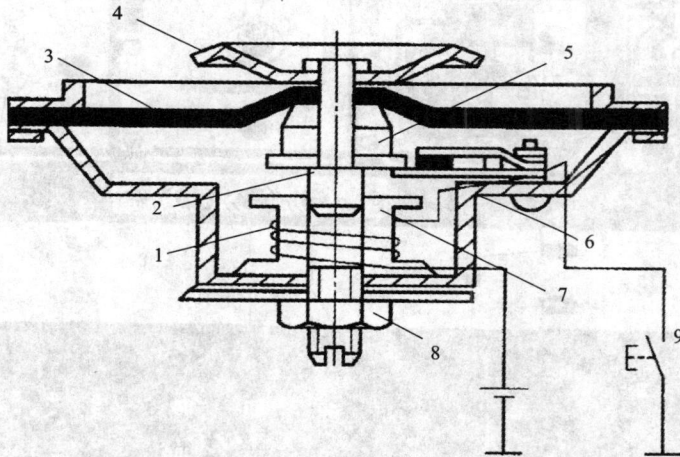

图 7 - 5　盆形电喇叭结构

1—线圈；2—上铁芯；3—膜片；4—共鸣板；5—衔铁；

6—调整螺钉；7—铁芯；8—锁紧螺母；9—喇叭按钮

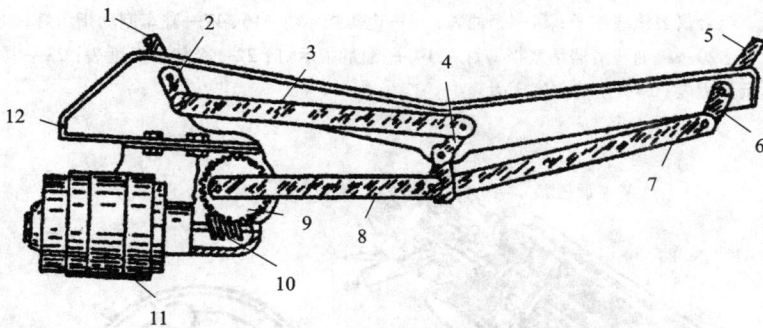

图 7 - 6　电动刮水器结构

1、5—刮片架；2、4、6—摆杆；3、7、8—连杆；9—涡轮；

10—蜗杆；11—永磁式电动机；12—支架

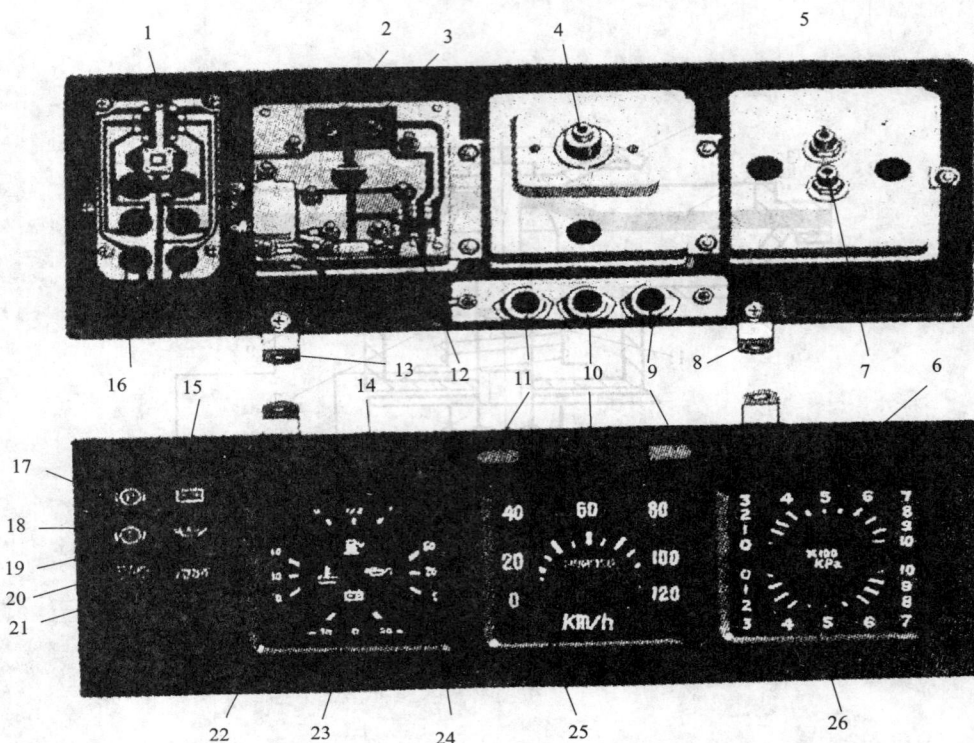

图 7 - 7　CA1091 型载货汽车组合仪表结构

1—报警器接线端子；2—电流表正极接线端子；3—电流表负极接线端子；4—车速及里程表软轴接头；5—气压表前制动管路接头；6—组合仪表面板；7—气压表后制动管路接头；8、13—仪表板安装支架；9、11—转向灯灯座；10—远光指示灯灯座；12—组合仪表接线端子；14—燃油表；15—电源指示灯；16、17—驻车制动指示灯；18—气压报警灯；19—机油压力报警灯；20—机油滤清器堵塞报警灯；21—燃油量指示灯；22—冷却水温度表；23—电流表；24—机油压力表；25—车速及里程表；26—压缩空气压力表

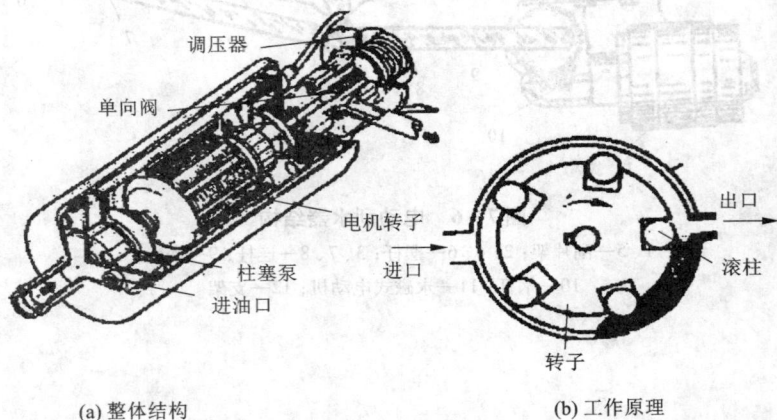

调压器　单向阀　电机转子　柱塞泵　进油口　进口　转子　出口　滚柱

(a) 整体结构　　　(b) 工作原理

图 7 - 8　电动燃油泵结构及工作原理

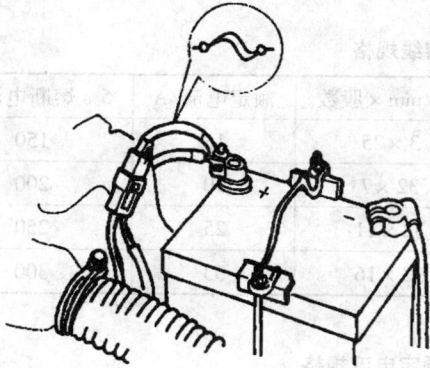

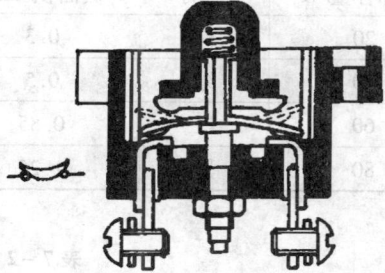

(a) 易熔线　　　　　　　　　　　(b) 接通式双金属保险片

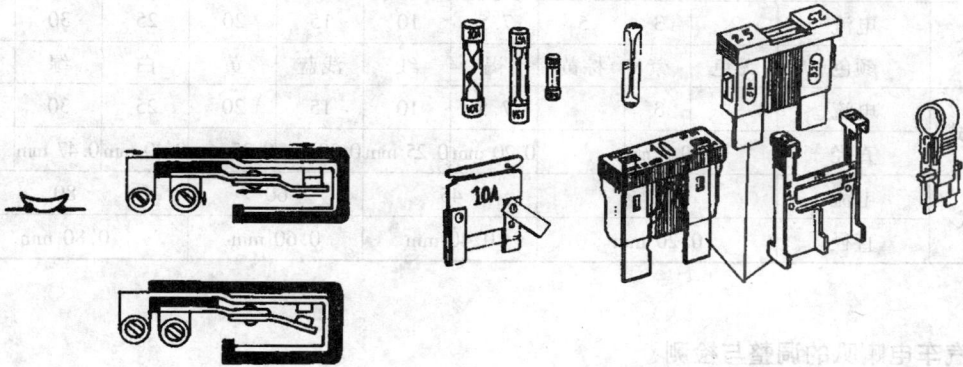

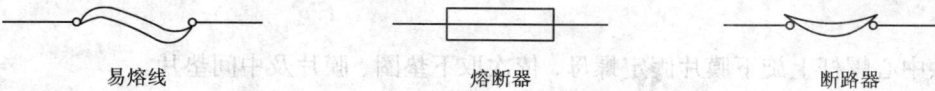

易熔线　　　　　　　　　熔断器　　　　　　　　　断路器

(e) 电路保护器件图形符号

图 7-9　常见汽车电路保护器件

（10）常见汽车电路保护器件规格，如表7-1、表7-2所示。

表7-1　常见易熔线规格

标称容量/A	色别	截面积/mm²	单线径/mm×股数	额定电流/A	5 s熔断电流/A
20	棕	0.3	Φ0.3×25	13	150
40	绿	0.5	Φ0.32×7	20	200
60	红	0.85	Φ0.32×11	25	250
80	黑	1.25	Φ0.32×16	33	300

表7-2　常见熔断器额定电流规格

品种规格		额定电流/A								
玻璃管式		2	3	5	7.5	10	15	20	25	30	40
绝缘式				5	8	10		20	25		
插片式	电流	2	3	5	7.5	10	15	20	25	30	
	颜色	无色	紫	棕黄	褐	红	浅蓝	黄	白	绿	
金属丝式	电流		3		7.5	10	15	20	25	30	
	直径	0.11 mm			0.20 mm	0.25 mm	0.30 mm	0.35 mm	0.40 mm	0.47 mm	
容片式	电流	20		45		60		80			
	直径	0.20 mm		0.40 mm		0.60 mm		0.80 mm			

2. 汽车电喇叭的调整与检测

（1）电喇叭总成的拆卸步骤及方法（以DL135GB螺旋形电喇叭为例）：

①用毛巾擦净喇叭表面的油污和灰尘，拆下喇叭盖螺栓，取下喇叭盖及支架。

②拆下喇叭底板与传声筒的连接螺栓及喇叭接线柱，使底板与扬声器分开并取下中间垫片。

③从中心螺杆上旋下膜片固定螺母，依次取下垫圈、膜片及中间垫片。

④拆下中心螺杆上的锁紧螺母和调整螺母，分别旋下两个触点的固定螺栓，依次取下弹簧垫圈、压紧垫片、触点总成、动触点下方与电容器和线圈相接的连接片以及绝缘垫片等，并注意记下他们的装配顺序。

⑤用电烙铁解焊，从连接片上拆下电容器引线及电容器夹的固定螺栓，取下电容器。

⑥拆下中心螺杆及螺杆锁紧螺母，取下方形垫片和弹簧片。

⑦旋下衔铁，从电磁铁芯中抽出中心螺杆。

⑧按要求清洗喇叭各零部件。

（2）电喇叭总成的检修方法。

①传声筒和喇叭盖，不能有凹陷或变形，否则应进行修复。传声筒破裂必须更换。

②线圈、电容器等各接线头应连接牢固、可靠。如有脱落，应用电烙铁焊牢。

③触点表面应光洁、平整，上、下触点接触面积应不小于80%，其中心线的偏移不应大于0.25 mm，否则应修整。如触点表面烧蚀较为严重时，可用细纱布或油石进行打磨。如触点厚度低于0.30 mm，必须更换触点。

④振动膜片应无破裂或未老化，如有破裂或已经老化，必须更换振动膜片。

⑤用万用表检查喇叭线圈、灭弧电阻、电容器等是否有短路、断路的情况，如有，则必须进行更换。

（3）电喇叭总成的组装步骤及要求。

①组装步骤：按照与拆卸相反的顺序进行装配。

②组装要求：正确安装喇叭中心螺杆和螺柱上的锁紧螺母，以及平面方形垫铁、弹簧片、V形方垫片；按正确的装配顺序组装触点固定螺栓下方的弹簧垫圈、压紧垫片、触点总成、电容器和线圈的连接片、绝缘垫片；组装线圈时，应注意高低音之分，高音喇叭的传声筒线圈为1.5圈，低音喇叭传声筒线圈为2.5圈，切记不能装反；喇叭膜片渐进垫圈、膜片、中间垫片必须按正确的装配顺序进行组装，切记不能装错；喇叭、线圈、电容等的接线处应牢固且绝缘性应良好。

（4）电喇叭音调、音量的调整。

螺旋形、盆形电喇叭的调整一般可分为：铁芯气隙调整和触点预紧压力调整两项。改变铁芯气隙的大小可调整喇叭的音调，调整上、下触点的预紧压力的大小可改变喇叭音量。调整时，可将电流表串联在喇叭电路当中。当接通电源开关时，喇叭发音应清脆响亮、无沙哑噪声，消耗电流不应大于规定的数值，如电喇叭消耗电流过大或音调、音量不正确，均应进行调整。

1）调整喇叭音调。

电喇叭音调的高低与铁芯气隙有关，气隙小时，膜片的振动频率高，即喇叭音调高；气隙大时，膜片的振动频率低，即喇叭音调低。气隙的大小一般为0.7～1.5 mm。调整时，铁芯气隙的大小根据喇叭的高低音与规格而定。如DL34G为0.7～0.9 mm，DL34D为0.9～1.5 mm。调整音调时，先用塞尺检测铁芯间隙，不符合规定时再进行调整，如图7-10所示。调整时，应先拧松锁紧螺母，然后转动衔铁，即可改变衔铁与铁芯之间的气隙δ，如图7-10（a）所示。对于图7-10（b）所示的电喇叭的音调进行调整时，应先松开上、下调整螺母，即可使铁芯的位置上升或下降，以此达到改变铁芯气隙的目的；对于图7-10（c）所示的电喇叭的音调进行调整时，应先拧松锁紧螺母，转动衔铁加以调整，然后松开调整螺母进行调节，当弹簧片与衔铁平行后，再紧固锁紧螺母。

盆形电喇叭铁芯气隙的调整方法，如图7-11所示。调整时，应先松开锁紧螺母，然后旋转音量调整螺栓（铁芯）加以调整。

调整时要保证铁心与衔铁四周的气隙均匀，避免产生杂音。可采用边调边试听的方法，直至音调合适为止，并锁紧螺母。

2）调整电喇叭音量。

电喇叭的音量的大小与通过喇叭线圈的电流大小有关。通过的电流大，则喇叭音量就大，反之则小，方法是通过调整喇叭触点压力的大小来实现。触点压力是否正常，可通过检测喇叭工作时的耗电量与额定电流是否相符来判断，如相符，则说明触点压力较正常，如耗电量等于额定电流，也说明触点压力正常；如果耗电量大于或小于额定电流，则说明触点压

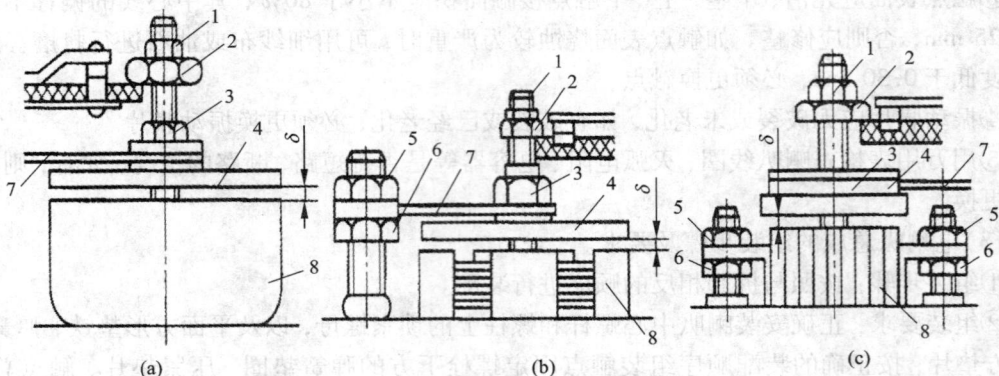

图 7-10 筒形、螺旋形电喇叭的调整部位
1、3—锁紧螺母；2、5、6—调节螺母；4—衔铁；7—弹簧片；8—铁芯

力过大或过小，此时均应进行调整。

调整如图 7-10 所示的筒形、螺旋形电喇叭时，应先松开锁紧螺母，然后调整调节螺母（沿逆时针方向转动调节螺母时，触点压力增大，喇叭音量变大，反之则触点压力减小，喇叭音量变小）进行调整。

调整如图 7-11 所示的盆形电喇叭时，可旋转音量调节螺钉（沿逆时针方向转动调节螺钉时，触点压力增大，喇叭音量变大，反之则触点压力减小，喇叭音量变小）进行调整。调整时，旋转量不宜过大，每次只需将调整螺母或螺钉转动 1/10 圈。

调整电喇叭音量大小时，应边听边调，直至合适为止。调整完毕后，应将锁紧螺母锁紧。

（5）电喇叭音量的检测。

根据国标 GB 7258—2017《机动车运行安全技术条件》的规定，机动车喇叭的声级应在距车正前方 2 m、离地 1.2 m 处用声级计进行测量。声级计测量音量，电喇叭应在 95 dB(A)～105 dB(A)范围。电喇叭声级可用便携式声级计（如图 7-12 所示）进行检测。

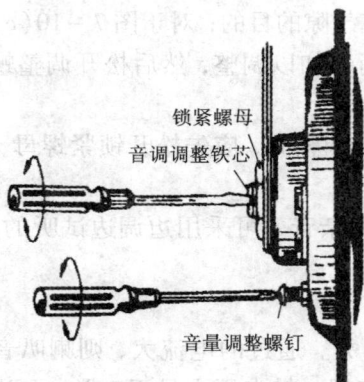

锁紧螺母
音调调整铁芯

音量调整螺钉

图 7-11 盆形喇叭的调整部位　　　　　　**图 7-12 便携式声级计**

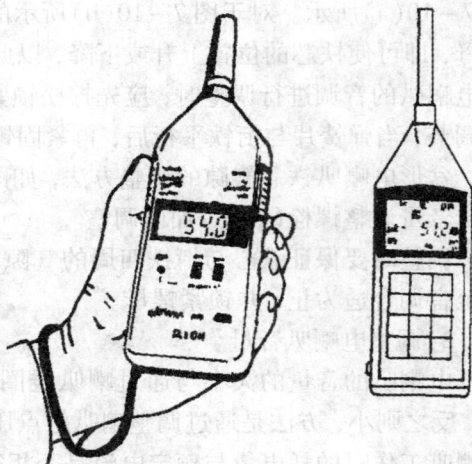

（6）电喇叭的主要技术参数。

电喇叭的主要技术参数，见表 7 – 2。

表 7 – 2　常用电喇叭的主要技术参数

喇叭型号	形式	额定电压/V	允许电压变化范围/V	额定电压时的最大电流/A	距喇叭 2 m 处的音量	音频/Hz
DL135GB	螺旋形	12	10.8～15	7.5	距离喇叭 1 m 处的音量大于 110 dB	350～430
DL50D		12	10.8～15	3.5	＞105	290～330
DL50G		12	10.8～15	3.5	＞105	345～395
DL627S	盆形	6	5～7	5	95～105	
DL127S	盆形	12	10.8～15	6	95～105	
DL229DG	盆形	24	21.6～30	3	105	310
DL227S	盆形	24	21.6～30	3	95～105	
DL87DG	盆形	12	10.8～15	6	95～105	

3. 电动刮水器的检测与调整（以桑塔纳 2000Gsi 型轿车电动刮水器为例）

（1）刮水电动机的检测。

①检测前，必须熟悉被检测车型刮水电动机导线总成线束插头端子的名称。图 7 – 13 所示为桑塔纳 2000Gsi 型轿车前风窗刮水器电路图。

②检测刮水电动机低速线圈：用万用表 200 Ω 电阻挡测量端子 1 与端子 2 之间的电阻值，其正常阻值应在 2.6 Ω 左右，否则，低速线圈有故障。

③检测刮水电动机高速线圈：用万用表 200 Ω 电阻挡测量端子 1 与端子 4 之间的电阻值，其正常阻值应在 2.4 Ω 左右，否则，高速线圈有故障。

④刮水电动机复位装置的检测。

a. 当刮水电动机处于复位状态时，用万用表 20 kΩ 电阻挡测量端子 3 与端子 5 之间的电阻值，其正常阻值应为∞；用万用表 200 Ω 电阻挡测量端子 1 与端子 3 之间的电阻值，其正常阻值应在 0 Ω 左右；若以上两项检测结果均正常，则可判定刮水电动机复位装置复位工作正常。

b. 当刮水电动机未复位时，用万用表 200 Ω 电阻挡测量端子 3 与端子 5 之间的电阻值，其正常阻值应为 0 Ω 左右；用万用表 20 kΩ 电阻挡测量端子 1 与端子 3 之间的电阻值，其正常阻值应为∞；若以上两项检测结果均正常，则可判定刮水电动机复位装置未复位时工作正常。

⑤若以上 a、b 两项检测结果均正常，则表明刮水电动机复位装置工作性能良好。

（2）刮水器开关的检测。

①桑塔纳 2000Gsi 型轿车各端子含义及开关原理如表 7 – 3 所示。

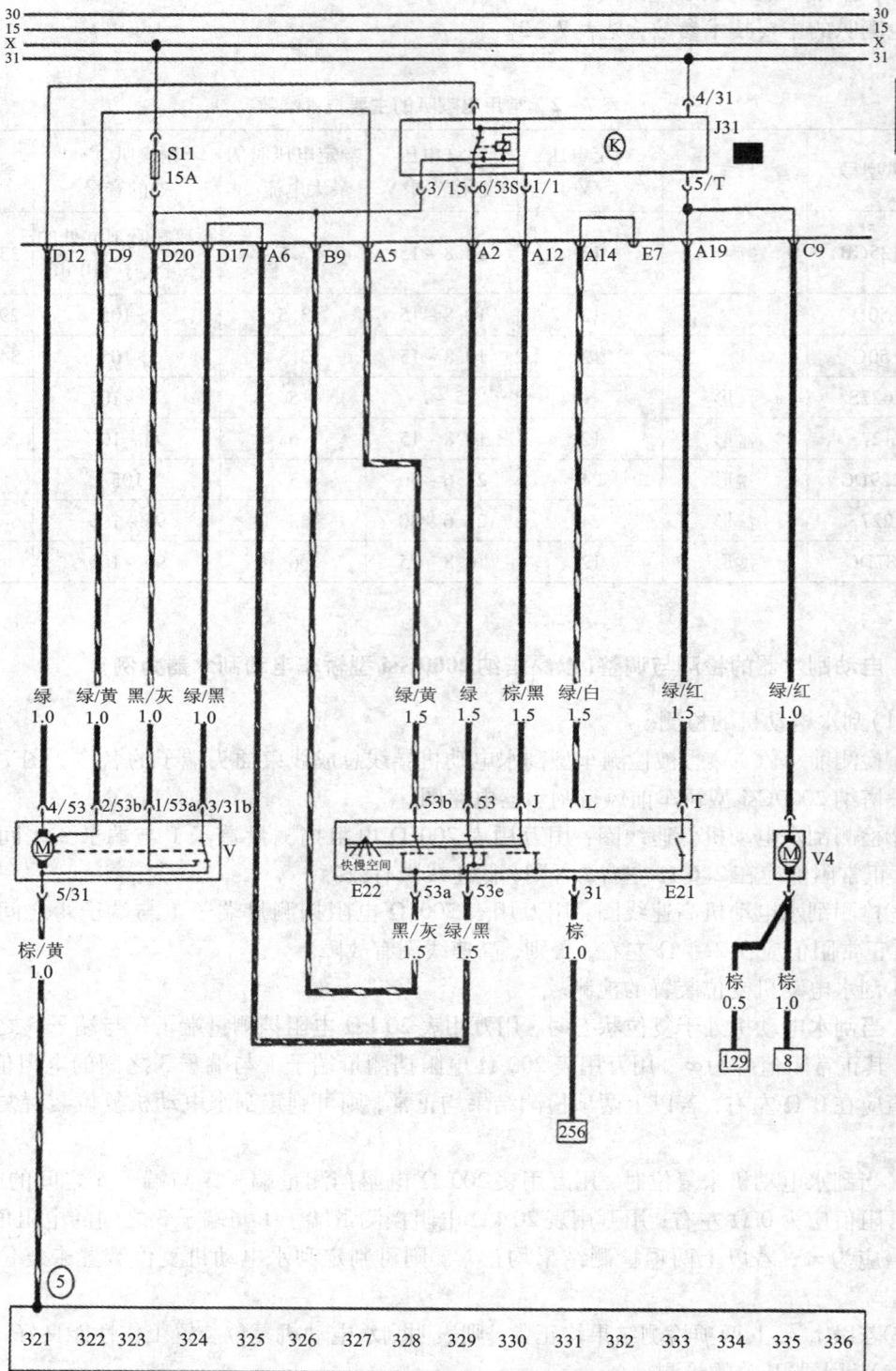

图 7-13 　桑塔纳 *2000Gsi* 型轿车前风窗刮水器电路图

表7-3　各端子含义及开关原理

接线端子	53e 复线位	53 低速线	53b 高速线	53a 电源线	J 间隙线	L 空角	T 喷水电动机线	31 搭铁线
间隙挡				○	○			
空挡（OFF）								
低速挡		○		○				
高速挡			○	○				
喷水挡				○			○	

②开关空挡位检测：用万用表200 Ω电阻挡测量端子53与端子53e之间的电阻值，其正常阻值应在0 Ω左右，其余各端子之间电阻值应为∞，否则，开关空挡位有故障。

③开关低速挡位的检测：将开关置于低速挡位，用万用表200 Ω电阻挡测量端子53a与端子53之间的电阻值，其正常阻值应在0 Ω左右，其余各端子之间电阻值应为∞，否则，开关低速挡位有故障。

④开关快速挡位的检测：将开关置于快速挡位，用万用表200 Ω电阻挡测量端子53a与端子53b之间的电阻值，其正常阻值应在0 Ω左右；其余各端子之间电阻值应为∞，否则，开关快速挡位有故障。

⑤开关间隙挡位的检测：将开关置于间隙挡位，用万用表200 Ω电阻挡测量端子53与端子J之间的电阻值，其正常阻值应在0 Ω左右，测量端子53与端子53e之间的电阻值，其正常阻值也应在0 Ω左右；其余各端子之间电阻值应为∞，否则，开关间隙挡位有故障。

⑥开关喷水挡位的检测：将刮水器开关置于喷水挡位，用万用表200 Ω电阻挡测量端子53a与端子T之间的电阻值，其正常阻值应在0 Ω左右，其余各端子之间电阻值应为∞，否则，开关喷水挡位有故障。

实训八 汽车整车电路检测与故障分析

一、实训教学组织

（1）集中讲授仪器、设备的结构和工作原理。
（2）讲解实训内容、操作步骤及注意事项。
（3）根据实训目的、要求进行分组。
（4）在教师指导下，各组学生独立操作。
（5）教师总结实训情况。

二、实训目的

通过本次实训，使学生进一步加深对本专业所学"汽车构造""汽车电器及电子技术"等相关课程课堂理论知识的理解，增强感性认识；认识了解实训车的整车电路，能识读并绘制汽车有关系统的电路图，提高分析、解决汽车电器设备线路故障的能力。

三、实训要求

（1）遵守实训规程，注意人身及设备、仪器安全。
（2）认识、了解实训车型的整车线路。
（3）能绘制汽车有关系统的电路图。
（4）按时完成实训报告。

四、实训仪器、设备

（1）实训车，1台。
（2）实训车整车线束，1付。

（3）整车电路实训台，1台。

（4）实训车型电路图，1套。

（5）万用表、试灯、跨接线，1套。

（6）常用工具，1套。

五、注意事项

（1）安装全车线路时按拆卸的相反顺序进行。

（2）拆下的全车电器线路，经检查无断路、短路、破损、绝缘破坏等问题，或检修完毕后，进行安装。

（3）线束应用专门的卡簧或卡子固定，不要过紧，在穿过车身金属孔或绕过直角时，均应加保护套或绝缘隔层，在进行电器线路连接前，应及时清除接线和接线卡上的氧化层，保证接触良好。

（4）安装完毕后，注意检查所连接的线路正、负极及安装位置是否正确，连接是否可靠，插座与插销是否牢固，并用卡带卡紧。

（5）实训场所不得有明火。

六、汽车整车电路检测方法

1.汽车线路的布线连接原则

（1）各用电设备与电源的连接采用单线制。

（2）各种汽车电器均与电源并联，能单独工作。

（3）两个电源——发电机和铅蓄电池应并联。

（4）汽车每条独立电路均装有保险装置。

（5）汽车根据电器设备的作用及电路控制情况，构成了几个主要的独立电路。如电源系统电路、点火系统电路、启动系统电路、灯光系统电路、仪表及各种信号电路等。

2.认识有关车型各系统的线路布置图

（1）图8-1为解放牌CA1110汽车整车线路布置图。

（2）图8-2为桑塔纳2000Gsi轿车整车线束布置图。

（3）图8-3为桑塔纳2000Gsi轿车电器设备线路布置图。

（4）图8-4为桑塔纳2000Gsi轿车中央线盒正面结构图。

（5）图8-5为桑塔纳2000Gsi轿车中央线盒背面结构图。

（6）图8-6东风EQ1090型汽车电源系统线路图。

（7）图8-7东风EQ1090型汽车启动系统线路图。

（8）图8-8东风EQ1090型汽车点火系统线路图。

（9）图 8 - 9 东风 EQ1090 型汽车仪表系统线路图。

（10）图 8 - 10 东风 EQ1090 型汽车照明、信号系统线路图。

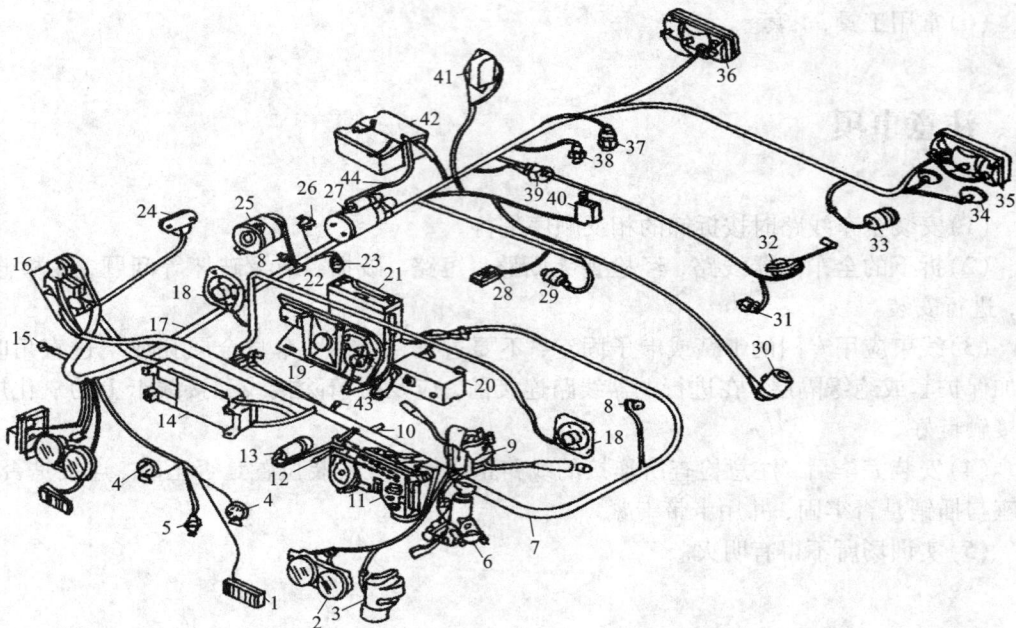

图 8 - 1 解放牌 CA1110 型汽车整车线路布置图

1—左雾灯总成；2—左前照灯总成；3—左前小灯总成；4—电喇叭总成；5—前制动灯开关；6—启动开关总成；
7—车身电线束总成；8—车门报警开关总成；9—组合开关；10—空调器按钮；11—仪表盘总成；
12—烟灰盒照明灯；13—点烟器总成；14—熔断器总成；15—洗涤器接线；16—插接器；17—底盘电线束总成；
18—扬声器总成（放音机用）；19—驾驶室内灯总成；20、21—收放机总成；22—室内灯电线束总成；
23—冷却液温度表预热控制器传感器；24—交流发电机调节器总成；25—交流发电机总成；
26—机油滤清器阻塞报警开关；27—起动机总成；28—空气加热器；29—机油压力表及报警指示灯传感器；
30—启动继电器总成；31—气压报警开关；32—油量表传感器；33—倒车蜂鸣器总成；34—牌照灯总成；
35—左组合后灯；36—右组合后灯；37—气制动报警开关；38—后制动灯开关；39—倒车灯开关；
40—驾驶室翻转开关；41—启动预热继电器总成；42—蓄电池总成；43—暖风电动机接线；
44—起动机接蓄电池电线总成

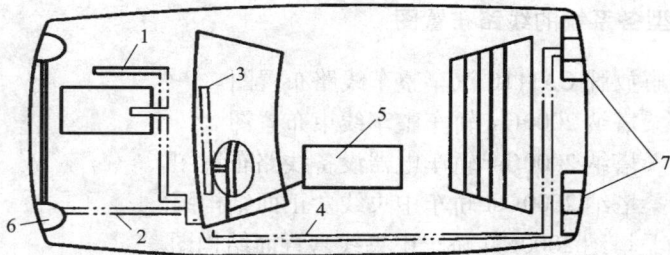

图 8 - 2 桑塔纳 2000Gsi 轿车线束布置图

1—发动机舱线束；2—前照灯线束；3—仪表板线束；4—车身后部线束；5—中央接线盒；6—前照灯；7—尾灯

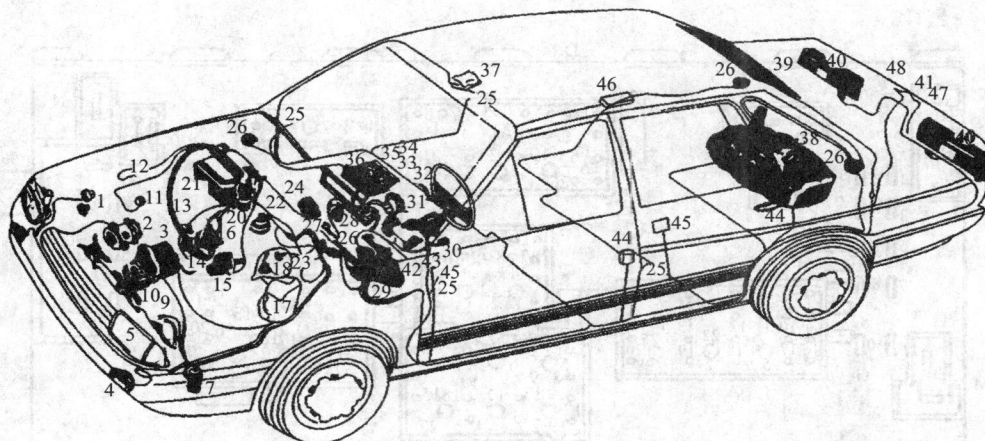

图 8－3　桑塔纳 2000Gsi 轿车电器设备线路布置图

1—双音喇叭；2—空调压缩机；3—交流发电机；4—雾灯；5—前照灯；6—转向指示灯；7—空调干燥器；

8—中间继电器；9—电动风扇热敏开关；10—风扇电动机；11—进气预热器；12—怠速截止阀；13—热敏电阻；

14—机油压力开关；15—起动机；16—火花塞；17—挡风玻璃清洗液电动机；18—冷却液液面传感器；

19—分电器；20—点火线圈；21—蓄电池；22—制动液液面传感器；23—倒车灯开关；24—空调暖风用鼓风机；

25—车门接触开关；26—扬声器；27—点火控制器；28—挡风玻璃刮水器电动机；29—中央接线盒；

30—前照灯变光开关；31—组合开关；32—空调及风量旋钮；33—雾灯开关；34—后挡风玻璃加热器开关；

35—危险报警灯开关；36—收放机；37、46—顶灯；38—燃油油面高度传感器；39—后挡风玻璃加热器；

40—组合后灯；41—牌照灯；42—电动天线；43—电动后视镜；44—中控门锁；

45—门窗电动控制器；47—行李箱中控锁；48—行李箱灯

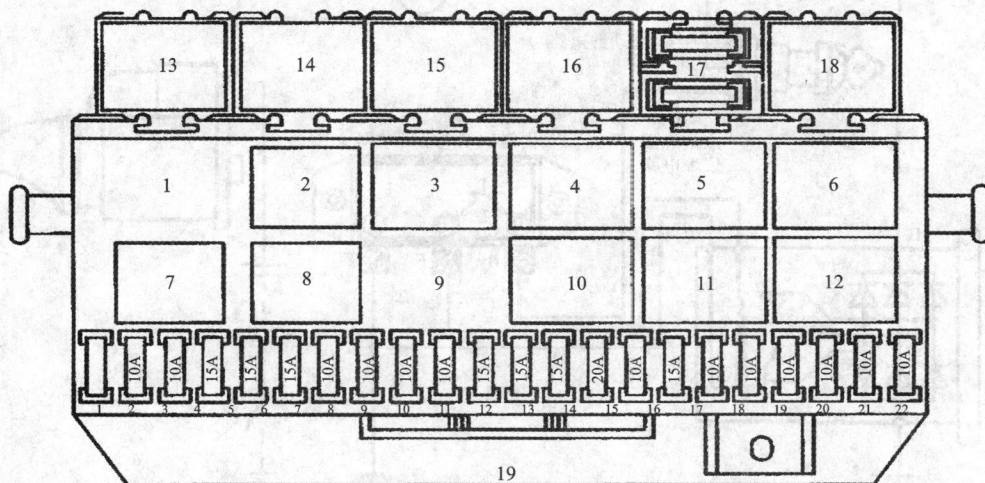

图 8－4　桑塔纳 2000Gsi 轿车中央线盒正面结构图

1、3、9、11、13、14、15、16、17—空位；2—进气预热继电器；4—换挡指示器继电器；

5—空调继电器；6—喇叭继电器；7—雾灯继电器；8—中间继电器；10—前挡风玻璃雨刮间隙继电器；

12—闪光继电器；18—冷却液控制继电器；19—中央接线盒

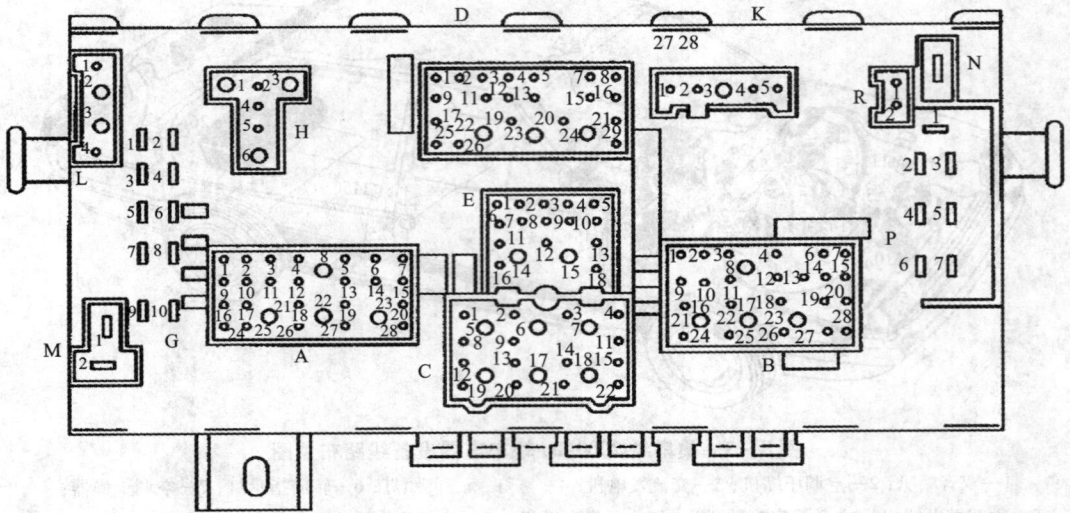

图8-5　桑塔纳2000Gsi轿车中央线盒背面结构图

A、B—仪表板线束插头；C—灯光线束插头；D—发动机舱线束插头；E—后灯线束插头；
G—单个线束插头；H—空调线束插头；K—安全警报系统线束插头；L—双音喇叭线束插头；
M—灯光开关"56"和变光开关"56b"接柱接头；N、P—单个插头；R—空位

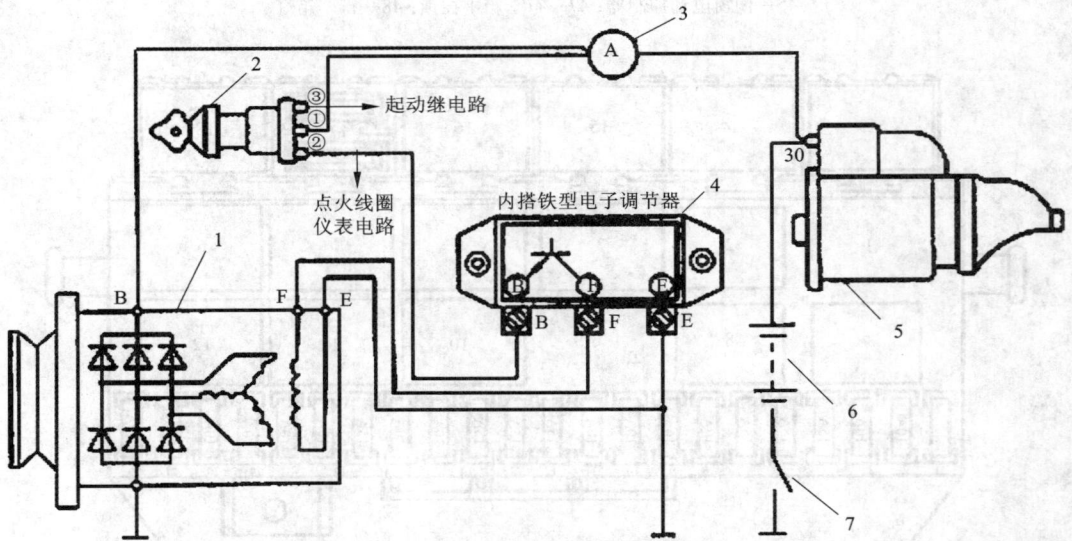

图8-6　东风EQ1090型汽车电源系统线路图

1—交流发电机；2—点火开关；3—电流表；4—电子式电压调节器；
5—起动机；6—蓄电池；7—电源总开关

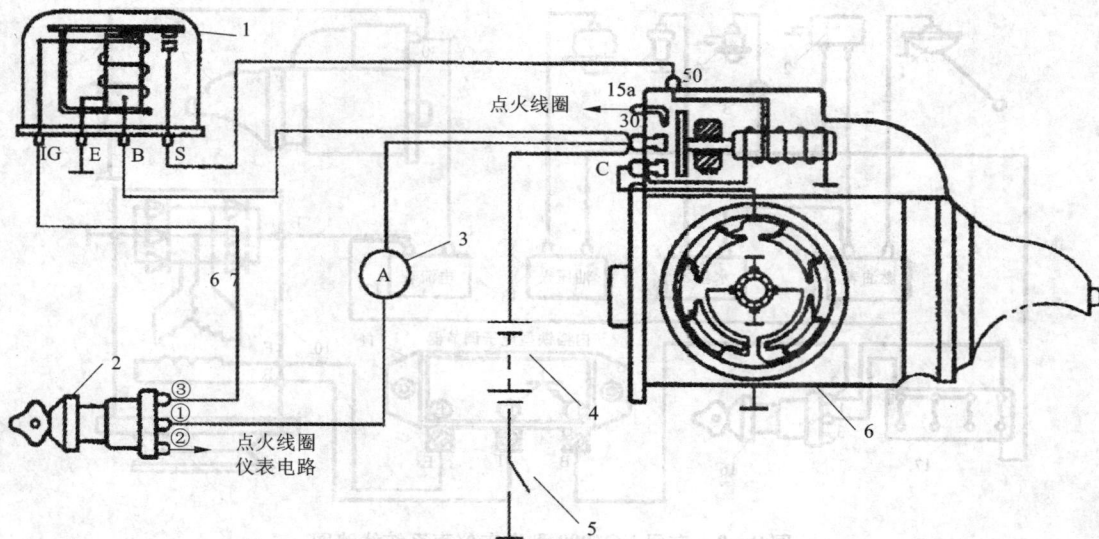

图 8 - 7 东风 EQ1090 型汽车启动系统线路图

1—启动继电器；2—点火开关；3—电流表；4—蓄电池；5—电源总开关；6—起动机

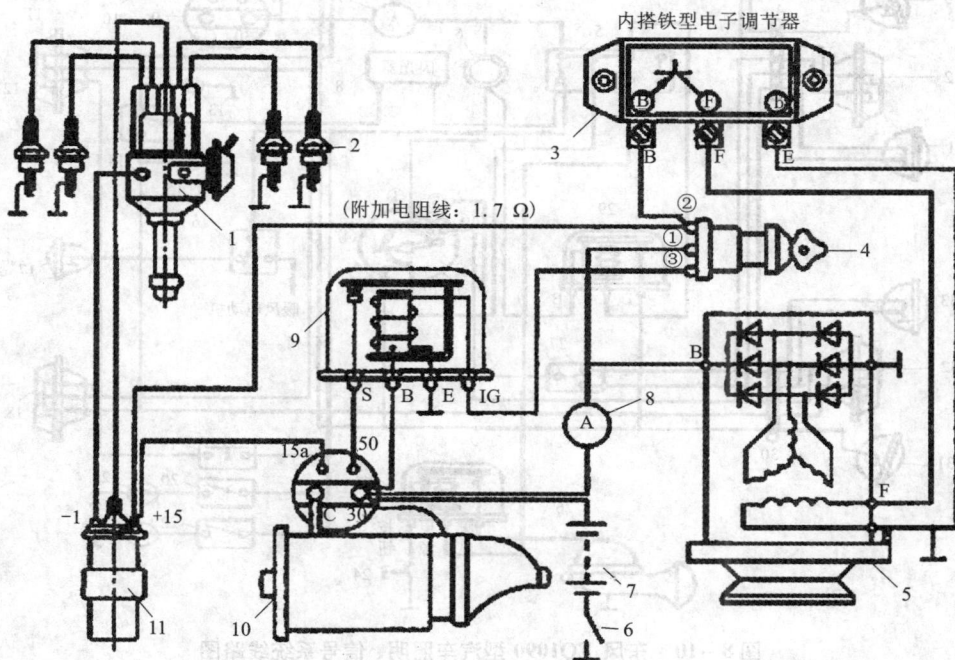

图 8 - 8 东风 EQ1090 型汽车点火系统线路图

1—分电器；2—火花塞；3—电压调节器；4—点火开关；5—交流发电机；

6—电源总开关；7—蓄电池；8—电流表；9—启动继电器；10—起动机；11—点火线圈

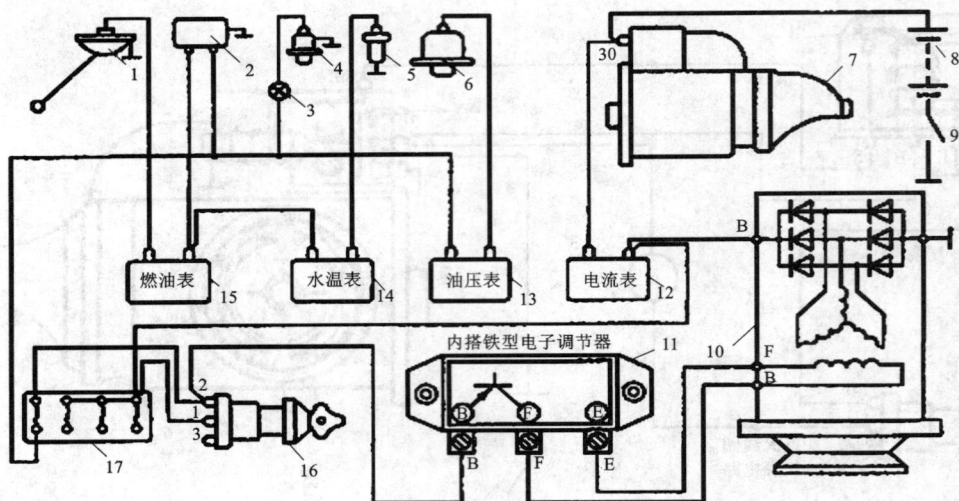

图 8 - 9　东风 EQ1090 型汽车仪表系统线路图

1—燃油传感器；2—仪表稳压器；3—机油压力过低指示灯；4—机油压力过低报警开关；5—水温传感器；
6—机油压力传感器；7—起动机；8—蓄电池；9—电源总开关；10—交流发电机；11—电压调节器；
12—电流表；13—机油压力表；14—水温表；15—燃油表；16—点火开关；17—保险盒

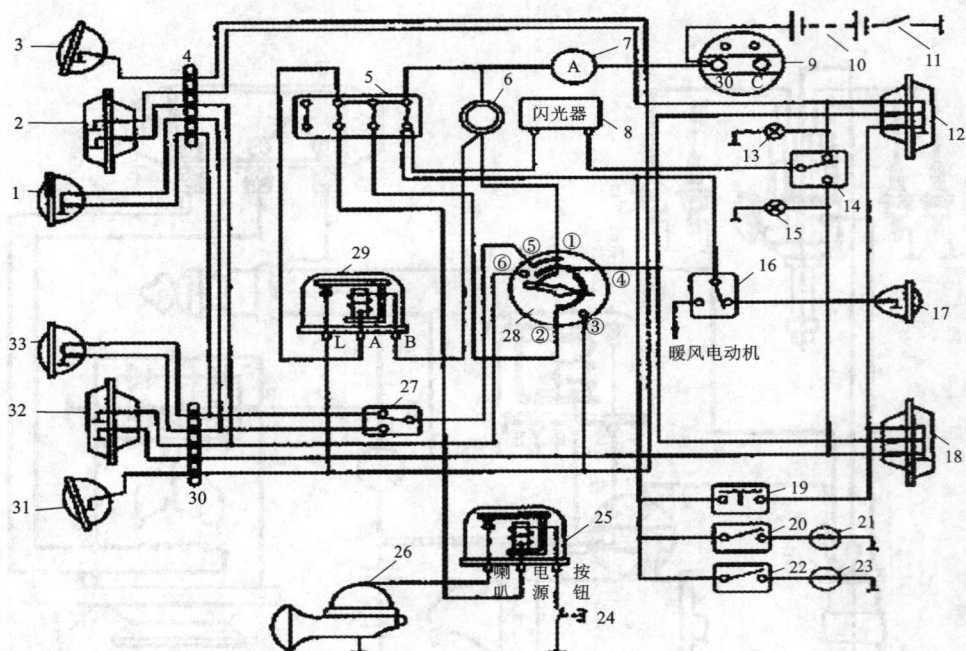

图 8 - 10　东风 EQ1090 型汽车照明、信号系统线路图

1—右前照灯；2—右前组合灯；3—右侧灯；4—右前接线板；5—保险盒；6—20A 熔断器；7—电流表；8—闪光器；
9—起动机；10—蓄电池；11—电源总开关；12—右后组合灯；13—右转向灯开关；14—转向灯开关；15—左转向灯开关；
16—暖风机与后照灯开关；17—后照灯；18—左后组合灯；19—制动灯开关；20—顶灯开关；21—顶灯；
22—发动机罩灯开关；23—发动机罩灯；24—喇叭按钮；25—喇叭继电器；26—喇叭；27—变光开关；
28—车灯开关；29—灯光继电器；30—左前接线板；31—左侧灯；32—左前组合灯；33—左前照灯；
①电源；②侧灯电源；③侧灯；④尾灯；⑤前照灯；⑥前小灯

3. 整车电路线路图的识读要求及步骤

（1）熟悉电路线路图中的图形及符号。

电路线路图常见图形符号如图 8－11 所示。

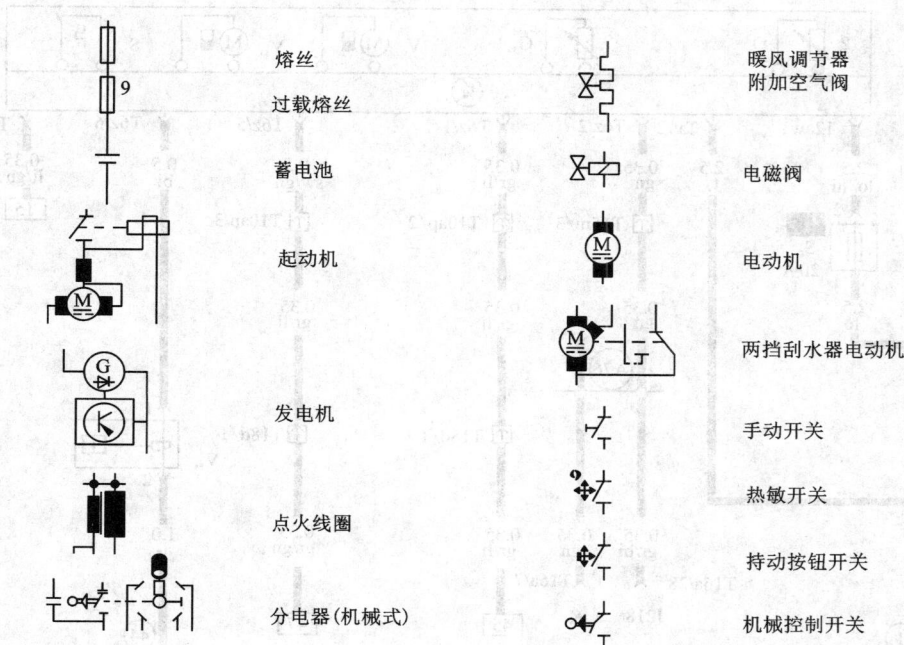

	熔丝		暖风调节器 附加空气阀
	过载熔丝		
	蓄电池		电磁阀
	起动机		电动机
			两挡刮水器电动机
	发电机		手动开关
			热敏开关
	点火线圈		持动按钮开关
	分电器（机械式）		机械控制开关

图 8－11　电路线路图常见图形符号

（2）熟悉电路、电器有关标记符号。如"B"或"＋"表示为交流发电机火线接线柱；"N"表示交流发电机中性接线柱；"49""L""E"等通常表示转向信号装置；"72""H"通常表示电喇叭和声音报警装置；"30"通常表示为火线；"31"通常表示为搭铁线；"15"表示点火开关接通时，正常工作的火线。

（3）熟悉各个系统和主要开关、继电器的关系。如：熟悉整车电路中的保护装置及保护的系统；熟悉哪些系统电源不受点火开关的控制等。

（4）在分析汽车电路时，应首先按照汽车电器工作的各个独立系统进行分析，并逐个认识其工作过程。如：电源系统、启动系统、点火系统及仪表、照明、信号等。

（5）由于目前对不同国家所生产的汽车，其整车电路有不同的编制规则。因此在分析车辆电路的特点时，应首先熟悉其不同的特点。如以桑塔纳、捷达、奥迪为代表的大众系列车型，其电路图在最下端通过编号坐标标注图中各线路位置，各线路纵向平行排列，每一条线路对准下框线上的一个编号，如图 8－12 所示。

30
15
X
31

30
16.0
lo

J_{M2}

? Q_1 ? G_{35} V_0 V_{33} S_{24}

Ⓚ

12aw1   Tat/2   T6z/2   T6z/1   T6z/5   T6z/6   T6z/4

2.5 lo/hi   2.5 tλ   0.35 gn   0.35 gr/li   0.5 sw/gn   0.5 bi   0.35 li/gn

T15m/3   T10ap/2   T10ap/3   15

S_8 20 A

0.35 gn   0.35 gr/li   0.35 gr/li

Ⓐ76

2.5 lo

T18d/1   T18d/1 V_{54}

A

25.0 sw   0.35 gr/bi   0.35 gn   0.35 gr/li   0.35 gr/gn   1.0 lr

T16a/28   T16a/7   45   47   44

① J218   K   45   47   ㊹

2   3   4   5   6   7   8   9   10   11   12   13   14

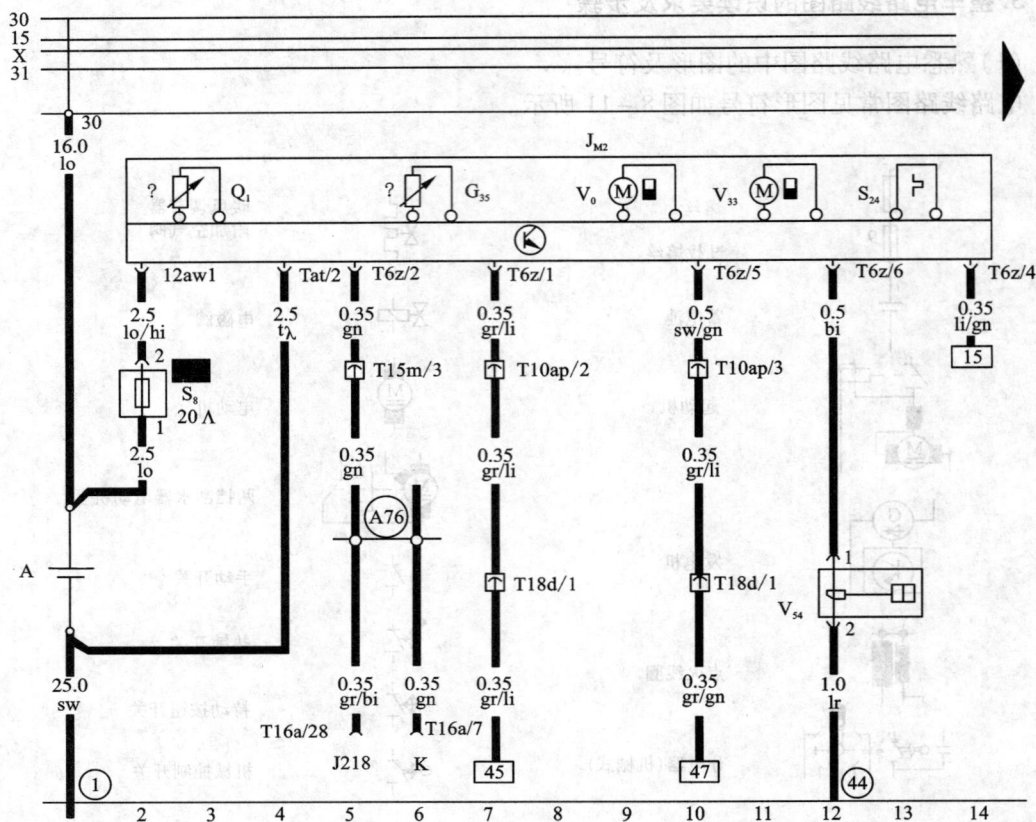

图 8-12 大众系列轿车接线图

七、整车电路的故障原因与分析(以桑塔纳 2000Gsi 车型常见故障为例)

1. 点火系统故障

(1)故障现象。

发动机不能启动,检测火花塞,发现不跳火或火花很弱。

(2)故障原因。

点火线圈初级绕组无电压,点火系统线路有故障。

(3)故障检测与分析。

①检查点火开关是否有电压,如有电压则接通点火开关,若无电压则检测点火开关线路是否断路。

②用数字式万用表测量 D_{23} 端子处电压,如有电压则继续检测点火线圈初级绕组,若无电压则检测 D_{23} 端子是否断路。

③检测点火线圈初级绕组电压，若无电压则用跨接导线跨接 D_{23} 端子和点火线圈初级绕组，如果火花塞跳火且火花很强，则故障为 D_{23} 端子和点火线圈初级绕组之间线路断路。

2. 空调开关故障

（1）故障现象。

打开空调开关，空调指示灯不亮，车内送风口无风送出，压缩机不工作等。

（2）故障原因。

可能为熔断器 S_{14} 烧毁；空调继电器不工作；空调线路故障；电磁离合器不工作等。

（3）故障检测与分析

①检查熔断器 S_{14} 是否烧毁，若被烧毁，应进行更换。

②用数字式万用表测量空调线束的 H_5 端子，若有电压，则说明 H_5 端子之前电路正常。

③检测空调起动开关 E_{30} 端子，如 E_{30} 端子无电压，用跨接线跨接 H_5 端子和 E_{30} 端子，空调系统恢复正常工作，则故障为 H_5 端子和 E_{30} 端子之间的线路断路。

3. 空调压缩机故障

（1）故障现象。

打开空调开关，压缩机不运转，空调系统不工作。

（2）故障原因。

可能是熔断器 S_{14} 烧毁；空调继电器不工作；空调线路故障；电磁离合器不工作等。

（3）故障检测与分析。

①检查熔断器 S_{14} 是否烧毁，若被烧毁，应进行更换。

②打开空调开关，用数字式万用表测量 H_2 端子，若有电压，则说明 H_2 端子之前电路正常。

③检测制冷量控制开关 E_{33} 端子，如 E_{33} 端子无电压，用跨接线跨接 H_2 端子和 E_{33} 端子，如压缩机开始工作，则故障为 H_2 端子和 E_{33} 端子之间线路断路。

4. 刮水器喷水电动机故障

（1）故障现象。

打开喷水洗涤开关，喷水头不喷水。

（2）故障原因。

可能是熔断器 S_{11} 烧毁，喷水电动机不工作，喷水电动机线路故障等。

（3）故障检测与分析。

①检查熔断器 S_{11} 是否烧毁，若被烧毁，应进行更换。

②打开喷水洗涤开关，用数字式万用表测量 C_9 端子，如有电压，则说明 C_9 端子之前电路正常。

③检测前风窗洗涤泵 V_{59} 端子，如无电压，用跨接线跨接 C_9 端子和 V_{59} 端子，如果喷水电动机即恢复正常工作，且喷水头有水喷出，则故障为 C_9 端子和 V_{59} 端子之间线路断路。

5. 车内灯故障

（1）故障现象。

打开车内灯开关，车内灯不亮。

（2）故障原因。

可能是：熔断器 S_3 烧毁；灯泡烧毁；继电器 J_{121} 不工作；室内灯线路故障等。

（3）故障检测与分析。

①检查熔断器 S_3 和灯泡是否完好，若损坏，应进行更换。

②用万用表测量 E_3 端子，若有电压，但车内灯处无电压，则证明 E_3 端子和室内灯线路有故障。

③检查插件接触是否良好，若接触良好，用一根跨接导线跨接 E_3 端子和车内灯，如灯泡亮，则故障为 E_3 端子和室内灯之间的线路断路。

6. 喇叭继电器故障

（1）故障现象。

按动喇叭按钮，喇叭不响。

（2）故障原因。

可能是：喇叭损坏；喇叭按钮损坏；喇叭继电器不工作；喇叭线路有故障。

（3）故障检测与分析。

①检查熔断器 S_{16} 、 S_{18} 是否被烧毁，若被烧毁，应进行更换。

②用数字式万用表测量 L_{22} 端子，若有电压，用跨接线跨接 L_{22} 端子和 L_{32} 端子后，喇叭响，说明喇叭正常。

③用数字式万用表分别测量 L_1 端子与 L_4 端子， L_1 端子有电压， L_4 端子无电压，则故障为喇叭继电器不工作，应进行更换。

7. 左前小灯故障

（1）故障现象。

打开灯光照明开关，左前示宽灯不亮。

（2）故障原因。

可能是：灯泡烧毁；熔断器 S_7 烧毁；左前示宽灯有故障。

（3）故障检测与分析。

①检查熔断器 S_7 是否被烧毁，若被烧毁，应进行更换。

②打开灯光照明开关，用数字万用表测量 C_4 端子是否有电压，若有电压，则说明 C_4 端子之前电路正常。

③检测左前示宽灯 M_1 端子，若无电压，用跨接线跨接 C_4 端子和 M_1 端子后，左前示宽灯亮，则故障为 C_4 端子和 M_1 端子之间线路断路。

8. 刮水器电动机故障

（1）故障现象。

打开刮水器洗涤开关，刮水器电动机不工作。

（2）故障原因。

可能是：刮水器电动机熔断器 S_{11} 烧毁；刮水器开关损坏；刮水器电动机线路有故障等。

（3）故障检测与分析。

①检查熔断器 S_{11} 是否被烧毁，若被烧毁，应进行更换。

②打开刮水器洗涤开关，用数字式万用表测量刮水器洗涤开关各挡位。

③若刮水器洗涤开关各挡位都有电压，但刮水器电动机无输入电压，D_{12} 端子有电压，用跨接线跨接刮水器电动机和 D_{12} 端子后，刮水器电动机开始工作，则故障为刮水器电动机和 D_{12} 端子之间线路断路。

9. 远光指示灯故障

（1）故障现象。

打开前照灯后，前照灯远光灯亮，而远光指示灯不亮。

（2）故障原因。

可能是：熔断器 S_9 烧毁；远光与超车灯开关损坏；远光指示灯烧毁；远光指示灯线路有故障等。

（3）故障检测与分析

①检查熔断器 S_9 是否被烧毁，若被烧毁，应进行更换。

②检测指示灯 K_1 是否完好。如指示灯 K_1 完好，则接通远光灯开关，用数字式万用表测量 S_9 端子，如有电压，证明远光灯与超车灯开关正常。

③检测 A_{28} 端子是否有电压，如有 A_{28} 端子电压，指示灯 K_1 无电压，用跨接导线跨接 A_{28} 端子和 K_1 后，远光指示灯亮，则故障为 A_{28} 端子和 K_1 之间线路断路。

10. 充电指示灯故障

（1）故障现象。

启动发动机后，指示灯不亮。

（2）故障原因。

可能是：发电机不工作；充电指示灯烧毁；充电指示灯线路有故障等。

（3）故障检测与分析。

①起动发动机后，检查发电机，若发电机工作正常，灯泡完好，则用数字式万用表测量 A_{16} 端子。

②测量 A_{16} 端子有电压，但充电指示灯 K_2 无电压，用跨接导线跨接 A_{16} 端子和 K_2 后，充电指示灯亮，则故障为 A_{16} 端子与 K_2 之间线路断路。

11. 倒车镜故障

（1）故障现象。

倒车镜不能按驾驶员的操作去工作。

（2）故障原因。

可能是：熔断器烧毁；倒车镜电动机不工作；倒车镜线路故障。

（3）故障检测与分析。

①检查熔断器 S_{12} 是否被烧毁，若被烧毁，应进行更换。

②用数字式万用表测量 G_1 端子，若 G_1 端子处有电压，熔断器 S_{38} 处也有电压，而电动后

视镜开关 M 处无电压，则用跨接导线跨接 S_{38} 和 M，如果倒车镜恢复正常工作，则故障为 S_{38} 和 M 之间线路断路。

12. 雾灯故障

（1）故障现象。

打开雾灯开关后，雾灯不亮。

（2）故障原因。

可能是：灯泡烧毁；熔断器 S_6 烧毁；雾灯继电器不工作；雾灯线路有故障。

（3）故障检测与分析。

①检查熔断器 S_6 是否被烧毁，若被烧毁，应进行更换。检测雾灯灯泡是否完好。

②打开灯光照明开关 E_1，用数字式万用表测量 A_{24} 端子，若 A_{24} 端子无电压，E_1 有电压，用跨接导线跨接 A_{24} 端子和 E_1 后，打开雾灯开关，雾灯亮，则故障为 A_{24} 和 E_1 之间线路断路。

13. 中央控制锁故障

（1）故障现象。

中控锁不工作，车门锁不住。

（2）故障原因。

可能是：熔断器 S_3 烧毁；中控锁电动机不工作；中控锁控制器不工作；中控锁线路故障。

（3）故障检测与分析。

①检查熔断器 S_3 是否被烧毁，若被烧毁，应进行更换。

②用万用表测量 E_3 端子，若 E_3 端子有电压，中央控制锁控制器 J_{53} 无电压，但机械部位各插件接触良好，用跨接导线跨接 E_3 端子和 J_{53} 中央控锁恢复正常工作，则故障为 E_3 端子和中央控制锁控制器 J_{53} 之间线路断路。

14. 左前转向灯故障

（1）故障现象。

打开转向灯开关后，左前转向灯不亮。

（2）故障原因。

可能是：熔断器 S_{19} 烧坏；灯泡烧毁；转向闪光继电器不工作；左转向灯线路有故障等。

（3）故障检测与分析。

①检查熔断器 S_{19} 是否被烧毁，若被烧毁，应进行更换。检测灯泡是否完好。

②打开左转向灯开关，用数字式万用表测量 A_{10} 端子和 A_{20} 端子，若两端子都有电压，说明转向闪光继电器和左转向灯开关都正常。

③测量 C_{19} 端子是否有电压，若有电压，但左前转向灯 M_5 无电压，用跨接导线跨接 C_{19} 和 M_5 后，左前转向灯亮，则故障为 C_{19} 和 M_5 之间线路断路。

右前转向灯故障的检测步骤及方法同左前转向灯的检测步骤及方法，故障为 C_8 和 M_7 之间线路断路。

15. 启动线路故障

（1）故障现象。

起动机不转，或转速过低不能带动发动机启动。

（2）故障原因。

可能是：蓄电池电压过低；起动机不工作；点火系统线路有故障。

（3）故障检测与分析。

①检查蓄电池电压是否正常。

②蓄电池正常而起动机不工作，把点火开关拨到起动挡，用数字式万用表测量 B_8 端子和 C_{18} 端子，若两端子都有电压，但起动继电器无电压，用跨接导线跨接 C_{18} 端子和起动继电器，起动机工作，则故障为 C_{18} 端子和起动继电器之间线路断路。

16. 制动灯开关故障

（1）故障现象。

踩下制动踏板，制动灯不亮。

（2）故障原因。

可能是：制动灯烧毁；制动灯熔断器烧毁；制动灯开关接触不良；制动灯线路有故障。

（3）故障检测与分析。

①检查熔断器 S_2 是否被烧毁，若被烧毁，应进行更换。检测灯泡是否完好。

②踩下制动踏板，用数字式万用表测量 C_1 端子，若有电压，说明制动灯开关接触良好。

③测量 E_{16} 端子，若有电压，用数字式万用表测量左右制动灯 M_9、M_{10} 都无电压，用跨接导线跨接 E_{16} 和 M_9、M_{10} 后，左右制动灯都亮了，则故障为 E_{16} 和 M_9、M_{10} 之间线路断路。

八、汽车整车电路故障分析方法

1. 汽车常见电路故障

线路常见故障主要包括断路、短路、漏电以及接线不牢松脱、潮湿及腐蚀等导致的接触不良或绝缘不良等。

（1）断路。电源到负载的电路中某一点中断时电流不通，导致灯不亮，电动机停转。这种故障被称为断路。一般断路由导线折断、导线连接端松脱或接触不良等原因所造成。

（2）短路。电源正负极的导线直接接通，使电器部件不能工作，导线发热或线路中的熔丝熔断。造成短路的原因有：导线绝缘破坏，并相互接触造成短路；开关、接线盒、灯座等外接线松脱，造成和线头相碰；接线时不谨慎，使两线头相碰；线头碰触到金属部分等。

（3）漏电。漏电现象使耗电量增大，导线发热。漏电原因是电器设备绝缘不良，导线破坏，绝缘老化、破裂、受潮等。

2. 分析、检修汽车电路故障的基本思路

（1）在进行汽车电路检修前，必须熟读对应车型的使用说明书，了解其结构，查明电路，并使用合适的工具，才能收到事半功倍的效果。

（2）汽车电器电路出现故障时，一般先要搞清楚故障的症状以及伴随出现的现象，判明

故障所在的局部电路，然后再对该局部电路进行检验，查明故障所在部位并进行排除。

（3）合格的汽车电器各电路，应具备以下条件：

①点火电路能够产生足够能量的点火火花。

②电源电路充电稳定，并能满足各用电设备在不同工况及条件下的需要。

③起动机启动有力且分离彻底。

④照明及信号系统设备齐全，性能良好。

⑤全车线路整齐，连接牢固、可靠，否则，可视为整车电路中出现了故障。

（4）一旦电路出现故障时，应按以下步骤和方法进行分析，以初步确定故障范围、产生原因等。

①首先对故障的发生范围进行初步的诊断。切忌在情况不明，或不经思考分析而盲目拆卸，乱接瞎碰。否则，不仅会延误检修，而且还会对车辆其他零部件或元件造成不必要的损坏。

②根据所发现故障的异常征兆和汽车电路故障的基本特征，结合整车电路进行分析，尽可能把故障诊断缩小到一个较小的范围。

③在检修故障时应根据故障发生的范围，先检查故障率较高且容易检查的部件，然后检查故障率较低的，不易检查的部件，即由简到繁。只有当某部件的故障已经确诊，必须打开修理时，方可进行拆卸。要尽量做到不拆或少拆零件，以减少不必要的麻烦。检修故障还要采用正确的检查方法和使用正确的测试仪器、设备，以提高检修故障的速度和效率。

④电路出现故障，一般先就车对电路进行检查和测试，初步判定故障发生在哪，然后再对故障发生部位的外部性能及内部参数进行测试或检查，找出故障发生点，并进行及时排除。

⑤在检修故障的同时，还应注意对相关部件及电路进行维护、保养，使之恢复较好的工作状态。

⑥在对汽车整车电路进行检修时，若发现电器设备损坏无法修复，则应进行更换。部件的更换应与原装部件的规格、型号相一致。导线的更换应尽量与原来的线径和颜色一致。若用其他颜色导线代替，则应与相邻导线有所区别，以利于以后的检修。

3. 整车故障产生的主要原因

引起汽车产生电路故障的主要原因有：

（1）元件老化。

（2）零部件自然磨损。

（3）装配、调整不当。

（4）环境腐蚀。

（5）机械摩擦。

（6）有关连接导线断路或短路。

4. 汽车电路故障诊断的基本方法

电器设备的故障诊断，通常可采用的方法有：直观诊断法、利用车上仪表法、断路法、短路法、试火法、试灯法、万用表法和元件替换比较法等。

（1）直观诊断法：汽车电路发生故障时，有时会出现冒烟、火花、异响、焦臭、发热等异常现象。这些现象可以通过人的眼、耳、鼻、身感觉到，从而可以直接判断出故障的所在的部位和原因。例如，在汽车行驶的过程中，突然发现转向灯和转向指示灯均不亮，用手一摸，如果发现闪光器发热烫手，则说明闪光器有可能已烧坏。

（2）利用车上仪表法：通过观察汽车仪表盘上的电流表、冷却液温度表、燃油表和机油压力表等各类仪表的变化情况判断电路有无故障和故障产生的部位。例如，在发动机冷态时接通点火开关，冷却液温度表指示满刻度位置不动，则说明冷却温度表传感器有故障或该线路有搭铁。凡用电设备通过电流表，电流表指示的电流值就可作为诊断的依据。当工作电压一定，接通用电设备后，电流表指示"0"或所指的放电电流值小于正常值，表明用电设备电路的某处断路或导线接触不良。若接通用电设备后电流表迅速由"0"摆到满刻度外然后回到"0"。其中由"0"摆到满刻度外表明电路中某处搭铁、短路；电流表由满刻度外回到"0"表明熔丝熔断。电流表诊断只能简单的判断是断路还是短路，具体部位还有待用其他方法判断。

（3）断路法：在汽车行驶的过程中，如某电器突然停止工作，应先检查该支路上的熔断器装置熔断丝是否被烧毁，应查明原因并进行检修，检修后恢复熔断丝装置。

（4）短路法：用一根导线将某段导线或电器短接后观察用电设备的变化情况。

（5）试灯法：检查线路是否开路或短路，电器有无故障，可用试灯法。

（6）元件替换比较法：将被怀疑部件用已知完好的部件替换，验证怀疑是否正确。

（7）模拟法：用于对各种传感器信号、指示机构工况的判断，此法必须熟悉汽车的电路参数。

5. 汽车电路故障点诊断的一般程序

汽车电路故障点的检测过程主要有四个程序：①要确认故障现象；②对故障作出清晰分析和判断；③逐步进行仔细地检查，直至找出故障部位；④进行故障排除。具体操作按以下程序进行。

①验证车主所反映的情况，并注意电路通电后所表现出的各种现象。

②动手拆检之前尽量缩小故障产生的范围，认真分析该车电路原理图，弄清电路的工作原理，对问题所在做出判断。

③重点检查问题集中的线路或部件，验证做出的判断，对各种模拟故障进行诊断，验证电路是否恢复正常，按上述诊断方法进一步诊断。

6. 桑塔纳轿车点火系统电路电流的走向分析

（1）桑塔纳轿车点火系统的组成。

桑塔纳轿车点火系统采用霍尔效应式无触点电子点火系统，主要由蓄电池、点火开关、点火线圈、霍尔式无触点分电器、电子点火模块、火花塞、高压线及低压线等组成。

（2）桑塔纳轿车点火系统的工作原理。

以蓄电池和发电机为电源，由点火线圈和点火控制器将电源提供的低压电转变为高压电，再通过分电器分配到各缸火花塞，使火花塞两极之间产生电火花，点燃混合气。

（3）桑塔纳轿车点火系统低压电流的走向。

蓄电池"＋"接线柱→起动机"30"接线柱（经红线）→中央接线板 P→另一 P 接线柱（经红线）→点火开关"30"接线柱→点火开关"15"接线柱（经黑线）→中央接线板 A_8 接线柱→D_{23} 接

线柱(经黑线)→点火线圈"＋"接线柱。当电流进入点火线圈"＋"接线柱后，此时的低压电流又分为两路，一路为：点火线圈"＋"接线柱→点火线圈初级线圈"－"接线柱(经绿线)→电子点火控制模块"1"接线柱→电子点火控制模块内部→电子点火控制模块"2"接线柱(经棕线)→发动机搭铁→蓄电池"－"接线柱。另一路则为：点火线圈"＋"接线柱(经黑线)→电子点火控制模块"4"接线柱→电子点火控制模块内部→电子点火控制模块"2"接线柱(经棕线)→发动机搭铁→蓄电池"－"接线柱。

第一路电路的导通与断开受霍尔电压高低的控制。当点火控制模块检测到霍尔传感器信号为低电位时，便截断初级电流，此时在点火线圈次级线圈中感应出高压电流。由于电子点火控制模块所检测到的信号总是在高电位与低电位之间不停地发生变化，因此，点火线圈初级电路始终处于通→断→通→断→通……不停变化的状态，从而使点火线圈次级端不停的感应出高压电流。

(4)桑塔纳轿车点火系统高压电流的走向。

次级线圈→点火线圈"＋"接线柱→D_{23}接线柱→A_8接线柱→点火开关→中央接线板 P→蓄电池→搭铁→火花塞电极、中心电极→分电器盖(旁电极、分火头)→次级线圈。

实训九　汽车离合器检测与故障分析

一、实训教学组织

(1)集中讲授仪器、设备的结构和工作原理。

(2)讲解实训内容、操作步骤及注意事项。

(3)根据实训目的、要求进行分组。

(4)在教师指导下,各组学生自己独立操作,并对试验、检测数据进行记录。

(5)教师总结实训情况。

二、实训目的

通过本次实训,使学生进一步加深对本专业所学"汽车构造""汽车维修与诊断""汽车测试技术"课程理论知识的理解,增强感性认识,认识了解汽车离合器常见故障及基本的检测调试方法,提高分析、解决汽车离合器故障的能力。

三、实训要求

(1)遵守实训规程,注意人身、设备及仪器安全。

(2)掌握离合器的组成结构以及离合器的调整方法。

(3)能分析离合器故障产生的原因,掌握相关故障的诊断检测方法。

(4)按时完成实训报告。

四、实训仪器、设备

(1)离合器,1个。

(2)专用离合器夹具、工作台,1套。

(3)工具套筒,1个。

(4)扳手,若干。

(5)汽车组合仪表,1套。

(6)实训车,1台。

(7)常用拆装工具,1套。

五、注意事项

(1)分离叉两端衬套必须同心。

(2)安装离合器压盘总成时,须用导向定位器确定中心位置,使从动盘与压盘同心,便于安装变速器总成。

(3)离合器从动盘有减振弹簧的一面应朝向压盘。

六、汽车离合器性能检测方法

1. 离合器结构

离合器由主动部分、从动部分、压紧装置、分离机构和操纵机构五部分组成。图9-1所示为摩擦式离合器结构。主动部分、从动部分和压紧机构是保证离合器处于接合状态并能传递动力的基本结构。而分离机构和操纵机构主要是使离合器分离的装置。

离合器的主动部分主要包括飞轮、离合器盖和压盘。离合器的从动部分包括从动盘和从动轴。离合器的压紧装置由压紧弹簧组成。离合器的分离机构由分离杠杆、分离轴承和分离套筒、分离叉等组成。离合器的操纵机构由离合器踏板到分离杆(或离合器分泵)之间的一系列零件组成。

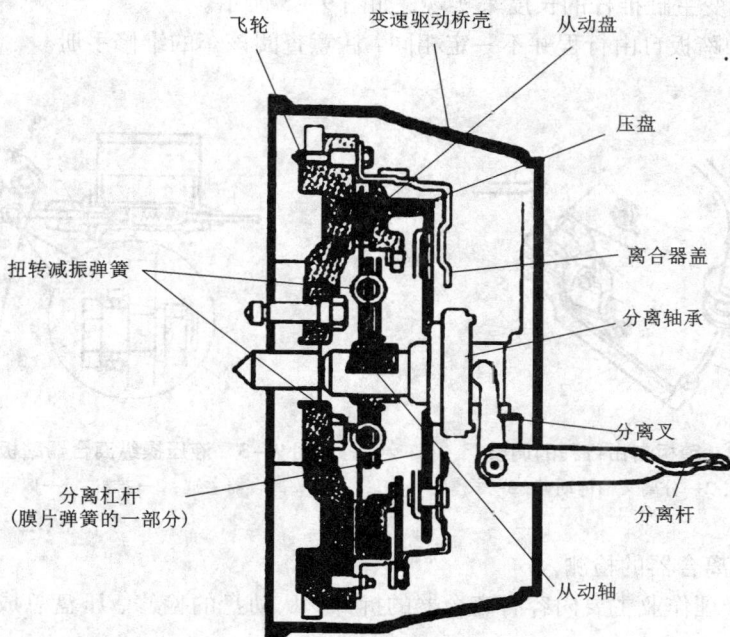

图 9－1　摩擦式离合器结构

（1）接合状态。

离合器接合状态时，压紧弹簧将压盘、飞轮及从动盘互相压紧。发动机转矩经飞轮及压盘通过摩擦面的摩擦力矩传递到从动盘，再经变速器输入轴向传动系输入。

（2）分离过程。

踏下踏板时，离合器分泵向前移动，带动分离叉也向前移动，分离叉内端则通过分离轴承推动分离杠杆内端向前移动，分离杠杆外端依靠安装在离合器盖上的支点拉动压盘向后移动，使其在进一步压缩压紧弹簧的同时，解除对从动盘的压力。于是离合器的主动部分处于分离状态而中断动力的传递。

（3）接合过程。

若要接合离合器，驾驶员应松开离合器踏板，控制操纵机构使分离轴承和分离叉向后移，压盘弹簧的张力迫使压盘和从动盘压向飞轮。发动机转矩再次作用在离合器从动盘摩擦面和带花键的毂上，从而驱动变速器的输入轴。在离合器接合过程中，摩擦面间存在一定的打滑，直到离合器完全接合为止。

2. 离合器的维护

离合器的维护工作主要是检查调整离合器踏板的自由行程。

离合器操纵机构为机械式拉索，其踏板总行程为(100±5)mm，不符合要求时，可通过改变离合器分离叉轴传动臂与分离叉的安装位置来调整。踏板自由行程为 15～25 mm，不符合要求时，通过调整螺母的方式调整，如图 9－2 所示。

对于离合器采用液压式操纵机构的汽车，调整离合器踏板自由行程一般通过调整踏板上的偏心螺栓，改变主缸推杆的长度来实现，如图9-3所示。

各种车型的踏板自由行程并不一定相同，注意查阅该车的维修手册。

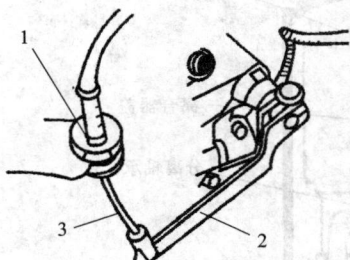

图9-2 踏板自由行程的调整
1—调整螺母；2—分离叉轴传动臂；3—拉索

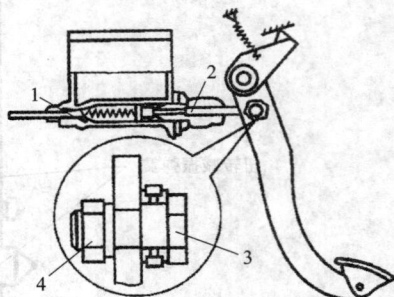

图9-3 液压操纵离合器踏板自由行程的调整
1—离合器主缸；2—推杆；3—偏心螺栓；4—锁紧螺母

（1）膜片式离合器的检测。

离合器的修理作业主要内容有离合器的拆卸、从动盘的检修、压盘总成的检修、离合器的装配等。

1）离合器的拆卸。

①拆下离合器操纵拉索，从分离叉轴上拆下分离叉轴传动臂。

②在离合器与飞轮间做好装配记号，并固定好飞轮；拆下离合器与飞轮之间的固定螺栓，取下离合器及从动盘总成。

③拆下支承弹簧、分离轴承及导向套筒。

④拆下分离叉轴端的挡圈，取下防尘套、轴承衬套和轴承。

⑤拆下复位弹簧，取下分离叉轴。

⑥拆下踏板。

2）离合器的检修。

①从动盘的检测。

从动盘的常见损伤有：摩擦片磨损变薄，铆钉松动，有油污或烧焦，缓冲弹簧损坏，花键磨损等。

检查从动盘铆钉距摩擦片表面的距离应不低于2 mm，从动盘径向跳动量不超过0.40 mm。检查方法如图9-4所示。

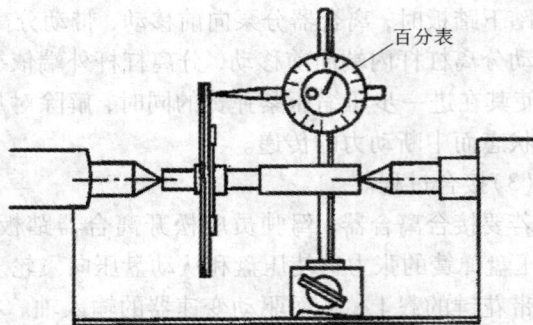

图9-4 从动盘径向跳动检查方法

②压盘总成的检测。

压盘的常见损伤有：压盘表面刮伤、磨损、烧蚀、变形或产生裂纹。对于轻度的不平或烧蚀可进行光磨，对于严重的沟痕并因之引起离合器工作时发抖，则必须进行更换。离合器压盘表面翘曲度不得超过0.20 mm。

压盘平面应无变形、裂纹及明显的沟痕，膜片弹簧无变形，其内端与分离轴承接触处磨损不大于0.60 mm，内端的平面度误差不大于0.50 mm，否则应更换压盘总成。

③其他零件的检测。

检查膜片弹簧磨损的深度和宽度以及弹簧内端的平面度，如有超标，则应进行更换，如图9-5所示。分离轴承的常见故障为松旷、噪音或阻滞。检查时可固定内缘，同时施以轴向压力，一旦发现上述故障现象，必须及时更换。更换分离轴承须用专用工具在压力机上进行，将分离轴承从轴承套上压下后再装配新件。分离轴承通常是一次性加注润滑油脂，维护时切勿随意拆卸清洗。若有脏污，可用干布擦净表面，不允许用汽油等清洗剂清洗。

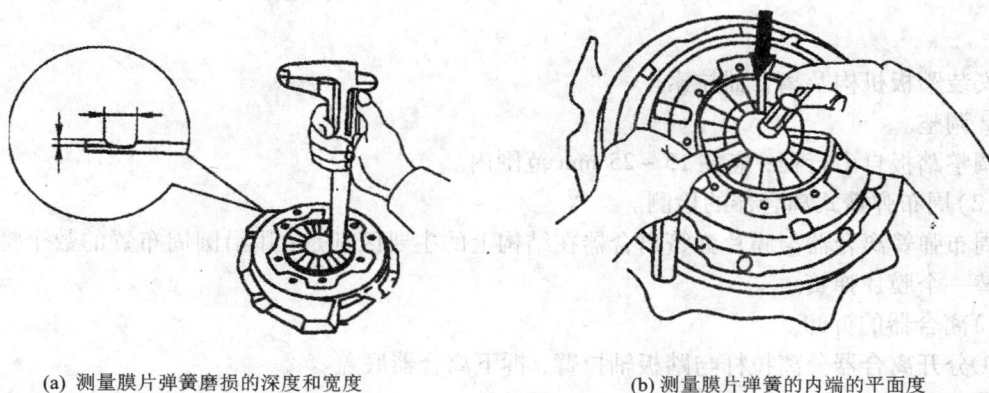

(a) 测量膜片弹簧磨损的深度和宽度　　　(b) 测量膜片弹簧的内端的平面度

图9-5　膜片弹簧的检查

踏板衬套、分离叉轴轴承因磨损而松旷时，也应进行更换。

3) 离合器的装配与调整。

①装配。

将从动盘有减振器弹簧保持架的一面朝向压盘，对齐装配记号将压盘总成安装到飞轮上。装配时在轴向使用导向定位轴，以保证压盘总成与飞轮的同轴度。采用对角拧紧的顺序拧紧固定螺栓（拧紧力矩为25 N·m），拔出导向定位轴。

在变速器壳体上装入分离叉轴左端衬套，将复位弹簧安装在分离叉轴上。

装入分离叉右端轴承、衬套、橡胶防尘套，然后将挡圈顶压至尺寸 $A=18$ mm，如图9-6所示。

安装分离轴承的导向套筒及分离轴承。

安装分离叉轴传动臂，并调至如图9-7所示的位置。

防尘套

$(A=18\ \text{mm})$

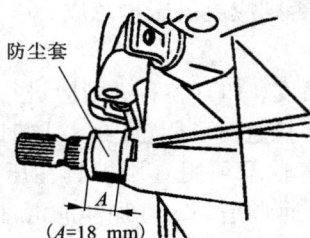

图9-6　安装防尘套

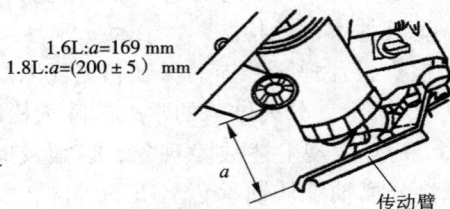

1.6L:a=169 mm
1.8L:a=(200±5) mm

a

传动臂

图9-7　分离叉轴传动臂安装位置
a—传动臂距固定拉索螺母架的距离

安装踏板机构及离合器拉索。

②调整。

调整踏板自由行程，应在 15~25 mm 范围内。

（2）周布弹簧式离合器的检测。

周布弹簧离合器与膜片弹簧离合器在结构上的主要区别是：用沿圆周布置的数个螺旋弹簧代替一个膜片弹簧。

1）离合器的拆卸。

①分开离合器分离拉杆与踏板轴拉臂，拆下离合器底盖。

②在离合器盖与飞轮之间做好装配记号。

③拆下离合器与飞轮的连接螺栓。

④用压具压紧离合器进行分解。

2）离合器的检测。

①从动盘的检测。

从动盘的常见损伤有：花键毂键齿磨损，从动盘钢片与摩擦片铆钉松动，摩擦片磨损、烧蚀、硬化、龟裂、减振器弹簧弹力消退、折断等。

从动盘钢片、摩擦片破裂，或花键毂键齿磨损超过 0.25 mm，或铆钉头部距摩擦片表面距离小于 0.30 mm，或减振器弹簧失效，都必须更换从动盘总成。

摩擦片上若有油污，应找出油污来源并根除，然后清除干净。

若摩擦片有轻微烧蚀，可用细砂纸打磨。

②离合器盖的检测。

检查有无裂纹或变形，应视情况进行修理或更换。

③压盘的检测。

压盘上有较浅的沟槽时，可用砂纸打磨或用机床加工；若出现裂纹应进行更换。

④压紧弹簧的检测。

压紧弹簧的弹力检查可在弹力检查仪上进行；自由长度的检查可在平板上配合直角尺检查，如图9-8所示。压紧弹簧的自由长度不得低于标准长度 3 mm，同组弹簧高度差不得超过 2 mm，自由状态下的倾斜度不得超过 2.5 mm（图9-9中的 a 值）。

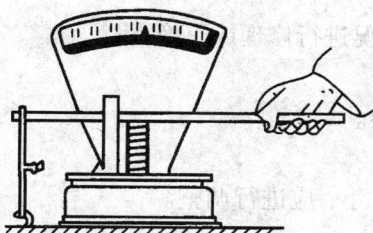

图9-8　压紧弹簧的弹力检查

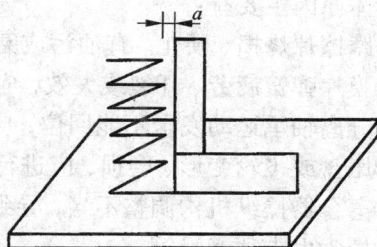

图9-9　压紧弹簧的自由长度及变形的检查

⑤分离杠杆及分离轴承的检测。

分离杠杆内端与分离轴承接触面的磨损超过0.25 mm时,应焊补或更换。分离轴承应转动灵活,无卡滞等异常现象,否则应添加润滑油脂或更换。

3)离合器的装配与调整。

①装配。

按拆卸的相反次序进行,注意拆卸时的装配记号。

②调整。

分离杠杆的调整:通过调整分离杠杆的调整螺母来调整分离杠杆内端平面度。

离合器踏板自由行程的调整:拧动分离拉杆上的调整螺母,拧紧则自由行程变小,拧松则自由行程增大。调整后应使自由行程达到30~40 mm,最后将调整螺母锁止。

(3)液压操纵离合器操纵机构的检测。

①主缸和工作缸内壁磨损严重时,应进行更换。

②若活塞皮碗有发胀、破裂现象,应进行更换。

③各管接头有松动,螺纹损坏时,应紧固或更换。

④系统内有空气时,应排气。方法是:一人反复踩离合器踏板几次后保持踩下状态不动,另一人拧松工作缸放气螺钉排出带空气的液压油,再拧紧放气螺钉。重复以上操作,直到排出的液压油中没有气泡为止。添加主缸储液罐中的液压油至规定高度。

调整好的离合器,应做到接合平稳,分离彻底,无打滑(抖动、异响),操纵机构灵敏可靠,踏板自由行程符合原厂规定。

七、离合器故障原因与分析

1.离合器打滑

(1)故障现象。

离合器接合后,发动机动力不能完全传给驱动轮,出现汽车起步困难,油耗上升,发动机过热,加速不良等现象。

(2)故障原因。

离合器打滑的根本原因是压盘不能牢固地压在从动盘摩擦片上,或摩擦片的摩擦系数过小。具体原因主要有：

①摩擦片烧损、硬化、有油污或磨损严重，应视情况进行修理或更换。

②膜片弹簧疲劳、开裂或失效，应进行更换。

③分离轴承运动发卡不能回位，应进行润滑或更换。

④压盘或飞轮变形、磨损，应进行磨平或更换。

⑤离合器操纵机构调整不当，导致踏板自由行程过小，应进行调整。

⑥拉索发卡须润滑等。

（3）故障检测与分析。

①启动发动机，踩下离合器踏板，将变速杆挂入低速挡位，拉紧手制动杆，稍微加大油门，慢慢抬起离合器踏板，使离合器结合，若3 s后发动机才熄火，说明是离合器开始打滑的预兆；若发动机继续运转不熄火，说明离合器已经打滑。

②判定为离合器打滑后，检查离合器踏板自由行程是否过小。卸下离合器底盖，检查分离轴承和分离杠杆之间的间隙是否符合制造厂的规定，如果自由行程正常则应检查离合器盖与飞轮连接是否可靠，对于不符合要求的应进行调整和紧固。

③若上述调试无效，拆下离合器总成检查摩擦片状况，例如，摩擦片表面是否有油污，摩擦片表面是否有轻微烧蚀或硬化，是否有个别铆钉外露等。

④当摩擦片状况良好时，分解离合器，检查压紧弹簧弹力。若个别弹簧弹力稍有减小，可在压紧弹簧下面加装适当厚度的垫圈继续使用；若弹力过弱，甚至折断，则应进行更换。

离合器打滑常见故障检测与分析流程，如图9-10所示。

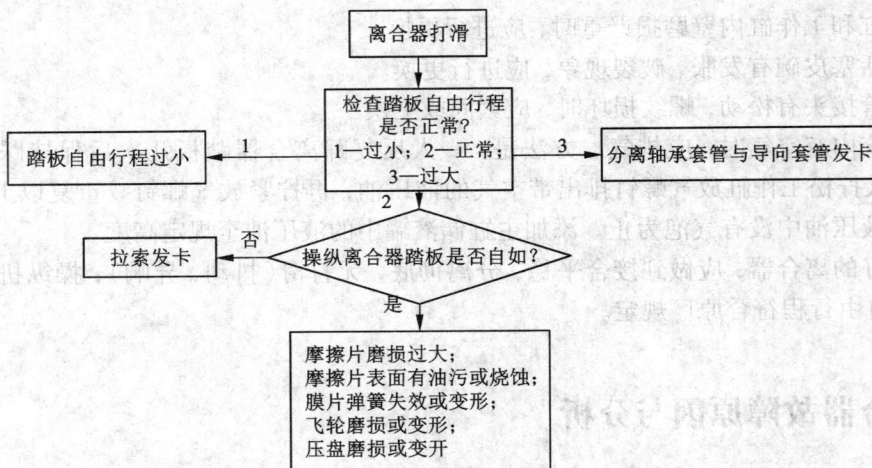

图 9-10　离合器打滑常见故障检测与分析流程

2. 离合器分离不彻底

（1）故障现象。

发动机怠速时，完全踩下离合器踏板，却挂挡困难，常伴有齿轮撞击声；或在强行挂挡后，不松开离合器踏板，汽车就猛地向前窜或发动机熄火。

（2）故障原因。

离合器分离不彻底的根本原因是离合器踏板踩到底时，压盘离开从动盘的移动量过小，或部件的变形导致压盘与从动盘摩擦片有所接触而不能彻底分离。具体原因主要有：

①离合器踏板自由行程过大，应进行调整。

②从动盘翘曲，应进行更换。

③压盘变形，应磨平或更换。

④摩擦片变形或铆钉松动，应修理或更换。

⑤膜片弹簧断裂或内端因调整不当而不在同一平面内（或分离杠杆变形，内端因调整不当而不在同一平面内），应进行更换或调整。

⑥操纵机构发卡，应进行润滑。

⑦液压操纵系统漏油，系统内有空气或油量不足，应进行检查，并排气或添加液压油等。

（3）故障检测与分析。

①将变速器操纵杆放在空挡位置，踏下离合器踏板，另一人在车底用螺丝刀拨动离合器从动盘，正常状态下拨动较轻松，若难以拨动则为离合器卡滞。

②检查离合器踏板自由行程是否过大；分离杠杆高度是否一致且符合出厂规定；分离杠杆安装是否牢固。

③若上述调试无效，应拆下离合器总成进行检查。若从动盘正反面装错，应检查其平整度后正确装复。若是用新的过厚摩擦衬片，可在装复试时，在离合器盖与飞轮之间各连接点加装相同适当厚度的垫圈。若从动盘翘曲、钢片碎裂，则应进行更换。

④检查中间压盘是否装反，装复时位置必须正确；分离弹簧弹力是否过软或折断，不合格的应进行更换。

⑤液压式操纵机构的离合器不能分离时，若踏下离合器踏板感觉松，且工作的推杆不动，则表明油路中有空气，应进行放气；若主缸和工作油缸漏油，可清洗其内腔和活塞等，必要时更换皮碗和密封圈

离合器分离不彻底常见故障检测与分析流程，如图9-11所示。

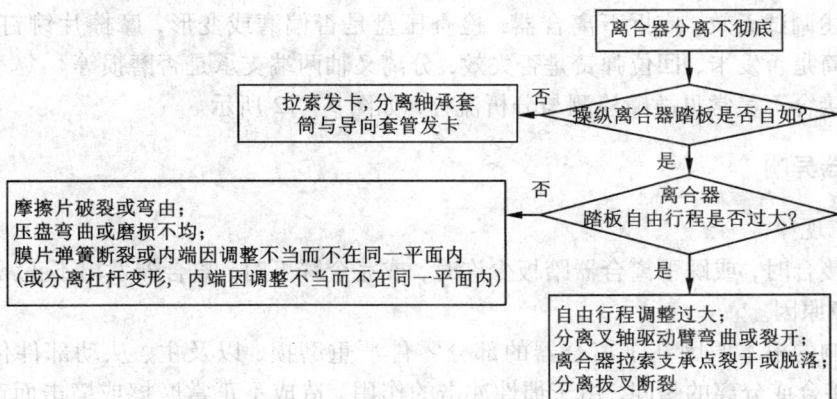

图9-11　离合器分离不彻底常见故障检测与分析流程

3. 离合器接合不稳

离合器接合不稳又称为离合器发抖。汽车起步时，松开离合器踏板，车身出现抖动，说明离合器存在接合不稳的故障。

（1）故障现象。

汽车在起步过程中，缓放离合器踏板，轻踩加速踏板，离合器接合时出现抖动。表现为汽车不能平顺起步，伴有冲撞，严重时车身明显抖动。

（2）故障原因。

离合器接合不稳的根本原因是从动盘摩擦片表面与压盘表面、飞轮接触表面之间的正压力分布不均，在同一平面内的接触时间不同，使得主、从动盘接合不平顺，从而引起抖动。具体原因主要有：

①操纵机构工作不畅，应进行检查排除或润滑。

②从动盘翘曲、厚度不均或中间花键的配合间隙过大，应进行更换。

③压盘变形，应进行更换。

④离合器盖松动，应进行紧固。

⑤飞轮端面圆跳动超标，应进行更换。

⑥膜片弹簧本身弹力不均、断裂或内端因调整不当而不在同一平面内（或分离杠杆变形，内端由于调整不当而不在同一平面内），应进行更换或调整。

（3）故障检测与分析。

①发动机怠速运转，将变速杆挂入低速挡位，稍加大油门的同时，慢慢放松离合器踏板，若汽车前后抖动，则表明这是离合器抖动的故障。

②确认离合器抖动故障后，检查发动机支架、变速器与飞轮壳的紧固螺栓、离合器壳的固定螺栓等处是否有松动，排除接合不稳的现象是由它们引起的。

③晃动操纵杆系，看有无拉索发卡等现象；若有，须调整、润滑或更换。

④卸下离合器底盖，检查从动盘减振器弹簧是否失效，膜片弹簧（或分离杠杆）内端是否高低不一，若高度差超过 0.20 mm，应进行调整。

⑤若上述调试无效，应拆下离合器，检查压盘是否偏磨或变形，摩擦片铆钉是否松动，分离轴承套筒是否发卡，回位弹簧是否失效，分离叉轴两端支承是否磨损等。

离合器接合不稳常见故障检测与分析流程，如图 9 - 12 所示。

4. 离合器异响

（1）故障现象。

离合器接合时，或踩下离合器踏板少许时，或完全踩下时，离合器发出不正常的响声。

（2）故障原因。

造成异响的根本原因在于离合器的部分零件严重磨损，以及主、从动部件传力部位松旷，离合器接合或分离的瞬间，由于惯性冲击的作用，造成不正常摩擦或撞击而产生异常响声。具体原因主要有：

①分离轴承缺油或损坏，应进行润滑或更换。

②分离轴承与膜片弹簧（或分离杠杆）内端之间无间隙，应进行调整。

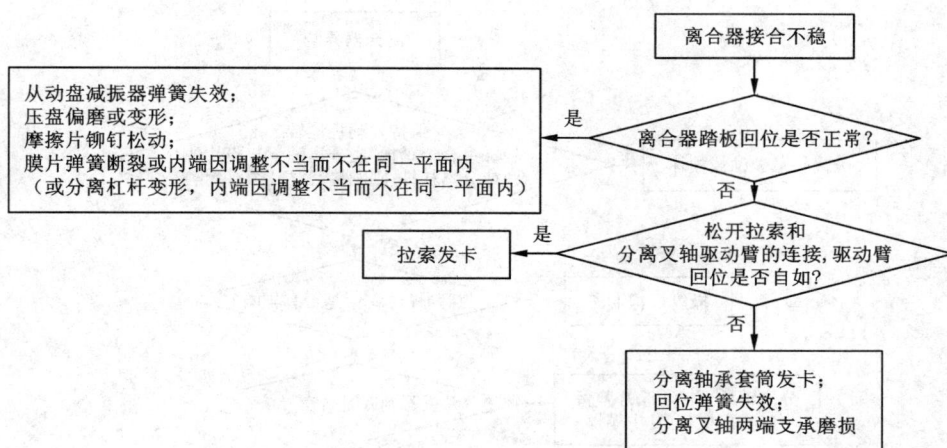

图9－12　离合器接合不稳常见故障检测与分析流程

③分离轴承回位弹簧折断，应进行更换。

④摩擦片铆钉外露，应进行修理。

⑤膜片弹簧破碎，应进行更换。

⑥踏板自由行程过小，应进行调整。

⑦从动盘减振器弹簧折断等。

（3）故障检测与分析。

①检查离合器踏板有无回程，用脚勾一下踏板，如果响声消失，则踏板有回程，只是踏板回位弹簧弹力不足或折断脱落；检查弹簧弹力，若不足进行更换。

②如果踏板回位正常，则检查离合器的自由行程。如果自由行程不符合要求，应进行调整；若自由行程正常，当发动机转速有变化时，存在间歇性的撞击声和摩擦声，说明离合器分离轴承回位弹簧弹力不足，须更换弹簧。

③慢慢地踩离合器踏板到分离杠杆与分离轴承刚好接触，若出现"沙沙"声，则说明分离轴承有问题。继续踩下加速踏板少许，如果响声有所增大，则应拆下离合器底盖，看是否有火星射出，如果有火星射出，则说明是分离轴承滚珠破碎了；没有火星，说明轴承磨损过量。此时，应考虑更换轴承。

④踩下离合器踏板没有异响出现，当踩到底时，发出了"喀啦、喀啦"的声响，随着转速升高响声变大。这时可能是变速器里面太脏了，可以进行清洗。清洗后，加入新的齿轮油，如果在放出的清洗油中，混有齿轮或轴承损坏的较大颗粒金属屑，说明变速器内部可能撞击损坏，应对变速器进行解体检查，并排除故障。

⑤启动发动机，让其怠速运转；踩下踏板少许，使分离轴承与膜片弹簧（或分离杠杆）刚刚接触。如果有"沙沙"的响声，说明是分离轴承。将踏板踩到底，如果有响声，是由于分离轴承不转而与膜片弹簧（或分离杠杆）发生摩擦。

离合器异响常见故障检测与分析流程，如图9－13所示。

```
                                        ┌─────────────┐
                                        │  离合器异响  │
                                        └──────┬──────┘
                                               │
                              ┌────────────────▼────────────────┐
                    是        │  保持发动机运转,                  │
┌──────────────────┐◄────────│  轻踩离合器踏板,当分离轴承与膜片弹 │
│  分离轴承缺油或损坏 │         │  簧(或分离杠杆)刚刚接触时是否有异响? │
└──────────────────┘         └────────────────┬────────────────┘
                                          否   │
                                               │
                    是        ┌────────────────▼────────────────┐
┌──────────────────┐◄────────│    踩踏板过程中是否有异响?         │
│   操纵机构卡滞     │         └────────────────┬────────────────┘
└──────────────────┘                      否   │
                                               │
┌──────────────────┐  是     ┌────────────────▼────────────────┐
│ 分离轴承不转与膜片弹簧 │◄────│     踏板踩到底是否有异响?          │
│ (或分离杠杆)发生摩擦  │      └────────────────┬────────────────┘
└──────────────────┘                      否   │
                                               │
                    ┌──────────────────────────▼──────────────────────────┐
                    │ 从动盘铆钉头露出;                                      │
                    │ 分离轴承与膜片弹簧(或分离杠杆)间无间隙或间隙太小;        │
                    │ 分离轴承回位不良;                                      │
                    │ 从动盘减振缓冲簧折断;                                  │
                    │ 从动盘中间花键的配合间隙过大                            │
                    └──────────────────────────────────────────────────────┘
```

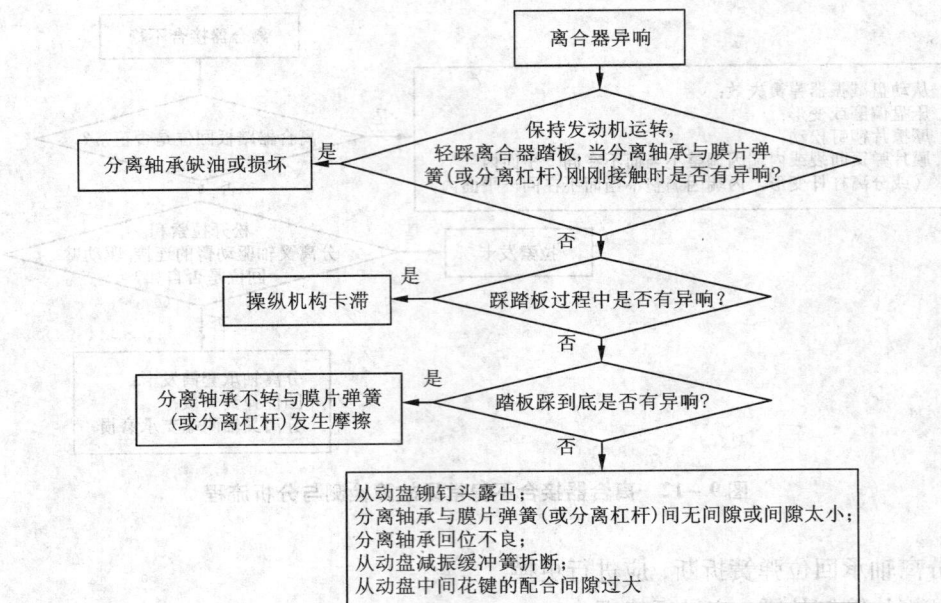

图 9 – 13　离合器异响常见故障检测与分析流程

实训十　汽车自动变速器检测与故障分析

一、实训教学组织

（1）集中讲解实训内容、注意事项及操作步骤。

（2）根据实训内容、要求进行分组。

（3）在教师指导下，各组学生自己独立操作，并对测试数据进行记录。

（4）教师总结实训情况。

二、实训目的

通过本次实训，使学生进一步加深对本专业所学"汽车构造""汽车维修与诊断""汽车测试技术"课程理论知识的理解，增强感性认识，认识了解汽车自动变速器常见故障及基本的检测调试方法，提高分析、解决汽车自动变速器故障的能力。

三、实训要求

（1）遵守实训规程，注意人身、设备及仪器安全。

（2）掌握自动变速器的组成结构和工作原理。

（3）能分析自动变速器故障产生的原因，掌握相关故障的诊断检测方法。

（4）按时完成实训报告。

四、实训仪器、设备

（1）自动变速器，1台。

（2）自动变速器测试液压表，1个。

（3）实训车（自动挡），1辆。

（4）自动变速器实训台，1台。

（5）拆装工具，1套。

五、注意事项

（1）注意安全操作，严格按照操作规程操作。

（2）分解自动变速器时不能用铁锤直接敲打，必须采用木棒或铜棒。

（3）注意各类配件的装配位置，装前要清洁干净、润滑。

六、自动变速器性能检测方法

自动变速器由液力变矩器、齿轮变速器、液压控制装置与电子控制装置等组成。其中，液力变矩器有传递转矩、改变转矩以及自动离合的作用；齿轮变速器具有改变传动比和传动方向的作用；液压控制装置能够根据电子控制装置的指令完成对液力变矩器和齿轮变速器的液压控制，实现挡位的转换；电子控制装置根据汽车运行的各项参数，完成自动变速器的挡位控制、锁止控制、油压调节等，它是整个控制系统的核心。

自动变速器的电子控制装置由传感器与开关信号、执行元件和控制单元 ECU 组成。传感器与开关信号主要有节气门位置传感器、发动机转速传感器、涡轮转速传感器、车速传感器、发动机冷却液温度传感器、ATF 液压油温度传感器、P/N 开关、模式开关、保持开关、O/D挡开关、强制降挡开关、压力开关、制动开关、空调开关等；执行元件主要有换挡电磁阀（A、B）、变矩器锁止电磁阀 TOC、油压调节电磁阀 PWM、故障指示灯、挡位指示灯等，如图 10-1 所示。

由于自动变速器是机械、电子、液压的高度集成，在进行故障诊断时不能单独只对电子控制装置进行诊断，会涉及自动变速器的机械、液压和电子等各部分。

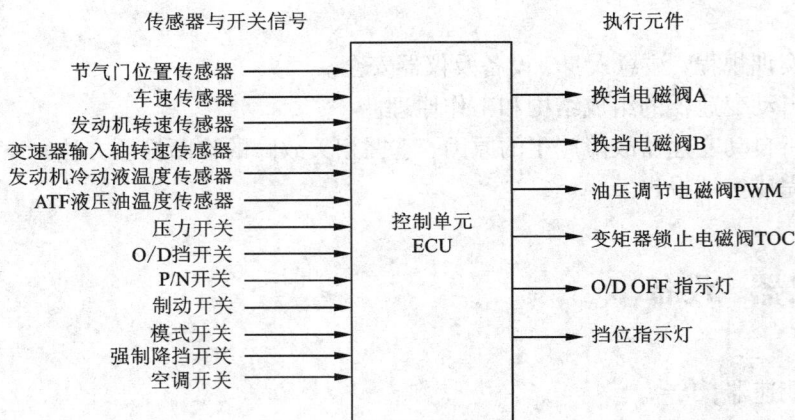

图 10-1　自动变速器电子控制系统的组成示意图

1. 液力变矩器的检测

液力变矩器的外壳是一个整体，不可分解，内部充满了液压油，泵轮、涡轮与导轮之间有一定的间隙，互不接触，因此出现故障的可能性很小。但自从在液力变矩器内安装了锁止离合器以后，其故障率明显增高，故障主要表现为锁止离合器的扭转缓冲器弹簧、锁止离合器片磨损，涡轮的花键孔磨损，平面轴承损坏，导轮的单向离合器损坏等。因损坏后无法修理，所以一般做以下检测，一旦检测出故障，必须更换。

（1）采用专用工具（内座圈驱动器和外座圈固定器）检测导轮单向离合器的工作情况，如图 10 –2 所示。如果单向离合器朝两个方向都能自由转动或都能锁止，则说明单向离合器已损坏，需要更换液力变矩器。

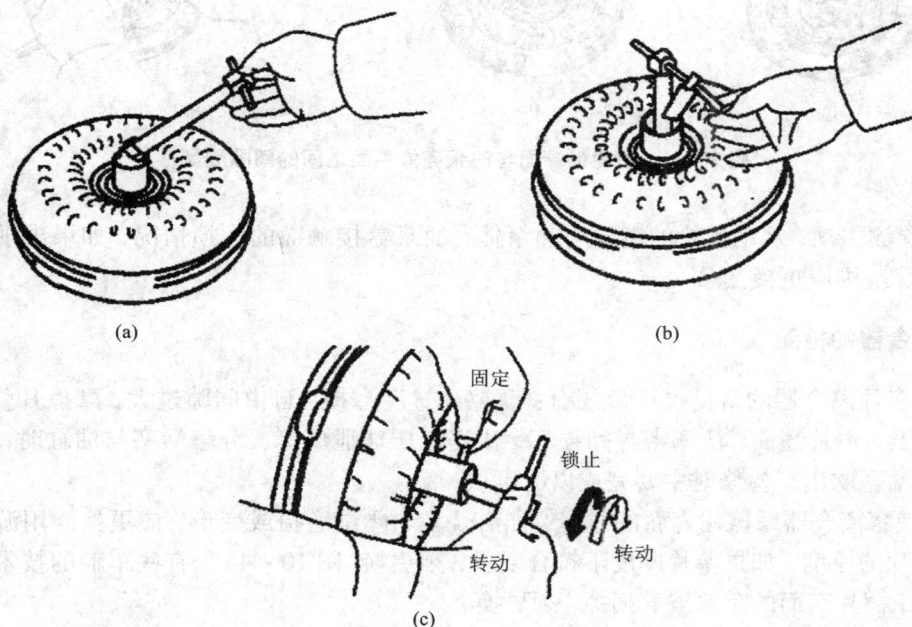

图 10 – 2　导轮单向离合器的检查

（2）将液力变矩器口朝上放平，用涡轮的输出轴检测涡轮孔的花键是否磨损打滑，如果是，则须更换液力变矩器。

（3）在做上述检测的同时，通过输出轴转动涡轮和锁止离合器片，注意在转动中是否有异样摩擦的感觉，如果有，则说明内部有元件相互接触，需要更换液力变矩器。

（4）根据液力变矩器中残余油的品质，倒出余油，加入新油，一至两次就可将液力变矩器清洗干净。

2. 油泵的检测

油泵的主要损坏形式是过度磨损造成泵油压力过低，或密封圈过度磨损造成严重泄压。检修时，主要是表面质量与磨损间隙的检测。

（1）用厚薄规检测油泵从动齿轮外圆与油泵壳体之间的间隙，一般间隙应小于 0.3 mm。如果超出，则须更换油泵。

（2）用厚薄规检测主动齿轮及从动齿轮的齿顶与月牙板之间的间隙，一般间隙应小于 0.3 mm。如果超出，则须更换油泵。

（3）用厚薄规检测主动、从动齿轮的端面与油泵壳体平面之间的间隙（图 10 - 3），一般间隙应小于 0.1 mm，如果超出，会造成严重的泄压，须更换油泵。

(a)　　　　　　　　(b)　　　　　　　　(c)

图 10 - 3　齿轮的端面与油泵壳体平面之间的间隙测量

（4）检测主动、从动齿轮的端面与油泵体、油泵盖接触面的磨损情况，如果出现较严重的拉毛迹象，则应更换油泵。

3. 离合器的检测

湿式多片离合器的常见损坏形式有：摩擦片过度磨损，自由间隙过大，摩擦片烧毁，钢片高温发蓝，钢片翘曲，活塞密封圈损坏，快速泄压球泄压等。分解活塞与油缸时，可用压缩空气将活塞吹出。检修时主要完成以下事项：

（1）观察离合器摩擦片表面的质量，如有烧焦、严重磨损或变形，应更换。用游标卡尺检查摩擦片的厚度，如果单片厚度不符合要求，须更换（图 10 - 4）。有些车辆的技术规范要求：如果摩擦片表面的字符被磨损掉，须更换。

（2）在平板上检查钢片和挡圈的平面度，如有严重磨损或变形，应更换。

（3）检查离合器油缸与活塞的工作表面，如有损伤、毛刺，应检修或更换。

（4）检查离合器活塞上快速泄压球的密封是否良好，如有漏气，须更换（图 10 - 5）。

装配时，要注意以下事项：

（1）更换所有的密封圈，并在所有的零件上涂抹 ATF 油。

（2）将新的摩擦片在 ATF 油中浸泡 15 min 以上。

（3）让挡圈有台阶的一面朝卡簧，平整的一面与摩擦片接触。

（4）如果有碟簧，使碟簧凸起的一面与活塞直接接触。

（5）装配时，选用不同厚度的钢片或挡圈来调整离合器的自由间隙，并用厚薄规测量，根据各离合器中钢片与摩擦片总数的不同，自由间隙的范围一般为 0.5 ~ 2 mm，如图 10 - 6 所示。

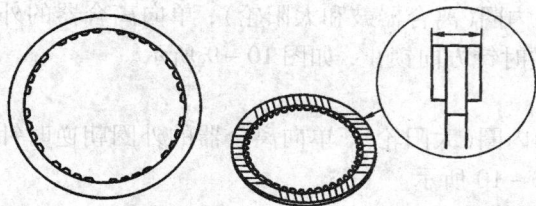

图 10 - 4　摩擦片检查

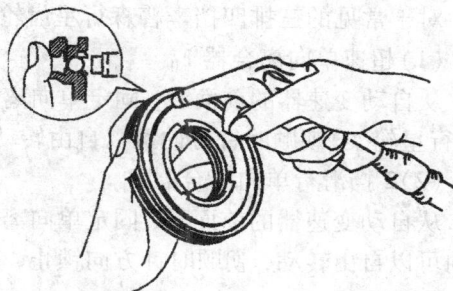

图 10 - 5　活塞快速泄压球密封性检查

（6）离合器总成装配完后，用压缩空气（为 400～500 kPa）检测活塞工作是否正常。如果活塞不能将钢片与摩擦片压紧，则须进一步检查活塞的漏气部位，调整离合器的自由间隙，待修复后再试验，如图 10 - 7 所示。

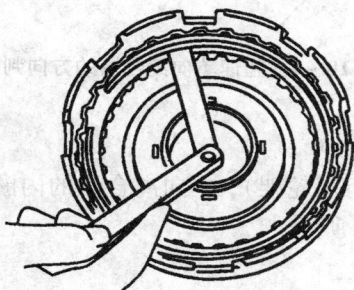

图 10 - 6　自由间隙的检查

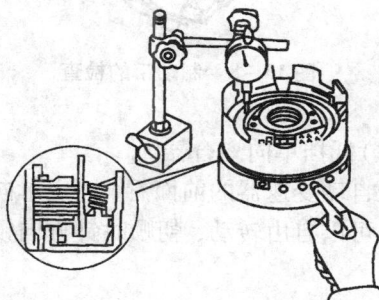

图 10 - 7　活塞的压缩空气试验

4. 制动器的检测

对于湿式多片式制动器，因其结构和工作原理与湿式多片式离合器一样，检查和处理的方法可参见离合器的检测方法，这里只介绍带式制动器的检修方法。

（1）制动带的检查。

制动带的工作表面应没有烧损与剥落，且表面字符应没有被磨损掉，否则应更换，如图 10 - 8 所示。

（2）液压伺服系统的检查。

伺服活塞与油缸的工作表面应没有划痕，密封圈应完好无损，回位弹簧应完好，用 400～500 kPa 的压缩空气做加压试验。加压时，活塞顶杆应有足够的移动距离，且没有泄漏声；减压时，活塞回位自如，否则应视情检修或更换。

5. 单向离合器的检测

检查单向离合器时，固定单向离合器的一个元件，另一个元件如果可以朝一个方向自由旋转，而朝另一个方向锁止不转，表明该单向离合器正常。

对于常见的三排四挡辛普森行星齿轮变速器，三个单向离合器的装配方向如下：

（1）超速单向离合器 F_0。

从自动变速器的前面看，固定单向离合器的内圈（离合器鼓和太阳轮），单向离合器的外圈（行星轮架）朝顺时针方向可以自由转动，朝逆时针方向锁止，如图 10 - 9 所示。

（2）2 挡滑行单向离合器 F_1。

从自动变速器的前面看，固定单向离合器的内圈（太阳轮），单向离合器的外圈朝逆时针方向可以自由转动，朝顺时针方向锁止，如图 10 - 10 所示。

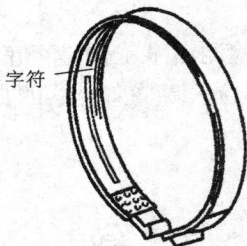

图 10 - 8　制动带的检查

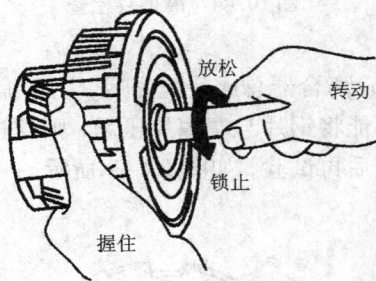

图 10 - 9　超速单向离合器的方向判断

（3）低挡单向离合器 F_2

从自动变速器的前面看，固定单向离合器的外圈（行星轮架），单向离合器的内圈朝逆时针方向可以自由转动，朝顺时针方向锁止，如图 10 - 11 所示。

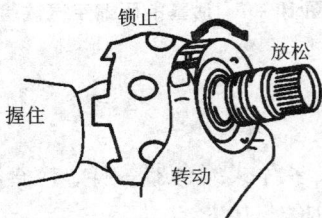

图 10 - 10　2 挡滑行单向离合器的方向判断

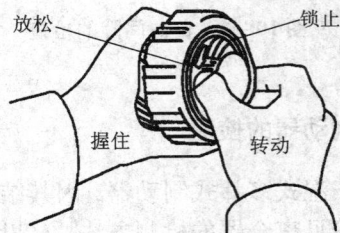

图 10 - 11　低挡单向离合器的方向判断

有些单向离合器，轻轻转动时锁止不转，但用力转动时，则会打滑，检查时要特别注意。经检查后发现单向离合器朝两个方向都能转动或朝两个方向都不转，则表明该元件已损坏，须更换。

6. 行星齿轮机构的检测

（1）行星齿轮机构中各齿轮应没有严重的磨损，且齿面质量应良好，没有点蚀和剥落现象，否则应该更换齿轮。

（2）行星齿轮端面与行星架之间的间隙应没有超过最大允许值，否则可以通过加垫片的方法进行调整,如图 10-12 所示。

(3)行星齿轮与行星齿轮轴之间的径向间隙应没有超过最大允许值,如果间隙过大,则应调整或更换。

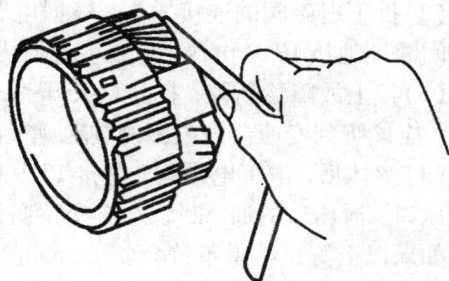

7. 液压控制阀板的检测

液压控制阀板中的各个阀都是精密偶件,它的工作好坏直接影响到变速器的使用性能,如果没有专业技术,千万不要将阀解体。并非每次检修自动变速器都要将阀解体,只有在自动变速器换挡规律失常,摩擦片严重烧毁,液

图 10-12　行星齿轮与行星架间隙的检查

压油发黑,阀板内发现有摩擦粉屑时,才需拆检、清洗阀体。清洗时一般采用煤油或工业汽油,在具体操作时,要求非常小心谨慎,并要注意以下几点:

(1)将上、下阀板分开时,为了防止阀板油道内的单向阀阀球脱落,应将隔板与上阀板一同拿起,如图 10-13 所示。同时将上阀板油道一面朝上放置后,再取下隔板和上阀板油道内的所有单向阀阀球,同时记录下阀球的大小和位置,以防止装配时装错。

(2)拆卸、清洗各阀体时,要求仔细检查各个阀的工作面是否光洁,必要时可以用细砂纸轻轻打磨,拆洗完一个,就装配一个,以免各个阀体之间的元件混淆。要注意阀的方向,一旦装反,将影响整个液压系统的正常工作。

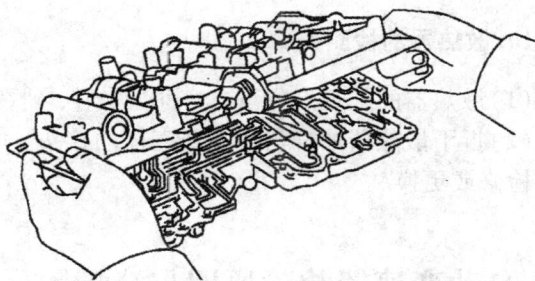

(3)如果遇到液压阀拆不出来,可用木槌或橡皮锤敲击阀板,将阀振出来,切不可用起子硬撬或用铁丝、钳子伸入阀孔中去取,以免损坏阀孔内径和阀的工作面。

图 10-13　上、下阀板的分离

(4)用煤油或工业汽油清洗后,可用压缩空气吹干,不允许用棉布或毛巾擦拭,以免细小的纤维卡住阀体。装配时要抹上 ATF 油,严禁使用密封胶。装配完后,用小起子轻轻拨阀体的端面(非工作面),阀体应能在阀孔中活动自如,否则应重新清洗或打磨。

(5)更换新的隔板衬垫时,要将新旧衬垫进行仔细地比较,确认无误后方可使用;装配时还要保证将隔板与其两侧衬垫的所有孔的对齐,并要注意单向阀阀球不能脱落和装错位置。

(6)蓄压器活塞的密封圈应良好,弹簧没有折断,否则应更换。

(7)用螺栓固定阀板时,要按规范进行,注意螺栓的长度、拧紧的扭矩、装配的顺序等。

8. 电磁阀的检测

(1)拆下电磁阀的连接插头,用万用表的电阻挡测量电磁阀的电阻,测量结果应该在标准值范围内。一般开关型电磁阀的电阻为十几欧,脉宽调制型电磁阀的电阻约为几欧。注意：对于单线的电磁阀，其引线是电源线，负极则通过电磁阀壳体与变速器壳体搭铁；对于双线的电磁阀，两个引线分别是电源线与搭铁线。

（2）拆下电磁阀的连接插头，根据电路图注明的颜色找到对应各电磁阀的连接线，给电磁阀间断性地接12 V电压，应在变速器内听到"嗒、嗒"声。

（3）接上故障诊断仪，打开点火开关，用故障诊断仪的元件执行功能测试电磁阀的工作情况，应该听到变速器内电磁阀"嗒、嗒"的动作声。

（4）解体后，取下电磁阀，外接12 V电源的正负极，间断性地供电，同时用嘴吹电磁阀的泄压口，泄压口的通、断状态应交替变化。

如果以上测试结果不符合要求，则应视情况进行检修、清洗或更换。

9. P/N 开关的检测

（1）拆下P/N开关的连接插头，改变换挡控制手柄的位置，在不同手柄位置时，测量连接插头上不同插脚间的电阻值，阻值应符合标准要求（一般小于1 Ω）。

（2）打开点火开关，在不同手柄位置时，测量连接插头上各插脚的电压值，应符合标准。

（3）接上故障诊断仪，打开点火开关，改变换挡控制手柄的位置，利用故障诊断仪的数据流功能读P/N开关的状态值。状态值应与手柄所处挡位的符号一致。

如果以上测试结果不符合要求，则应视情况进行检修、清洗、调整或更换P/N开关。

10. 散热器的检测

（1）散热器的外观上应没有弯曲、变形、破裂等损坏，否则应检修或更换。

（2）拆下散热器油管与变速器壳体的接头，向散热器内吹压缩空气，散热器应通畅，否则应检修或更换。

七、自动变速器故障原因与分析

自动变速器的常见故障可分为不能换挡、换挡冲击、变速器打滑、换挡过迟、不能锁止、无超速挡、频繁跳挡、无前进挡、无倒挡、挂挡后发动机熄火、起步加速无力、变速器温度过高等。

故障常发部位为ATF油滤清器、油泵、液压阀、蓄压器、密封圈、离合器、制动器、单向离合器、换挡电磁阀、变矩器锁止电磁阀、油压调节电磁阀、节气门位置传感器、O/D挡开关、液力变矩器、ATF散热器管路、挡位开关等。

1. 变速器不能换挡

（1）故障现象。

汽车行驶中自动变速器始终只能以某个挡位行驶，无论多大的节气门开度，无论发动机有多高的转速，变速器始终不换挡。

（2）故障原因。

对于电液控制型自动变速器，挡位的变换由电子控制装置决定，利用液压控制装置来操作齿轮变速器而获得，引起变速器不能换挡的故障部位可能是电子控制装置中的传感器、ECU、执行器、液压控制装置等。处理的方法一般是检修电路，更换电子元件，清洗液压控制装置，更换阀板等。

（3）故障检测与分析。

变速器不能换挡故障检测与分析流程，如图 10 - 14 所示。

如果 ATF 油发黑，则说明有执行元件烧毁，造成汽车不能行驶，必须解体大修。

如果 ECU 中有故障代码，则变速器电子控制系统可能会锁挡，即只产生一个挡位。

如果油压过低，且外部调整已没有意义，则必须解体检修油泵、液压装置等。

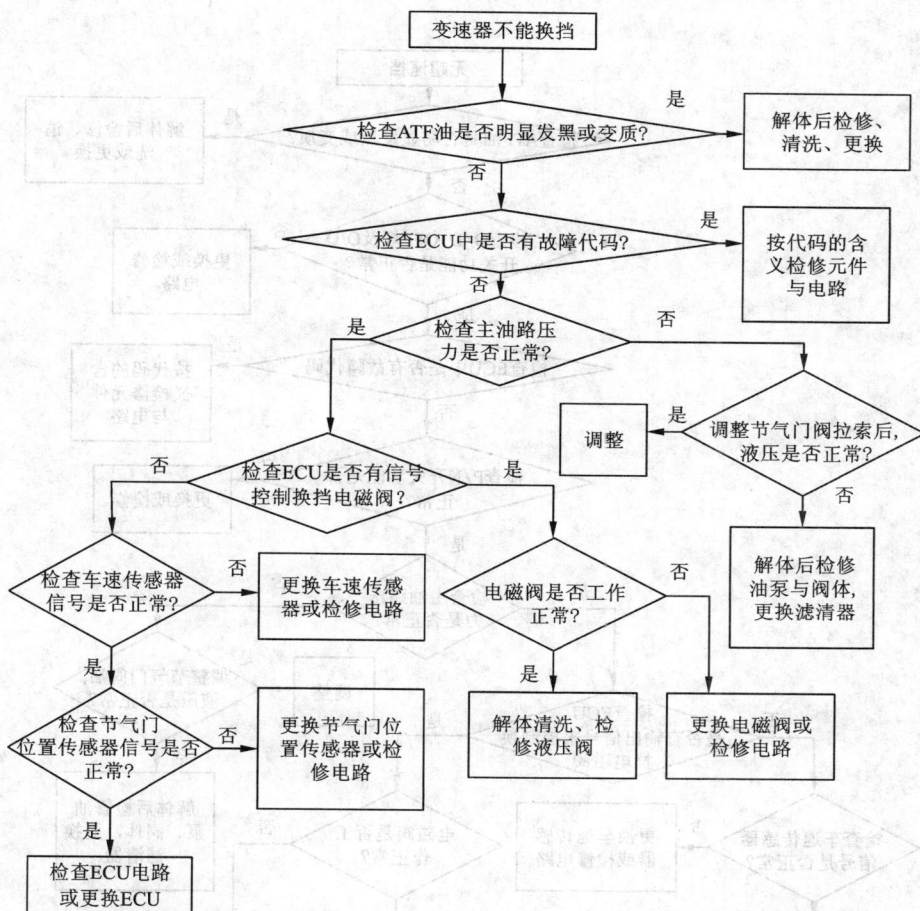

图 10 - 14 变速器不能换挡故障检测与分析流程图

2. 无超速挡

（1）故障现象。

在汽车行驶中，车速已升至超速挡范围，但自动变速器仍不能从 3 挡换入超速挡；在车速已达到超速挡范围后，采用提前升挡（即松开加速踏板几秒钟再踏下）的方法也不能使自动变速器升入超速挡。

（2）故障原因。

无超速挡常常由于 O/D 挡开关的功能失效，或 O/D 挡开关的 OFF 指示灯的灯丝断路，或灯与灯座间接触不良，使 ECU 不能收到有效的信号，而限制超速挡的使用。也可能出现下列情况而造成无超速挡的现象，如传感器故障、P/N 开关故障、液压控制装置故障、换挡执行元件损坏等。处理的方法一般是先外围检查 O/D 挡开关的 OFF 指示灯、传感器、电磁阀和 P/N 开关的功能，然后再拆下阀体进行清洗、调整或更换。

（3）故障检测与分析。

无超速挡故障检测与分析流程，如图 10 - 15 所示。

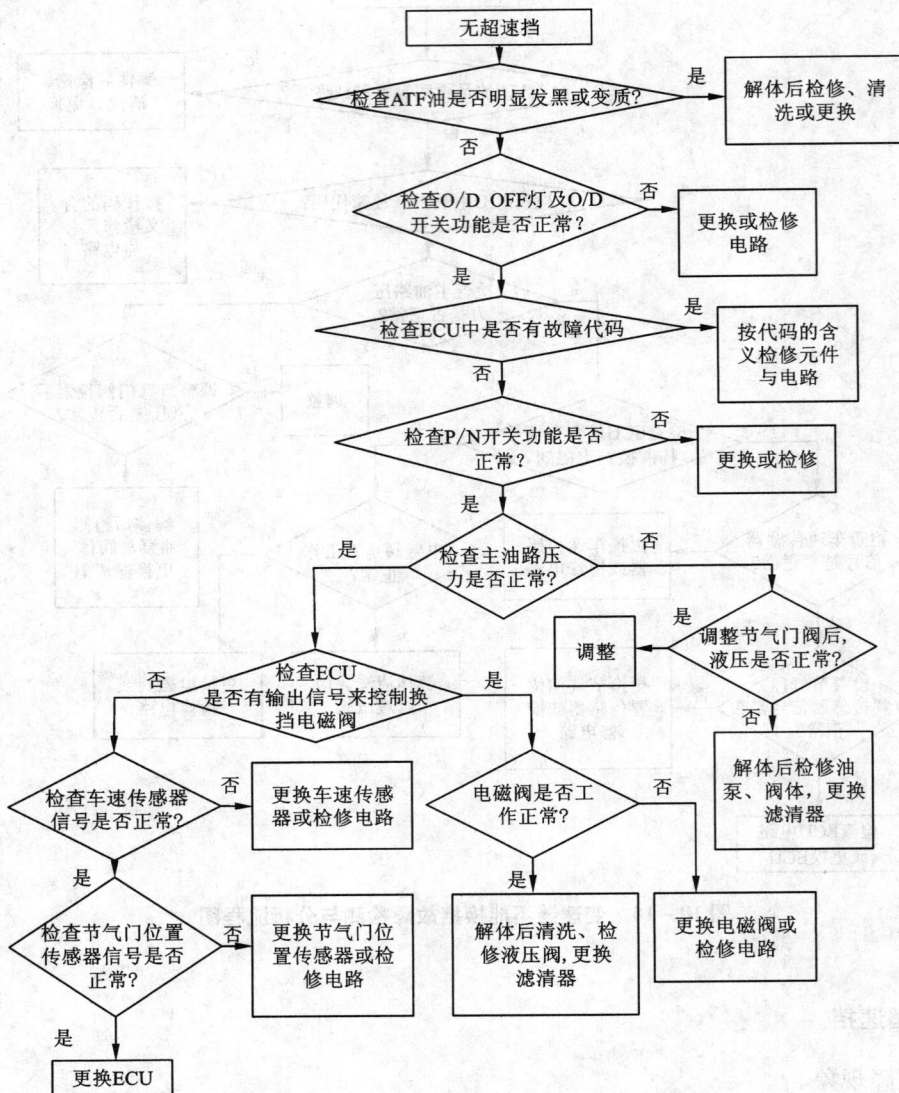

图 10 - 15　无超速挡故障检测与分析流程图

3. 变速器无锁止

（1）故障现象。

在汽车行驶中，车速、挡位已满足锁止离合器进入锁止状态的条件，但迅速踩大油门踏板时，发动机转速先升高，然后车速才上升，说明液力变矩器始终处于液力传递状态，且汽车油耗较大，经济性下降。

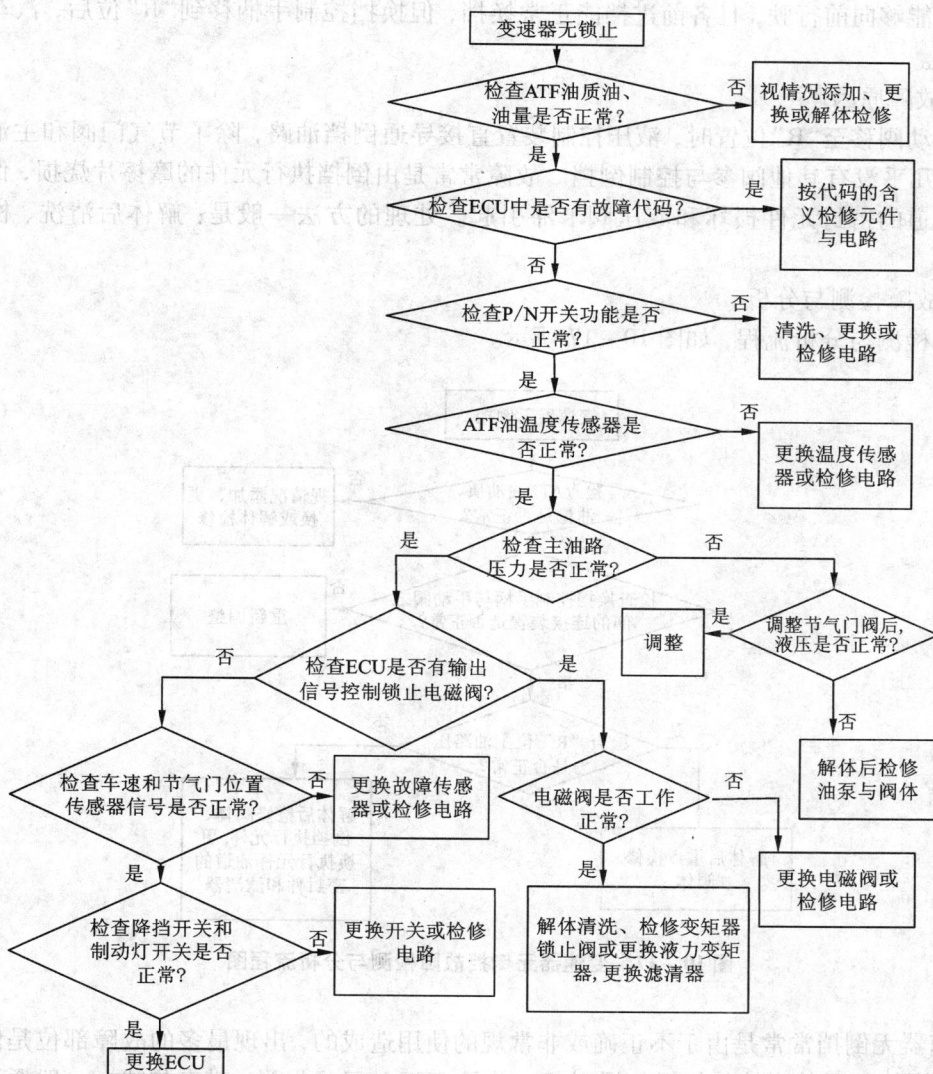

图 10-16　变速器无锁止故障检测与分析流程图

（2）故障原因。

锁止离合器的工作由 ECU 控制，当条件满足后，ECU 控制锁止电磁阀，再利用液压控制装置中的变矩器锁止阀转换成液压信号，通过改变进入液力变矩器的液压油的流动方向，让锁止离合器片背压消失后进入锁止状态，使泵轮与涡轮结合为一体。故障常常出现在控制开关、传感器、电路、锁止电磁阀、液压控制装置、液力变矩器等。

（3）故障检测与分析。

变速器无倒挡故障检测与分析流程，如图 10 - 16 所示。

4. 变速器无倒挡

（1）故障现象。

汽车能够向前行驶，且各前进挡能正常换挡，但换挡控制手柄移到"R"位后，汽车不能向后行驶。

（2）故障原因。

当手动阀移至"R"位置时，液压控制装置直接导通倒挡油路，除了节气门阀和主油路调压阀外，几乎没有其他阀参与控制倒挡。故障常常是由倒挡执行元件的摩擦片烧损，倒挡执行元件油道的密封元件损坏和液压阀卡滞引起。处理的方法一般是：解体后清洗、检修或更换。

（3）故障检测与分析。

故障检测与分析流程，如图 10 - 17 所示。

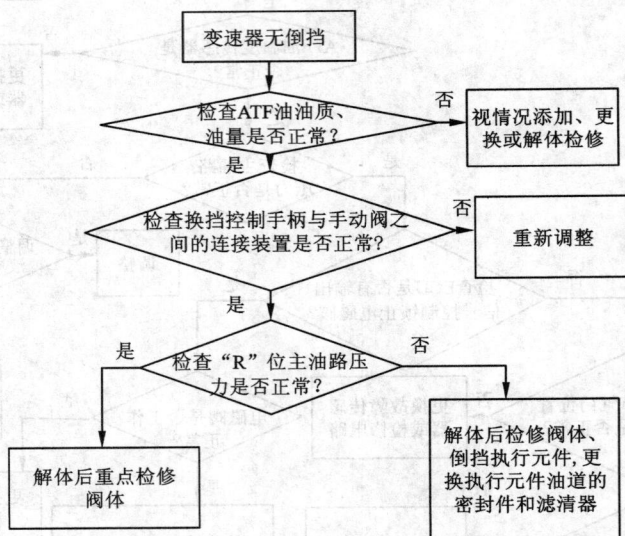

图 10 - 17　变速器无倒挡故障检测与分析流程图

变速器无倒挡常常是由于不正确或非常规的使用造成的，出现最多的故障部位是倒挡执行元件，因执行元件摩擦片烧毁打滑引起。并且 ATF 油已经发黑，带有焦味。一般通过外围的途径无法解决。

5. 变速器换挡过迟

（1）故障现象。

在汽车行驶中，升挡时车速明显高于标准值，升挡前发动机转速偏高；必须采用松加速踏板，使用提前升挡的方式，才能使自动变速器升入高挡或超速挡。降挡时车速明显降低，并有较强的冲击感。

（2）故障原因。

对于电液控制型自动变速器，挡位的变化时刻由 ECU 根据车辆运行的参数决定，而与液压控制装置无关。这些参数是：节气门位置传感器、车速传感器、空挡启动开关（P/N 开关）、模式选择开关、ATF 油温度传感器。如果以上传感器或开关失灵，将会影响换挡的时刻。处理的方法一般是检查外围电路，更换电子元件等。

（3）故障检测与分析。

变速器换挡过迟故障检测与分析流程，如图 10 – 18 所示。

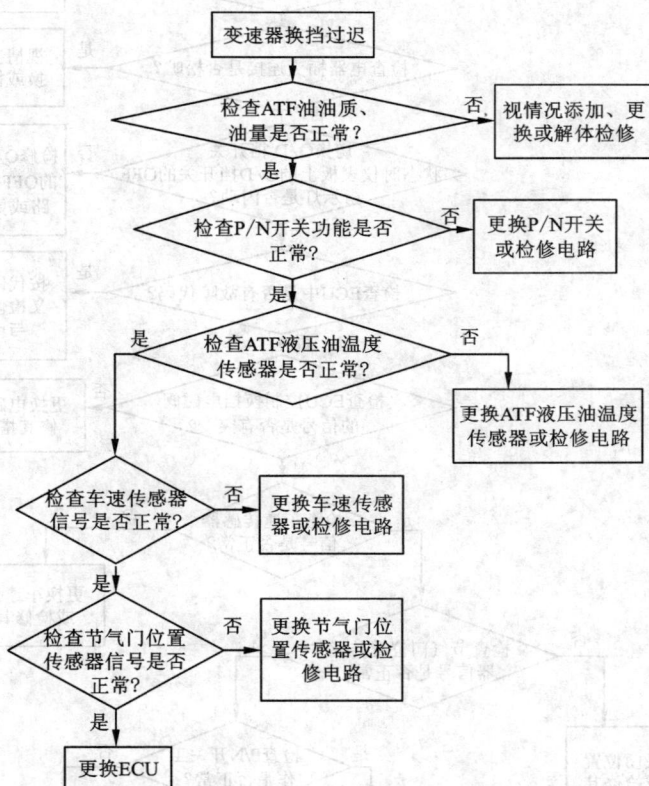

图 10 – 18　变速器换挡过迟故障检测与分析流程图

6. 变速器频繁跳挡

（1）故障现象。

在汽车行驶中，即使加速踏板保持不动，自动变速器仍然会突然降挡，降挡后发动机转速异常升高，同时产生换挡冲击。然后，变速器又会突然升挡，发动机转速下降，同样产生换挡冲击。

（2）故障原因。

变速器的挡位由 ECU 根据传感器的信号控制换挡电磁阀而获得。如果换挡电磁阀的状态频繁发生变化，将造成挡位的频繁变动。引起电磁阀状态频繁变化的原因有：节气门位置传感器电路故障、车速传感器电路故障、控制系统电路搭铁不良、换挡电磁阀接触不良和 ECU 故障等。处理的方法一般是对电路部分进行检修或更换。

（3）故障检测与分析。

变速器频繁跳挡故障检测与分析流程，如图 10 - 19 所示。

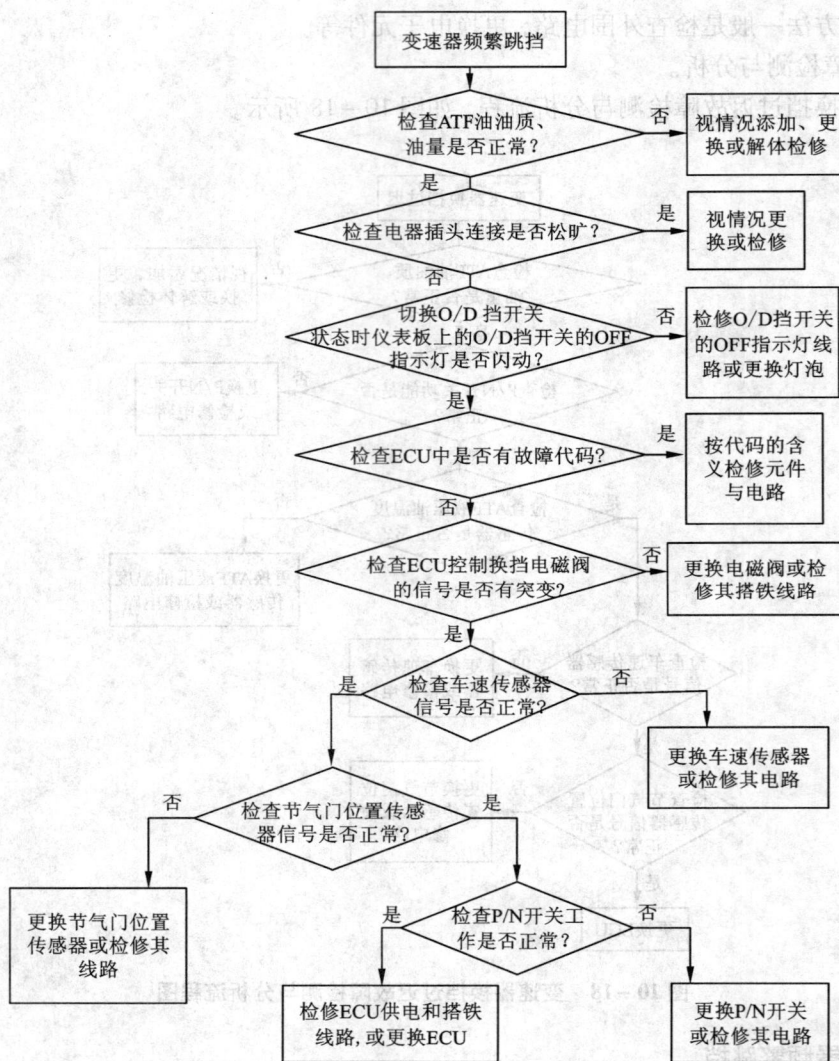

图 10 - 19　变速器频繁跳挡故障检测与分析流程图

7. 变速器换挡冲击

（1）故障现象。

汽车在行驶中能够在各个换挡点正确换挡，但换挡时车辆有强烈地振动和冲击。有的车辆发生在升挡中，有的发生在降挡中，不换挡时车辆行驶一切正常。

（2）故障原因。

引起换挡冲击的最根本原因是两个挡位之间的换挡执行元件的变化状态的时间差与标准不符。如果时间差过大，则变速器处于空挡状态的时间过长，使发动机升速过高而冲击；如果时间差过小，则变速器将会因为同时挂两个挡位而出现运动干涉，同样会产生冲击。影响时间差的因素有 ATF 油、主油路的压力、蓄压器的性能、单向节流阀的性能、换挡执行元件的间隙、执行元件油路的密封性能等。处理的方法一般是先检查或调整油压，进而解体检修液压装置。

（3）故障检测与分析。

变速器换挡冲击故障检测与分析流程，如图 10 – 20 所示。

变速器换挡冲击现代自动变速器中常见的故障，尤其是采用复式行星齿轮机构的变速器，因其采用较少的单向离合器，换挡品质在很大程度上受液压控制装置性能的影响。如果使用时间较长，随着 ATF 油的性能变化，液压控制装置也发生磨损，换挡执行元件升压和泄压的速度就会发生变化，使得换挡元件的接合和分离的速度也随之变化，从而造成换挡冲击。修理时要特别小心。对于油道的密封件要求为全部更换，并装配正确，确保阀的灵活性又不至于间隙过大；同时要求使用指定的 ATF 油，以防止因 ATF 油的黏温性不够而造成换挡冲击。

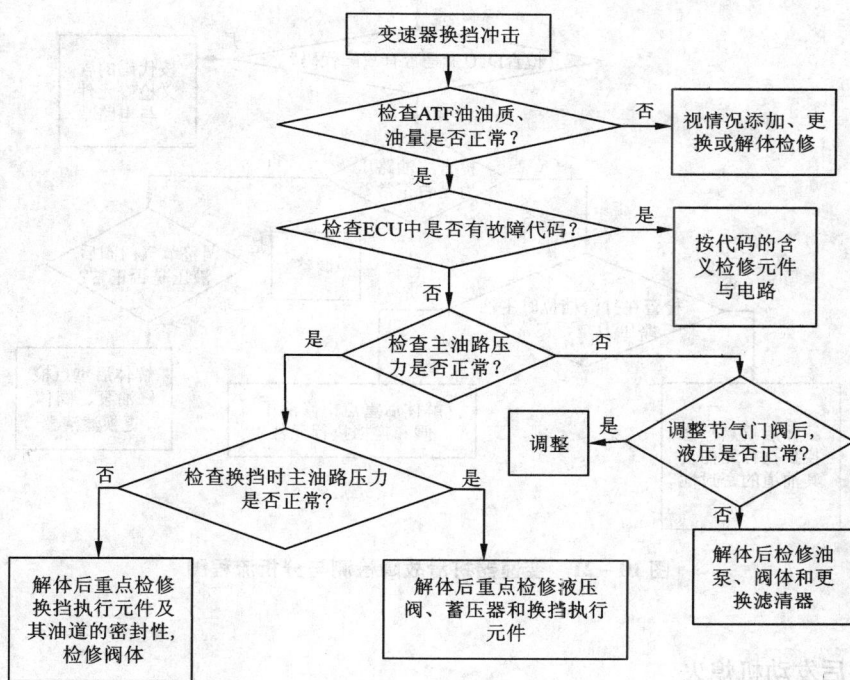

图 10 – 20　变速器换挡冲击故障检测与分析流程图

8. 变速器打滑

（1）故障现象。

汽车在行驶中能够正常换挡，但在某个挡位中加速无力；加速时，发动机转速明显上升，而车速升高缓慢。

（2）故障原因。

变速器打滑一般是由换挡执行元件的摩擦片与钢片之间出现打滑所致。引起打滑的原因有滤清器堵塞，液压过低，密封件泄漏，冲击负荷过大等，有时还伴随着 ATF 油颜色变深或发黑的现象。处理的方法一般是解体大修。

（3）故障检测与分析。

变速器打滑故障检测与分析流程，如图 10－21 所示。

出现变速器打滑，多数情况将会使换挡执行元件的摩擦片高温烧毁或部分烧焦，钢片高温发蓝或变形，ATF 油高温变质或发黑；有时高温还会造成齿轮系统发蓝和液压阀总成变形，所以修理时一般按大修处理，更换换挡执行元件的摩擦片与钢片，更换密封件，清洗阀体和油道，更换滤清器等。

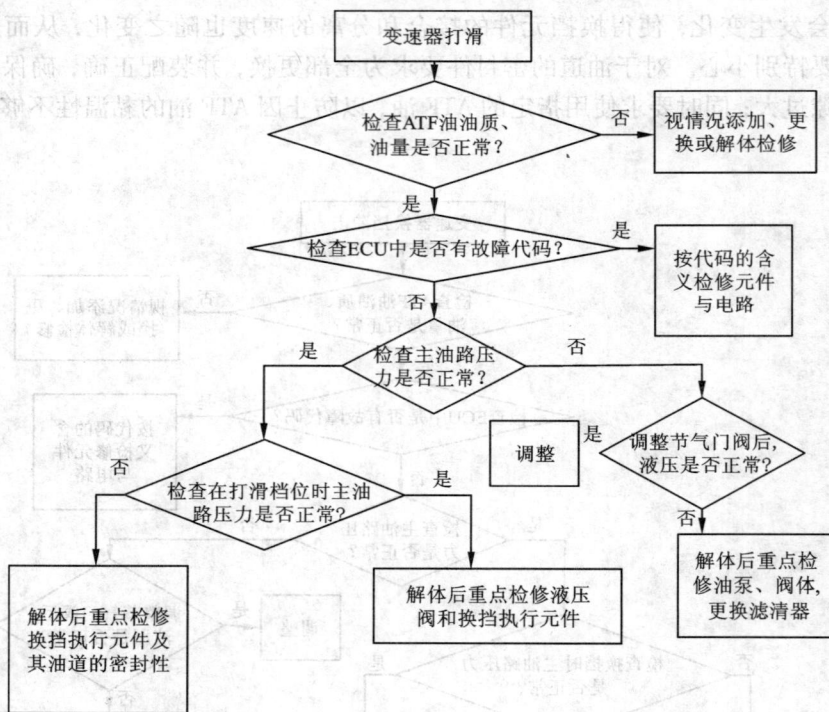

图 10－21　变速器打滑故障检测与分析流程图

9. 挂挡后发动机熄火

（1）故障现象。

换挡控制手柄从"P"或"N"移到"R"或"D"挡位后发动机无怠速、易熄火；有时加油后发动机不熄火，但有冲击和车身发抖的现象。

（2）故障原因。

该故障一般是由于液力变矩器的锁止离合器在挂挡后进入锁止状态或半锁止状态所致。

引起离合器锁止的原因有控制电路故障、液压控制装置、油道的密封故障等。

（3）故障检测与分析。

挂挡后发动机熄火故障检测与分析流程，如图 10 - 22 所示。

自动变速器出现挂挡熄火故障时：一种是使用中出现挂挡熄火，这种情况多数是由于液力变矩器中的锁止离合器故障所致，只要更换液力变矩器总成即可；另一种是修理中出现的挂挡熄火，这种情况多数是由于液压装置装配不正确或油道密封不良，出现窜油现象所致，须重新清洗阀体，更换密封件。

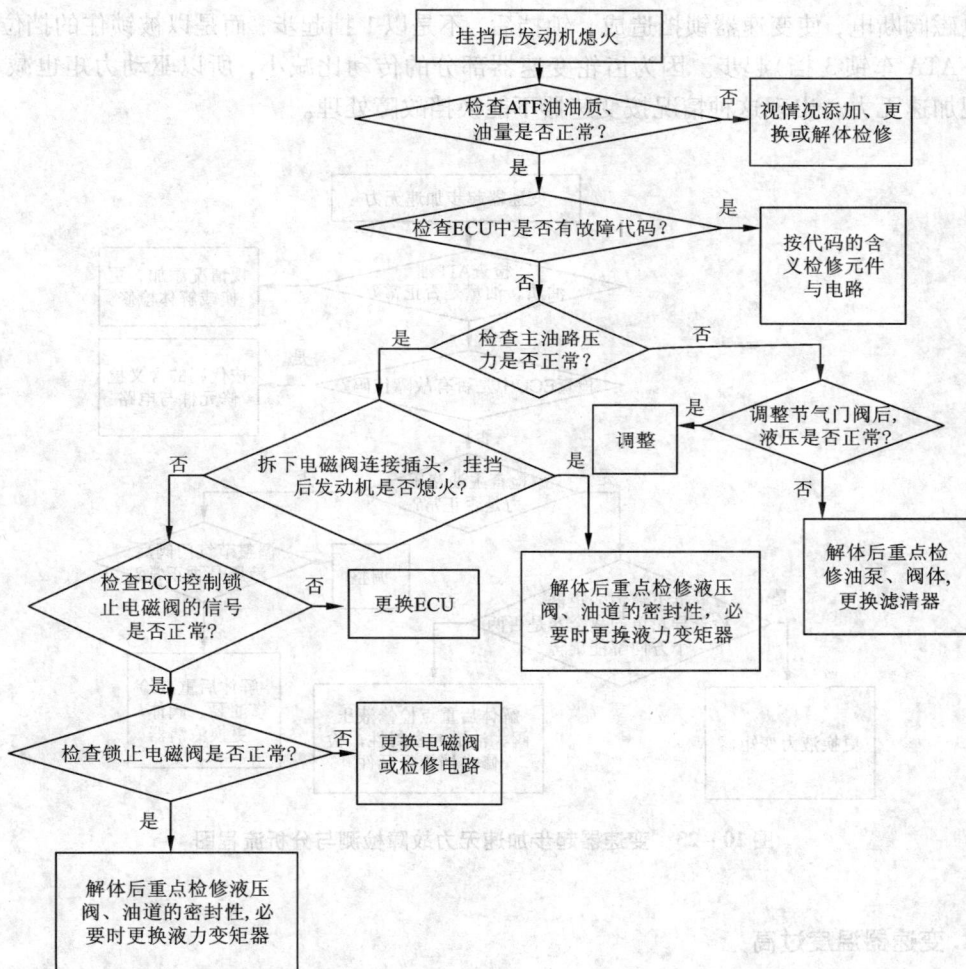

图 10 - 22　挂挡后发动机熄火故障检测与分析流程图

10. 变速器起步加速无力

（1）故障现象。

发动机的动力正常，汽车在行驶中能够自动变挡，且在各个挡位中行驶正常，但换挡控制手柄无论移至"D"、"2"或"L"位挂挡起步时，都有加速无力现象，速度达到一定值以后，一切正常。

（2）故障原因。

该故障一般是由于液力变矩器导轮上的单向离合器打滑所致，打滑使液力变矩器进入了耦合状态，从而使变矩器变成了耦合器，失去了增扭的功能，使变速器的输出扭矩减小了2～3倍。少数车辆是由于执行元件打滑所致，一般以更换液力变矩器为主。

（3）故障检测与分析。

变速器起步加速无力故障检测与分析流程，如图10－23所示。

也有一些车辆的加速无力是由于自诊断系统发现控制电路有故障后采用了备用程序，将换挡电磁阀断电，使变速器锁挡造成。锁挡后，不是以1挡起步，而是以被锁住的挡位（如现代SONATA车锁3挡）起步。因为齿轮变速器部分的传动比减小，所以驱动力矩也减小，从而出现加速无力。出现这种情况按变速器不能换挡故障处理。

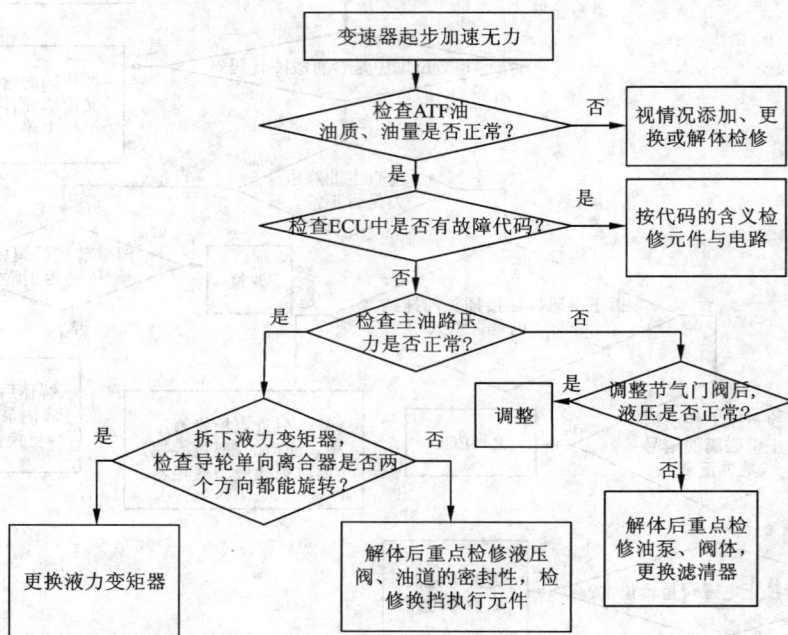

图10－23　变速器起步加速无力故障检测与分析流程图

11. 变速器温度过高

（1）故障现象。

将长时间行驶后的车辆举起来，在AT壳体的下方能感觉到很大的热辐射，甚至有异味，用故障诊断仪能读出ATF油的温度超出正常值，但驾驶员感觉不到车辆有什么异常，有少数车辆会出现加速无力或不升挡的现象。

（2）故障原因。

自动变速器的正常工作温度因车而异，有的车辆其散热器在水箱附近，工作温度为80℃左右，有的车辆用发动机的冷却液冷却，温度可能超过100℃。引起温度过高的原因有散热器内的 ATF 油的循环量不够，液力变矩器内导轮的单向离合器发卡不转，液力变矩器中的锁止离合器无法锁止等。修理方法一般是先从外围检修散热器故障，然后检查液力变矩器的导轮工作状况以及检查、清洗液压控制装置。

　　(3)故障检测与分析。

　　变速器油温过高故障检测与分析流程，如图 10 - 24 所示。

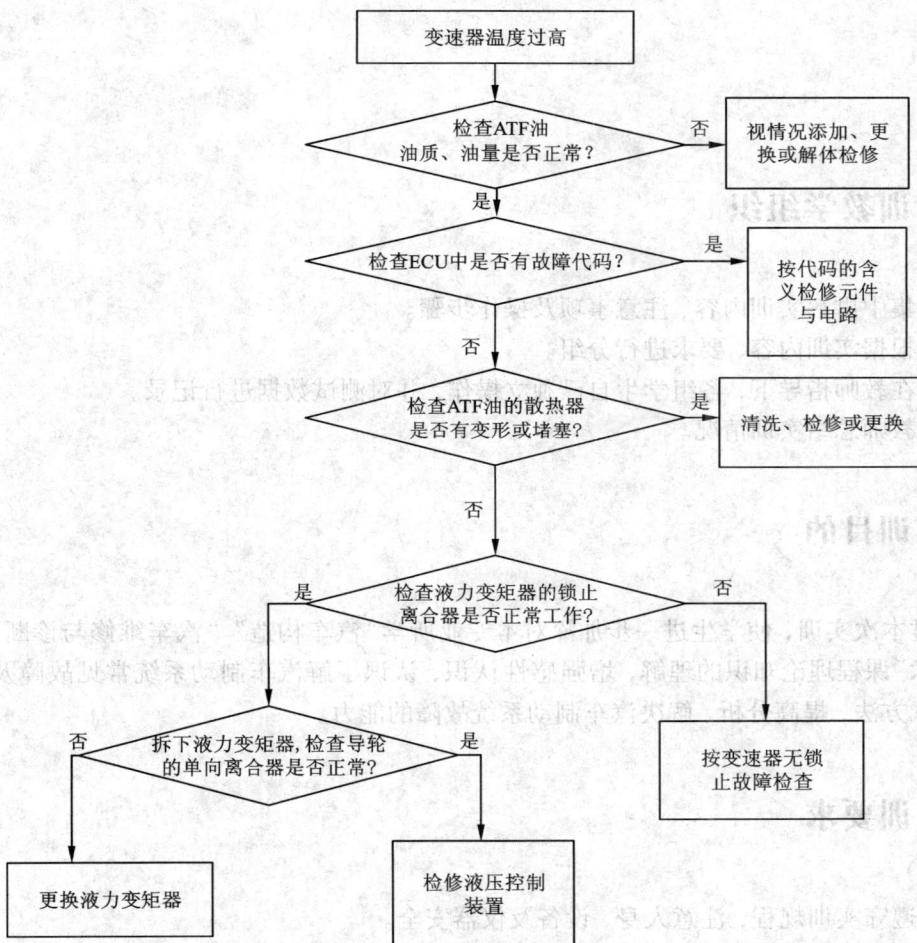

```
                      ┌─────────────────┐
                      │  变速器温度过高   │
                      └────────┬────────┘
                               ↓
            ┌──────────────────────────────┐  否    ┌──────────────────┐
            │  检查ATF油 油质、油量是否正常?  │──────→│ 视情况添加、更换   │
            └──────────────┬───────────────┘        │ 或解体检修        │
                    是      ↓                         └──────────────────┘
            ┌──────────────────────────────┐  是    ┌──────────────────┐
            │  检查ECU中是否有故障代码?       │──────→│ 按代码的含义检修   │
            └──────────────┬───────────────┘        │ 元件与电路        │
                    否      ↓                         └──────────────────┘
            ┌──────────────────────────────┐  是    ┌──────────────────┐
            │  检查ATF油的散热器是否有变形    │──────→│ 清洗、检修或更换   │
            │  或堵塞?                       │        └──────────────────┘
            └──────────────┬───────────────┘
                    否      ↓
   是    ┌──────────────────────────────┐  否
  ┌──────│  检查液力变矩器的锁止离合器      │──────┐
  │      │  是否正常工作?                 │      ↓
  │      └──────────────────────────────┘  ┌──────────────────┐
  │                                          │ 按变速器无锁止    │
  ↓                                          │ 故障检查          │
 否 ┌────────────────────────────┐ 是       └──────────────────┘
┌──│  拆下液力变矩器,检查导轮的    │──┐
│  │  单向离合器是否正常?          │  │
│  └────────────────────────────┘  ↓
↓                                  ┌──────────────┐
┌──────────────┐                   │ 检修液压控制  │
│ 更换液力变矩器 │                   │ 装置          │
└──────────────┘                   └──────────────┘
```

图 10 - 24　变速器油温过高故障检测与分析流程图

　　汽车出现交通事故后容易撞坏 ATF 油的散热器，使其弯曲或变形，影响 ATF 油的冷却循环量，从而影响冷却强度。液力变矩器的导轮卡住，使液力变矩器在高速时一直处在变矩状态，传动效率下降，ATF 油温度上升，这时要更换变矩器。高速时锁止离合器无法锁止，也会使燃油经济性下降，使 ATF 油的温度升高，但相对而言不是很明显。

实训十一　汽车制动系统检测与故障分析

一、实训教学组织

（1）集中讲解实训内容、注意事项及操作步骤。
（2）根据实训内容、要求进行分组。
（3）在教师指导下，各组学生自己独立操作，并对测试数据进行记录。
（4）教师总结实训情况。

二、实训目的

通过本次实训，使学生进一步加深对本专业所学"汽车构造""汽车维修与诊断""汽车测试技术"课程理论知识的理解，增强感性认识，认识了解汽车制动系统常见故障及基本的检测调试方法，提高分析、解决汽车制动系统故障的能力。

三、实训要求

（1）遵守实训规程，注意人身、设备及仪器安全。
（2）掌握制动系统的组成结构以及不同制动器的调整方法。
（3）能分析制动系统故障产生的原因，掌握相关故障的诊断检测方法。
（4）按时完成实训报告。

四、实训仪器、设备

（1）ABS 系统性能分析仪，1 套。
（2）万用表，1 台。
（3）实训车（带 ABS 系统），1 台。

（4）鼓式制动器，1台。

（5）盘式制动器，1台。

（6）相关工具，1套。

五、注意事项

（1）安装轮速传感器时不可用力敲击，用非磁性工具调整磁隙。

（2）避免电控单元受到碰撞和敲击，不能处在高温环境中。

（3）更换制动器或液压制动系统部件后，应排净制动管路中的空气，以免影响制动系统的正常工作。

六、汽车制动系统性能检测方法

1. 鼓式制动器检测

（1）制动鼓检测。

一般采用带专用架的百分表或弓形内径仪来测量制动鼓内径工作表面的磨损情况。当制动鼓内工作表面圆度误差超过 0.25 mm，圆柱度误差超过 0.25 mm，车轮制动鼓工作表面与轮毂轴承中心线的同轴度误差超过 0.50 mm 或工作表面上的拉槽深度超过 0.50 mm 时，应对制动鼓内径工作表面进行镗削加工，以恢复其技术状况。镗削过后的制动鼓内径尺寸应不大于 1 mm；同时制动鼓工作表面的几何形状、相对位置和表面粗糙度也必须符合要求；制动鼓有裂纹时应更换。

（2）制动蹄摩擦衬片的检测。

摩擦衬片检查。若摩擦衬片有裂纹、铆钉松动或表面严重烧蚀、磨损，铆钉头深度小于 0.5 mm 时，均应更换新摩擦衬片。制动蹄摩擦衬片的铆合工艺基本相同，铆合后根据制动鼓的直径用专用光磨机进行光磨，光磨后的摩擦衬片应进行质量检查。

（3）制动蹄回位弹簧检测。

检查制动蹄回位弹簧，若回位弹簧丧失弹性或变形拉长，且超过标准尺寸5%时，应更换。

（4）制动底板检测。

当制动底板表面翘曲度超过 0.60 mm 时，应校正；有裂纹处，应焊修；底板上的支承销孔磨损超过 0.15 mm，螺栓孔磨损超过 0.80 mm 时，可镶套或焊补后重新钻孔修复。底板销孔修复后与支承配合间隙应符合规定。

（5）制动凸轮检测。

当凸轮表面严重磨损时，应更换或焊修；用外径千分尺检查制动凸轮轴轴径，若轴径遇支承衬套的磨损超过标准，可更换或镀铬、镀焊后磨圆修复。

（6）车轮制动器调整。

①先调整轮毂轴承预紧度，将调整螺母拧紧后，退1/8～1/4圈。

②松开两支承销的固定螺母，转动两支承销外端的标记相对。

③取下调整臂的防尘罩，将锁止套推进，用扳手转动螺杆轴。使制动蹄片完全贴紧制动鼓。

④在调整好的位置上，拧紧制动蹄支承销的固定螺母。

⑤用扳手拧松调整臂蜗杆轴1/3～1/2圈（3～4响），使制动鼓与制动蹄片之间的间隙符合规定。若间隙不符合要求，继续调整蜗杆，直至合适为止。

（7）车轮制动器检试。

①车轮制动器调整好后，制动蹄片应能在支承销上自由转动；制动凸轮轴应能在支架中自由转动，而无发卡现象。

②制动鼓能自由旋转而不触及蹄片并无松旷量。

③制动有效，解除制动后蹄片能迅速回位，制动时，制动气室的推杆行程应符合原厂规定。

2. 盘式车轮制动器检测

（1）盘式车轮制动器分解。

①从主缸油池中吸出一半制动液。

②用撬杆将制动钳活塞压到缸筒底部。

③拆下制动钳导向销和制动钳，把制动钳挂在悬架弹簧上，对着制动钳支板，按住防震夹取下摩擦衬片。

④拆下制动盘固定螺母，取下制动盘。

⑤将拆下的零件清洗，依次放置于托盘内。

（2）车轮制动器主要零件检测。

①制动盘检测：制动盘有变形、破裂、磨损呈台阶状或表面拉槽深度超过0.50 mm时，应更换新件或用平面磨床处理后继续使用。

②摩擦衬片检测：摩擦衬片磨损后，当其厚度减薄达极限值（或磨损至报警灯发亮）时，应更换新摩擦衬片。

3. 盘式驻车制动装置检测

（1）盘式驻车制动装置拆解。

（2）盘式驻车制动装置主要零件检测。

①制动盘检测：制动盘若有裂纹，应更换新件；磨损拉槽深超过0.50 mm时，应在磨床上进行光磨，光磨后制动盘的厚度不应小于规定值。

②制动蹄与蹄臂的检测：制动蹄衬片上铆钉头深度小于0.50 mm时，应更换衬片。铆合衬片的方法同离合器。制动蹄销与孔配合间隙超过0.15 mm时，应换加大销子或更换衬套。

③蹄臂拉杆及扇形齿检测：蹄臂拉杆变形时，应校正；拉杆螺纹损坏2牙以上，应更换或修复。扇形齿板及锁扣磨损打滑时，应更换或修复。

（3）盘式驻车制动装置调整。

①先不装传动杆与拉杆臂之间的连接销。

②在摩擦衬片与制动盘之间分别插入 0.60 mm 的塞尺，调整拉杆后端的调整螺母，当拉杆塞尺感觉有阻力时停止。再将锁紧螺母拧紧。

③调整支架上的两个调整螺钉，使两衬片与制动盘平面平行。

④调整传动杆长度，使其销孔与拉杆臂孔重合，装上连接销。

⑤制动效能检查：拉动手制动杆至全行程的 1/2 ~ 2/3（相当于锁扣在齿板上移动 3 ~ 5 个齿）时，蹄片应完全压紧制动盘；拉紧驻车制动装置制动杆，2 挡不能起步。放松操纵杆后，制动盘自由转动。

4. 鼓式驻车制动装置检测

（1）鼓式驻车制动装置主要零件检测。

①制动鼓检修：制动鼓的工作表面磨损或拉槽深度超过 0.50 mm 时，可进行镗削加工。制动鼓有裂纹时，应更换。

摩擦衬片及制动蹄检修：若摩擦衬片有破损，铆钉松动，严重磨损，铆钉头深度小于 0.50 mm 时，均应更换衬片。制动蹄有变形，应校正或更换；制动蹄有裂纹应焊修。

②拉杆及扇形齿检测：检修方法同盘式驻车制动装置。

③其他零件检测：制动蹄支承销磨损超过 0.15 mm 时，应更换或修复。凸轮轴轴颈与承孔配合间隙大于 0.20 mm 时，应更换衬套或修复凸轮轴。

（2）鼓式驻车制动装置的调整。

①先不将拉杆与摇臂连接。

②松开蹄片轴锁紧螺母，调整支承销，使得用力转动摇臂（不大于 29.4 N）张开凸轮时，两蹄片摩擦片的中间同时与制动鼓接触，然后固定支承销，拧紧锁紧螺母。

③制动鼓调整后，把拉杆与摇臂连接起来。放松手操纵杆时，摩擦衬片与制动鼓之间应有 0.20 ~ 0.40 mm 的间隙。

④操纵装置调整：鼓式驻车制动装置一般应有五响的自由行程，第三响时，有制动感觉，第五响应能产生最大的制动力。如果自由行程过大，可拧进拉杆上的调整螺母，反之，则拧出调整螺母。调整后，若自由行程仍过大，难以调整，可从凸轮轴上拆下摇臂，逆时针错一个或数个键齿装回后，再调整，直至合适为止。

⑤制动效能检验，其检验方法与盘式驻车制动装置相同。

5. 制动轮缸的检测

轮缸分解的一般方法是：从轮缸体上的固定槽中拉下轮缸防尘套，拆下活塞。然后从缸筒中拆下橡胶皮碗和弹簧。

分解轮缸后，用清洗液清洗轮缸零件。清洗后，检查制动轮缸缸体内孔与活塞外圆表面的烧蚀、刮伤和磨损情况。如果轮缸内孔有轻微刮伤或腐蚀，可用细砂布磨光。磨光后的缸内孔用清洗液清洗后，再用无润滑油的压缩空气吹干。然后测出轮缸内孔孔径 B，活塞外圆直径 C，并计算出内孔与活塞的间隙值 A，标准值为 0.04 ~ 0.106 mm，使用极限为 0.15 mm。

重新安装轮缸元件时，先用干净的制动液润滑密封件和所有内部元件。将轮缸的放气螺钉拧到轮缸上，安装回位弹簧总成，将活塞放进缸筒内，安装好防尘套。

6. 转速传感器的检测

（1）拆下传感器的导线插头（见图 11-1 中的箭头所示），再拧下内六角紧固螺栓，拆下前轮转速传感器。

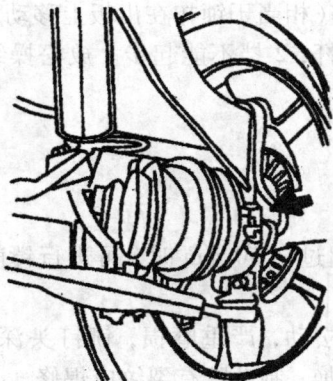

图 11-1　前轮传感器的拆卸

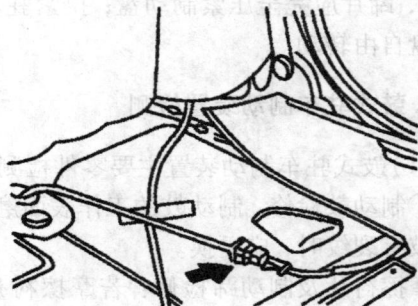

图 11-2　拔下后轮传感器的插头

（2）拆卸后轮传感器时，先翻起汽车后座垫，拔下后轮转速传感器的连接插头，如图 11-2 所示。

（3）拧下传感器的内六角紧固螺栓，如图 11-3 所示，然后拆下后轮转速传感器。

（4）按图 11-4 所示的箭头方向取下后梁上的转速传感器导线和保护罩，拉出导线和导线插头。

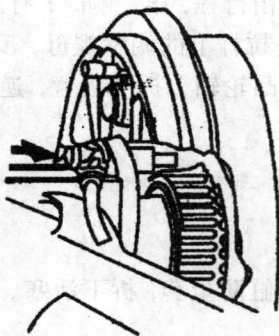

图 11-3　拆下传感器紧固螺栓

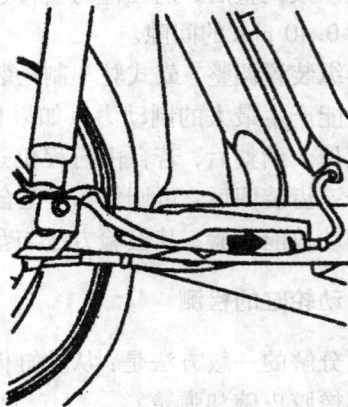

图 11-4　取下传感器导线保护罩

（5）传感器的安装与拆卸的顺序相反，但应注意，安装传感前应先清洁传感器的安装孔内表面，并涂上固体润滑膏，然后装入传感器，以 10 N·m 的力矩拧紧内六角紧固螺栓。

（6）传感器的外观检查。

外观检查车轮转速传感器时，应注意以下内容：传感器安装有无松动；传感头和齿圈是否吸有磁性物质和污垢；传感器导线是否破损、老化；插接器是否连接牢固和接触良好，如有锈蚀、脏污，应清除，并涂少量防护剂，然后重新将导线插入连接器，进行检测。

（7）传感头与齿圈齿顶端面之间间隙的检查。

传感头与齿圈齿顶端面之间的间隙可用无磁性的塞尺或合适的硬纸片检查。其检查方法如图 11－5 所示。

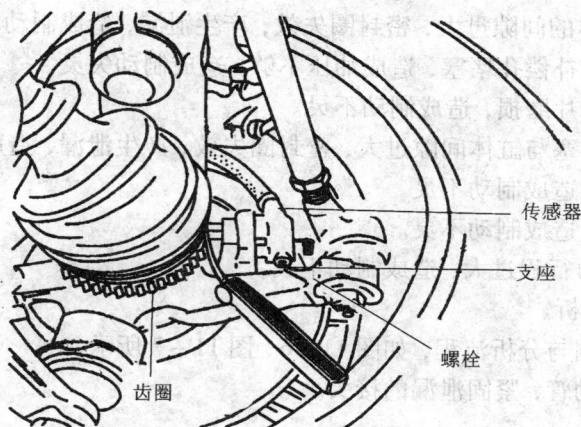

图 11－5　传感头与齿圈齿顶端面之间间隙的检查

将齿圈上的一个齿正对传感器的头部，选择规定厚度的塞尺或合适的硬纸片，将其放入轮齿与传感器的头部之间，来回拉动塞尺，其阻力应合适。若阻力较小，说明间隙过大；若阻力较大，说明间隙过小。

（8）传感器电磁线圈及其电路的检测。

使点火开关处于 OFF 位置，将 ABS 系统电子控制单元插接器插头拆下，查出各传感器与电子控制单元连接的相应端子。在相应端子上用万用表电阻挡检测传感器线圈与其连接电路的电阻值是否正常。桑塔纳 2000Gsi 型轿车 ABS 系统车轮转速传感器电磁线圈的电阻正常值应为 1.0～1.2 kΩ。若阻值无穷大，表明传感器线圈或连接电路有断路故障；若电阻值很小，表明有短路故障。为了区分故障是在电磁线圈还是在连接电路出现，应拆下传感器插接器插头，用万用表电阻挡直接测试电磁线圈的阻值。若所测阻值正常，表明传感器连接电路或插接器有故障，应修复或更换。

七、汽车制动系统性能故障原因与分析

1. 制动不灵

（1）故障原因。

①制动管路泄漏，造成制动不灵。

②储液罐制动液不足，造成制动不灵。

③制动液中有空气，造成制动不灵。

④总泵活塞与缸体的间隙过大，密封圈失效，产生泄漏，造成制动不灵。

⑤总泵的进油孔、补偿孔堵塞，造成油压不够，造成制动失灵。

⑥前、后制动器衬片磨损，造成制动不灵。

⑦前、后制动器活塞与缸体间隙过大，密封圈失效，产生泄漏，造成制动不灵。

⑧前制动盘磨损，造成制动不灵。

⑨后制动鼓磨损，造成制动不灵。

⑩制动器踏板自由行程过大，造成制动不灵。

（2）故障检测与分析。

制动不灵故障检测与分析流程，如图 11 - 6、图 11 - 7 所示。

①更换泄漏的制动管，紧固泄漏的接头。

②补充制动液。

③进行放气程序。

④更换总泵活塞、密封圈。

⑤清洗总泵。

⑥更换制动衬片。

⑦更换活塞或密封圈。

⑧磨削制动盘或更换。

⑨车削制动鼓内孔或更换。

⑩调整总泵活塞与真空助力器推杆之间的间隙。

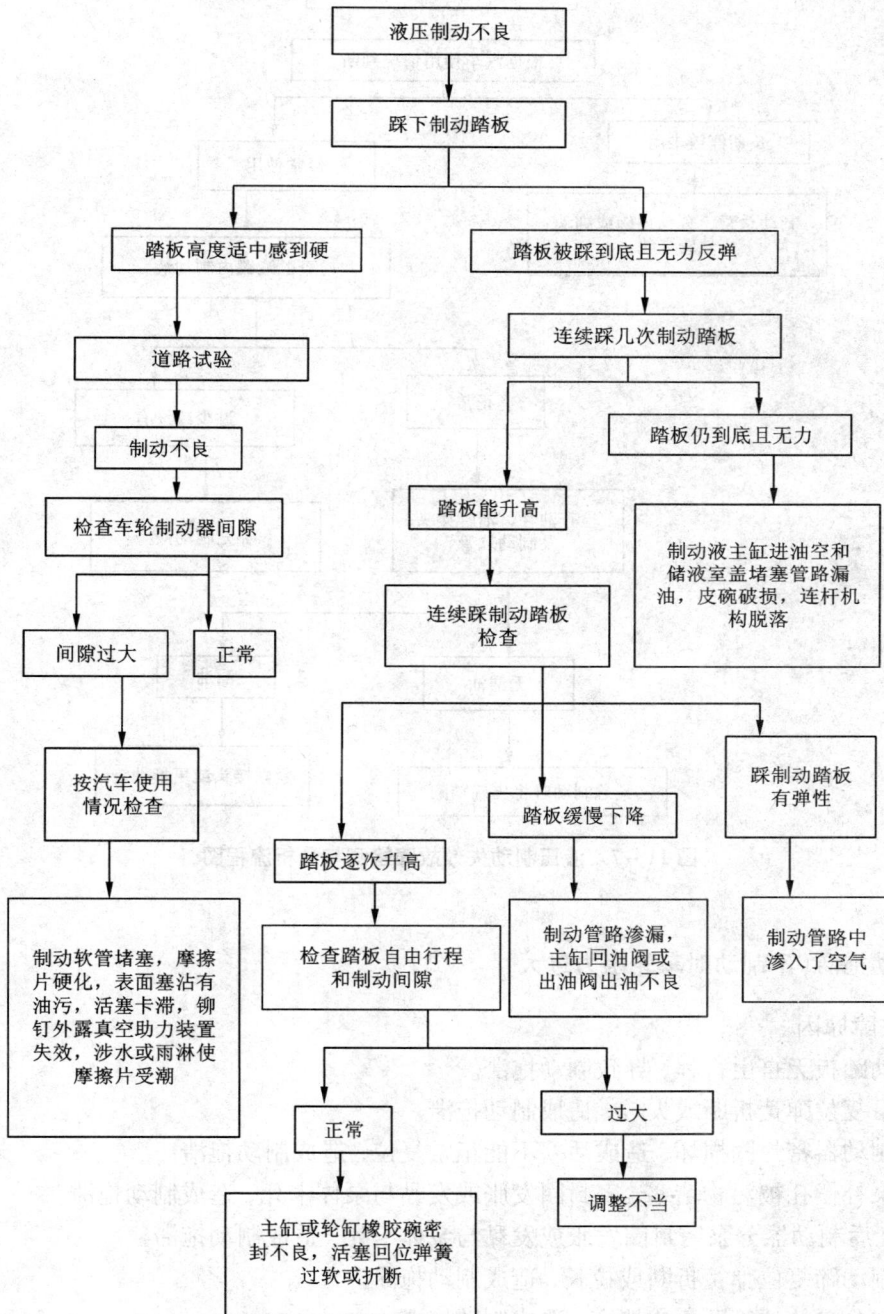

图 11-6　液压制动不良故障检测与分析流程图

```
                    ┌─────────────────┐
                    │   液压制动失效    │
                    └────────┬────────┘
                    ┌────────┴────────┐
                    │ 根据汽车使用情况判断 │
                    └────────┬────────┘
            ┌────────────────┴──────────────────┐
      ┌─────────────┐                    ┌─────────────┐
      │  长期停放未用  │                    │   经常使用    │
      └──────┬──────┘                    └──────┬──────┘
   ┌─────────────────────┐          ┌────────────────────┐
   │ 制动总泵、分泵皮碗或制动 │          │  检查贮液罐内制动液   │
   │       软管老化        │          └──────────┬─────────┘
   └─────────────────────┘       ┌──────────────┴──────────────┐
                            ┌──────────┐              ┌──────────────┐
                            │   正常    │              │   过少或没有    │
                            └─────┬────┘              └───────┬──────┘
                      ┌───────────────────┐          ┌──────────────┐
                      │ 检查油管、油管接头  │          │   补充制动液    │
                      │   及制动软管        │          └──────────────┘
                      └─────────┬─────────┘
                   ┌────────────────┴────────────┐
              ┌──────────┐                  ┌──────────┐
              │   无漏油   │                  │   漏油    │
              └─────┬────┘                  └─────┬────┘
        ┌──────────────────┐          ┌──────────────────┐
        │ 紧急制动时将皮碗踏翻 │          │ 紧固接头或更换油管  │
        └──────────────────┘          └──────────────────┘
```

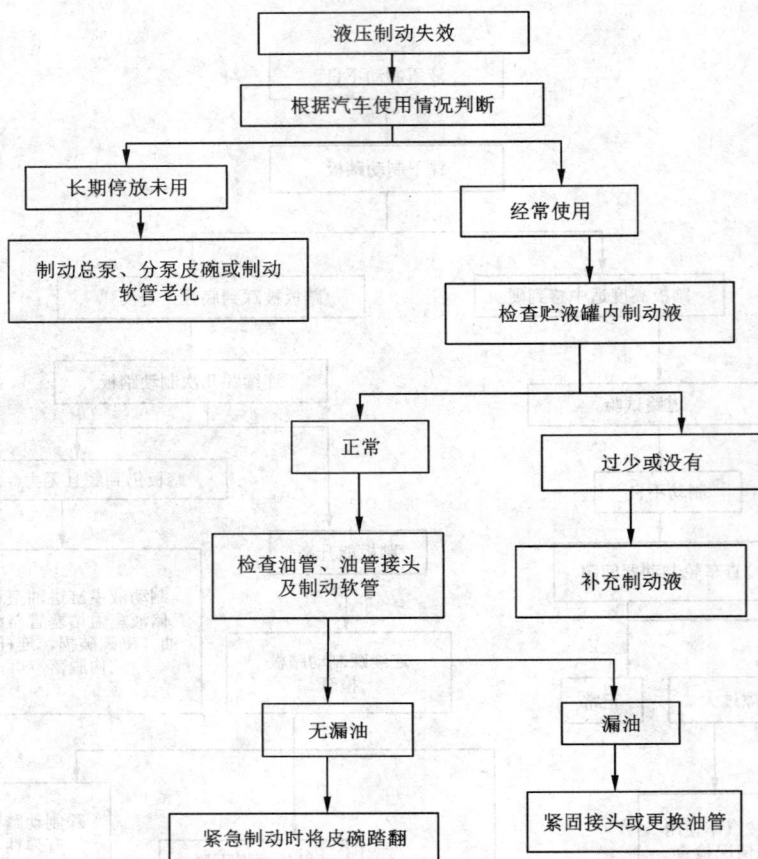

图 11－7   液压制动失效故障检测与分析流程图

2. 制动拖滞（不制动时车轮阻力过大）

（1）故障原因。

①制动踏板无自由行程，导致制动拖滞。

②总泵复位弹簧折断或失效，造成制动拖滞。

③前制动器密封圈损坏，造成活塞不能正常复位，造成制动拖滞。

④总泵补偿孔被污物堵塞，密封圈发胀或发黏与泵体卡死，造成制动拖滞。

⑤前、后制动器分泵密封圈发胀或发黏与泵体卡死，造成制动拖滞。

⑥后制动蹄复位弹簧折断或拉长，造成制动拖滞。

⑦通往分泵的油管凹瘪或堵塞，造成制动拖滞。

（2）故障检测与分析。

制动拖滞故障检测与分析流程，如图 11－8 所示。

①调整总泵活塞与真空助力器推杆之间的间隙。

②更换总泵复位弹簧。

③更换前制动器密封圈。

④清洗总泵,更换密封圈。

⑤更换前、后制动器分泵密封圈。

⑥更换复位弹簧。

⑦疏通堵塞的油管。

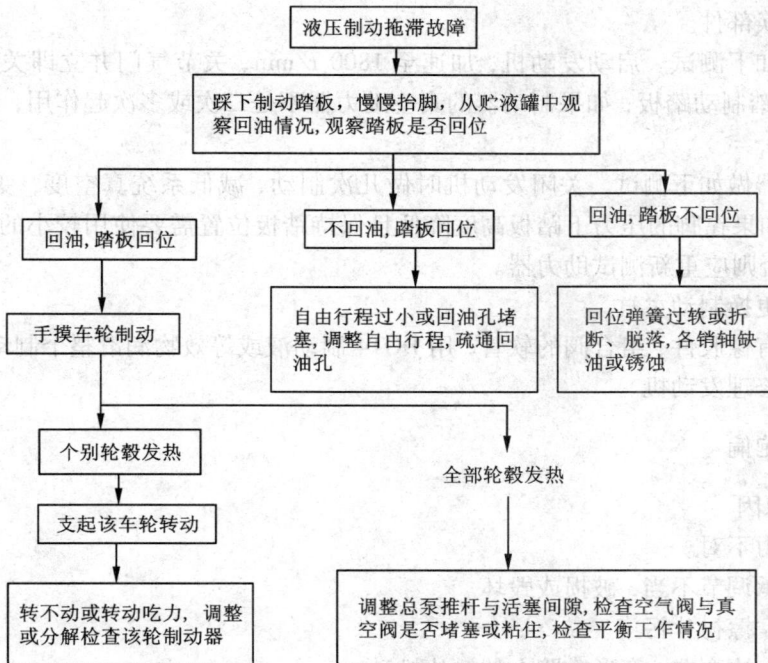

图 11-8　制动拖滞故障检测与分析流程图

3. 制动踏板变硬

产生比停车所需的更大的踏板压力,可能伴随着制动衰退。

(1)故障原因。

①动力制动真空软管松动或泄漏。

②不正确的或质量低劣的衬片。

③制动蹄弯曲、破损或变形。

④制动钳胶合或在制动盘上打滑。

⑤制动钳、制动轮缸或制动主缸活塞卡住不能运动。

⑥动力制动真空助力器检查单向阀故障。

⑦动力制动助力器内部黏连。

⑧制动主缸补偿孔(在储液腔的顶部)被泥土、氧化层、灰尘堵塞,常常伴随着制动阻力。

⑨制动液被不适当的液体(润滑油、变速器油)污染,引起橡胶件胀大与缸壁黏接。

157

⑩发动机真空度过低

（2）故障检测与分析

①上紧夹子更换软管。

②更换所有的制动蹄。

③更换制动钳连接销、润滑滑动表面，清除制动盘边缘的锈或毛刺，并用含有二硫化钼的润滑脂润滑。

④修理或换部件。

⑤对阀做如下测试。启动发动机，加速至 1800 r/min，关节气门并立即关闭发动机；等待至少 90 s 再踏制动踏板；如果制动器的真空助力器不是二次或多次起作用，检查阀发生的故障。

⑥对助力器做如下测试。关闭发动机时做几次制动，减低系统真空度；变速器挂空挡，踏制动踏板；如果在脚的压力下踏板高度降低且保持踏板位置需要使用较小的力，说明真空助力器正常，否则应重新测试助力器。

⑦修理或更换制动主缸。

⑧更换所有橡胶件、组合阀的软管，用 DOT4 制动液或等效物润滑整个制动系。

⑨调节或修理发动机。

4. 制动时跑偏

（1）故障原因。

①轮胎压力不对。

②车轮轴承调节不当，破损或毁坏。

③一侧的摩擦衬片污染。

④制动蹄一边弯曲、变形或蹄上的衬片松动。

⑤一侧制动盘弯曲或松动。

⑥制动衬片没有正确地由鼓定位。

⑦制动钳黏连在销或摩擦面上。

⑧制动钳活塞卡死不能运动。

⑨制动衬片被水浸湿。

⑩悬架元件连接螺栓松动。

⑪感载比例阀故障。

（2）故障检测与分析。

制动跑偏故障检测与分析流程，如图 11－8。

①充气至推荐压力。

②调节或更换轴承。

③确定并解决污染原因并更换制动衬片。

④更换制动蹄。

⑤紧固或更换制动盘。

⑥将制动衬片压入装好。

⑦更换销，润滑摩擦表面。

⑧修理、更换制动钳。

⑨驾驶车辆，并同时轻轻制动。利用摩擦产生的热把衬片弄干。

⑩拧紧螺栓，更换破损的悬架元件。

⑪更换感载比例阀。

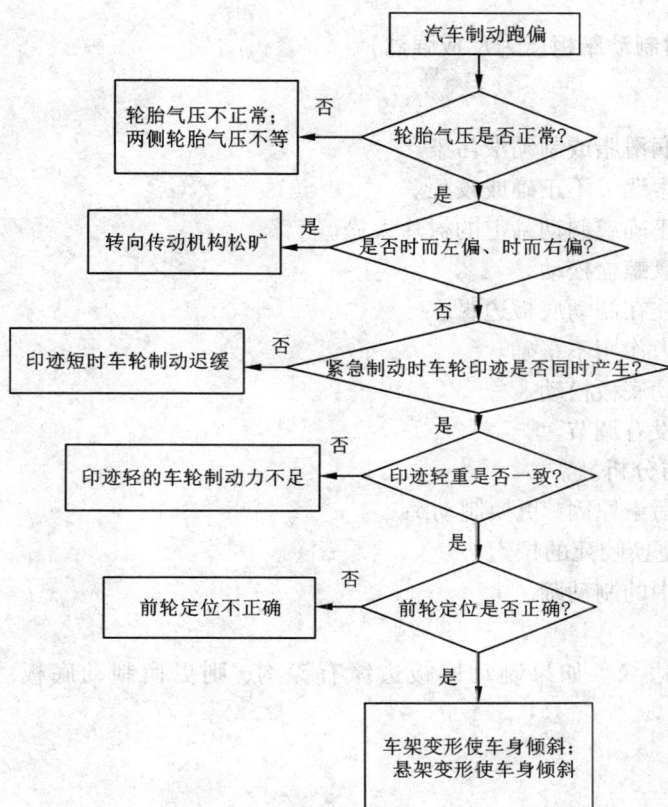

图 11 - 8　制动跑偏故障检测与分析流程图

5. 制动有阻力

（1）故障原因。

①制动踏板胶合在销轴上。

②制动助力器内部黏连。

③驻车制动拉索咬死。

④制动主缸、制动钳或制动轮缸活塞卡死。

⑤制动主缸补偿孔被泥土、氧化层堵塞。

⑥制动钳黏在滑动面或销轴上。

⑦后制动调节机构装反。

（2）故障检测与分析。

①润滑销轴，如有必要，可更换销轴或轴套。

②按制动踏板自由行程调整的步骤检查内部黏连。如有黏连，则更换助力器。

③更换拉索。

④修理或更换卡死元件。

⑤清理或替换制动主缸，清洗管线。

⑥更换销、润滑滑动面。

⑦正确装置调节机构。

6. 制动冲击（对制动踏板压力反应强烈）

（1）故障原因。

①制动衬片被润滑脂或制动液污染。

②驻车制动拉索调节不正确或咬死。

③制动衬片不正确或制动蹄上的衬片太松。

④制动钳固定盘螺栓松动。

⑤后制动蹄黏连在制动底板边缘。

⑥动力制动助力作用不正确。

⑦后制动器制动底板松动。

⑧感载比例阀没有调节。

（2）故障检测与分析。

①确定并消除污染原因，更换制动蹄。

②调节拉索，更换咬死的拉索。

③更换轴组件中的制动蹄。

④锁紧螺栓。

⑤清理并润滑边缘。如果制动底板边缘有深沟，则更换制动底板，不要试图将其打磨平。

⑥更换助力器。

⑦锁紧连接螺栓。

⑧调节感载比例阀。

7. 制动踏板低（踏板行程过大）

（1）故障原因。

①后衬片与制动鼓的间隙过大。

②后制动衬片破损。

③后制动鼓或制动盘破损或变形。

④液压系统中有空气。

（2）故障检测与分析。

①做 10～15 次交替的前向制动和后向制动来调节制动器。如果制动踏板回不来，修理或替换调节机构。如有必要，则须替换制动蹄。

②检查衬片，如果磨损超过最大允许量，则替换。

③替换制动鼓或制动盘。

④泄放制动液，检查泄漏并修理。

8. 制动踏板行程减小从而可能导致踏板变硬

（1）故障原因。

①制动钳或制动轮缸卡住或黏住。

②制动主缸补偿孔堵塞（使制动液无法流回储液腔）或活塞被制动主缸的缸壁卡住不能移动。

③动力制动单元内部黏连。

（2）故障检测与分析。

①修理或替换制动钳或制动轮缸。

②修理或替换制动主缸。

③对单元做如下测试：

启动发动机，将发动机加速至 1800 r/min；关节气门并将制动踏板踩到底；缓慢松制动踏板并关发动机，让助手从动力单元上移去真空检查阀和软管；观察制动踏板的后向运动，如果踏板向下运动，则动力单元失灵。

9. 制动踏板海绵现象

当踏制动踏板时感到不正常的软弹性或海绵感，则此情况称为海绵现象。

（1）故障原因。

①液压系统里有空气。

②制动踏板弯曲、变形或裂纹。

③制动支管线或软管有小的泄漏。

（2）故障检测与分析。

①对制动系进行排除空气的检测。

②更换制动蹄。

③更换管线或软管。

10. 制动噪声（制动发出啸叫、咔嗒或摩擦声）

（1）故障原因。

①制动蹄弯曲、破损或变形。

②制动盘制动表面尘土过多。

③制动衬片破损，制动蹄与制动鼓或制动盘接触。

④后制动器压紧或复位弹簧松动损坏。

⑤制动盘板边缘粗糙或干燥。

⑥制动盘或制动鼓被破坏，有沟或擦痕。

⑦不正确的制动衬片或制动蹄（前或后）。

（2）故障检测与分析。

①更换制动蹄。

②用砂轮除去尘土。

③更换制动衬片或制动蹄。修复或更换制动鼓或制动盘。

④如需要，则更换部件。

⑤润滑边缘。

⑥更换制动盘或制动鼓。如有必要，则更换制动蹄。

⑦装指定的制动蹄或制动衬片。

11. 制动时振动（踏板脉冲式变硬）

（1）故障原因。

①制动蹄弯曲，被异物包裹或变形。

②制动钳或制动盘螺栓松动。

③制动盘厚度变化过大。

④制动鼓变斜、不圆。

⑤制动盘或制动鼓有硬质的点。

（2）故障检测与分析。

①更换制动蹄。

②锁紧连接螺栓。

③修复或更换制动盘。

④更换制动鼓。

⑤更换制动盘或制动鼓。

12. 制动时踏板有脉动

（1）故障原因。

制动鼓不圆或制动器制动盘垂直径向跳动过大。

（2）故障检测与分析。

修复或替换制动鼓或制动盘。

13. 制动踏板衰退（当持续加压时踏板高度下降）

（1）故障原因。

①液压系统制动液泄漏。

②制动主缸活塞密封件破损，制动主缸缸壁有擦痕、破损或变形。

（2）故障检测与分析。

①加满制动主缸的储液腔，让助手踏制动器，检查制动钳、制动轮缸、差动阀、软管和接头有没有液体泄露，必要时应修理或替换部件。

②修理或替换制动主缸。

14. 制动踏板低（在持续压力下踏板会碰地）

（1）故障原因。

①液压系统液体泄漏。

②液压系统有空气。

③使用不正确的或不是推荐的制动液。

④制动主缸活塞密封件破损，制动主缸缸壁有擦痕、破损或变形。

（2）故障检测与分析。

①加满制动主缸，让助手踏制动器检查制动钳、轮制动油缸、差动阀腔、软管和接头是否有泄漏，如有必要，须进行修理或替换。

②排除制动系统中的空气。

③用干净的制动液刷洗液压系统，并重新添加制动液。

④修理或替换制动主缸。

15. 气压制动不良故障

（1）故障现象。

①制动时不能迅速减速或停车。

②第一次踏下制动板时制动不良，连续踩踏制动板，踏板逐渐升高，但脚踏触感减弱，且制动效果不佳。

（2）故障原因。

①空气压缩机故障：皮带打滑或断了，活塞与缸筒严重磨损，卸荷阀关闭不严，气压调节阀起不到很好的调节作用

②储气筒上安全阀失效，导致气压过低。

③制动阀故障：进排气阀关闭不严，膜片破裂，活塞的密封圈密封性不好，排气间隙过大。

④快放阀膜片破裂。

⑤制动气室的膜片破裂。

⑥车轮制动器发生故障。

a.制动鼓与制动蹄之间间隙过大或接触面积过小。b.制动蹄片上沾有油污或水。c.制动蹄片上铆钉松动。d.制动鼓失圆或磨有沟槽。e.凸轮轴、制动蹄的支撑销锈死或磨损松旷。f.调节壁上的调整蜗杆调整不当。g.制动管路漏气。

⑦制动鼓磨损过甚或变形。

⑧制动气室推杆行程过小。

⑨制动踏板自由行程太大。

⑩制动控制阀或制动气室的膜片破裂。

⑪制动管路凹瘪、内壁积垢严重或软管内孔不畅通，或制动管路漏气，应进行清洁或更换。

（3）故障检测与分析。

气压制动不良故障检测与分析流程，如图 11-9 所示。

①检查踏板自由行程是否太大，气室推杆动作是否良好，制动器制动间隙是否正常。

②启动发动机，气压表的读数应能上升至正常气压，若气压不足，应检查空气压缩机传动带是否松动，至储气筒的管路是否泄露。

③气压正常但发动机熄火后气压下降，检查制动阀是否漏气，管路是否漏气。

④气压正常，发动机熄火后也正常，但踩下制动踏板后气压不断下降，则故障为制动控制阀关闭不严，管路接头漏气，制动气室膜片破裂。

⑤气压正常，发动机熄火也正常，但踩下制动踏板后气压下降太小，则故障是制动控制阀进气阀打开太小或平衡弹簧预紧力太小。

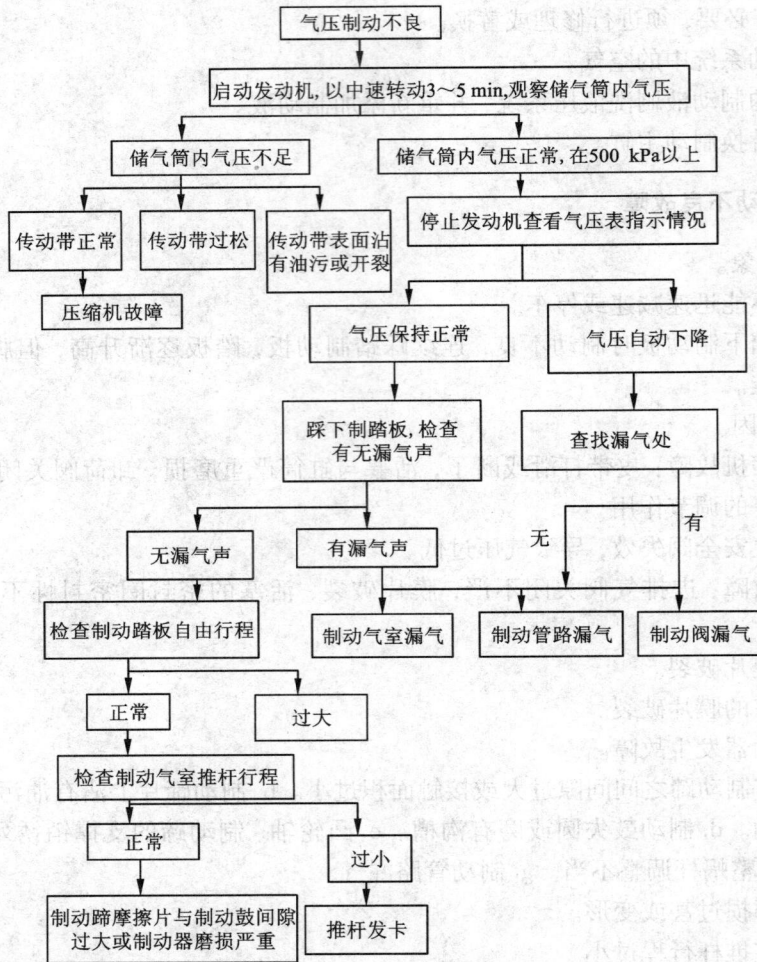

图 11 – 9　气压制动不良故障检测与分析流程图

16. 气压制动失效故障

（1）故障现象。

汽车行驶中，将制动踏板踩到底，制动装置不起作用，或在使用一次或几次制动后，制动装置突然不起作用，都属于制动失效故障。

（2）故障原因。

①储气筒内无气或充气量不足。例如：a. 空气压缩机传送带折断或打滑；b. 空气压缩机与储气筒之间的储气管道破损、堵塞，或管道接头松脱漏气严重；c. 卸荷阀卡死；d. 挂车制动分离开关未关或关闭不严；e. 储气筒破裂，储气筒各功能阀失效、漏气。

②制动阀故障。例如：a. 制动阀的进气阀被卡住或关闭不严，从而造成进气阀不能打

开，压缩空气从排气口排出；b.制动踏板传动机构折断；c.制动管路折断，接头松脱或管道堵塞。

③制动气室故障。例如：a.制动气室膜片破裂；b.壳体破损，接合面松动；c.推杆在壳体孔中卡死而不能移动；d.调整臂调整不当，导致制动气室推杆形成过小。

④车轮制动器故障。例如：a.制动凸轮轴与支架衬套卡死，导致凸轮轴不能转动，或转角过小；b.制动蹄摩擦片、制动鼓磨损后间隙过大；c.制动蹄摩擦片大面积脱落或严重烧蚀；d.制动鼓开裂破碎；e.制动器过热或潮湿

（3）故障检测与分析。

气压制动失效故障检测与分析流程，如图11－10所示。

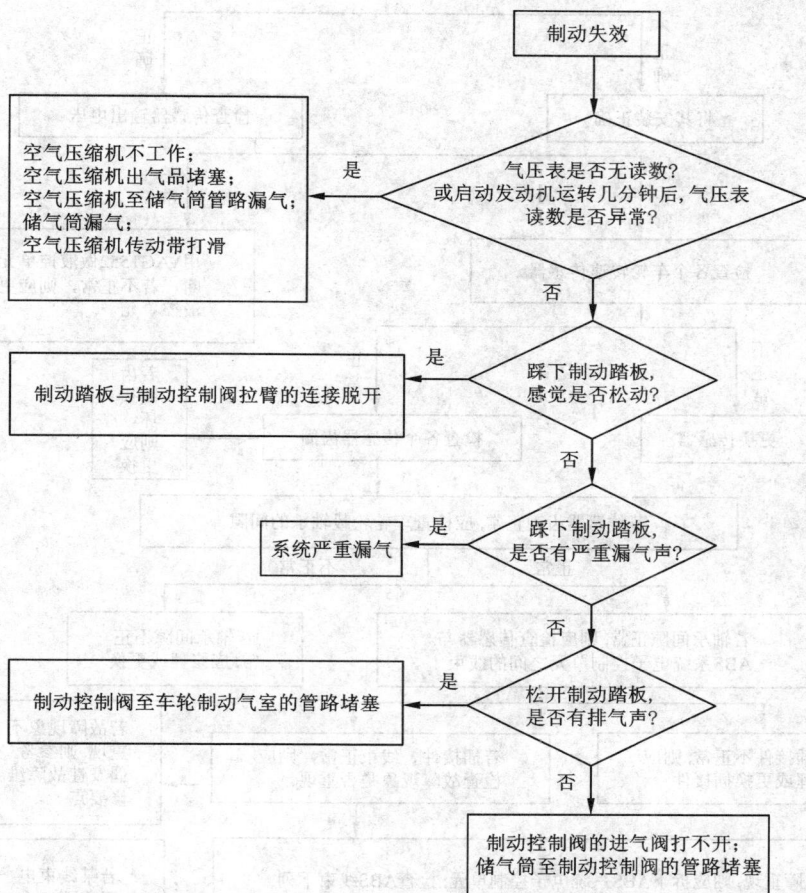

图 11－10 气压制动系制动失效故障检测与分析流程图

17. ABS 工作异常

（1）故障原因。

①传感器安装不当。

②传感器线束有问题。

③传感器损坏。

④传感器黏附异物。

⑤车轮轴承损坏。

⑥液控单元损坏。

⑦ABS 电控单元损坏。

（2）故障检测与分析。

ABS 工作异常故障检测与分析流程，如图 11 – 11 所示。

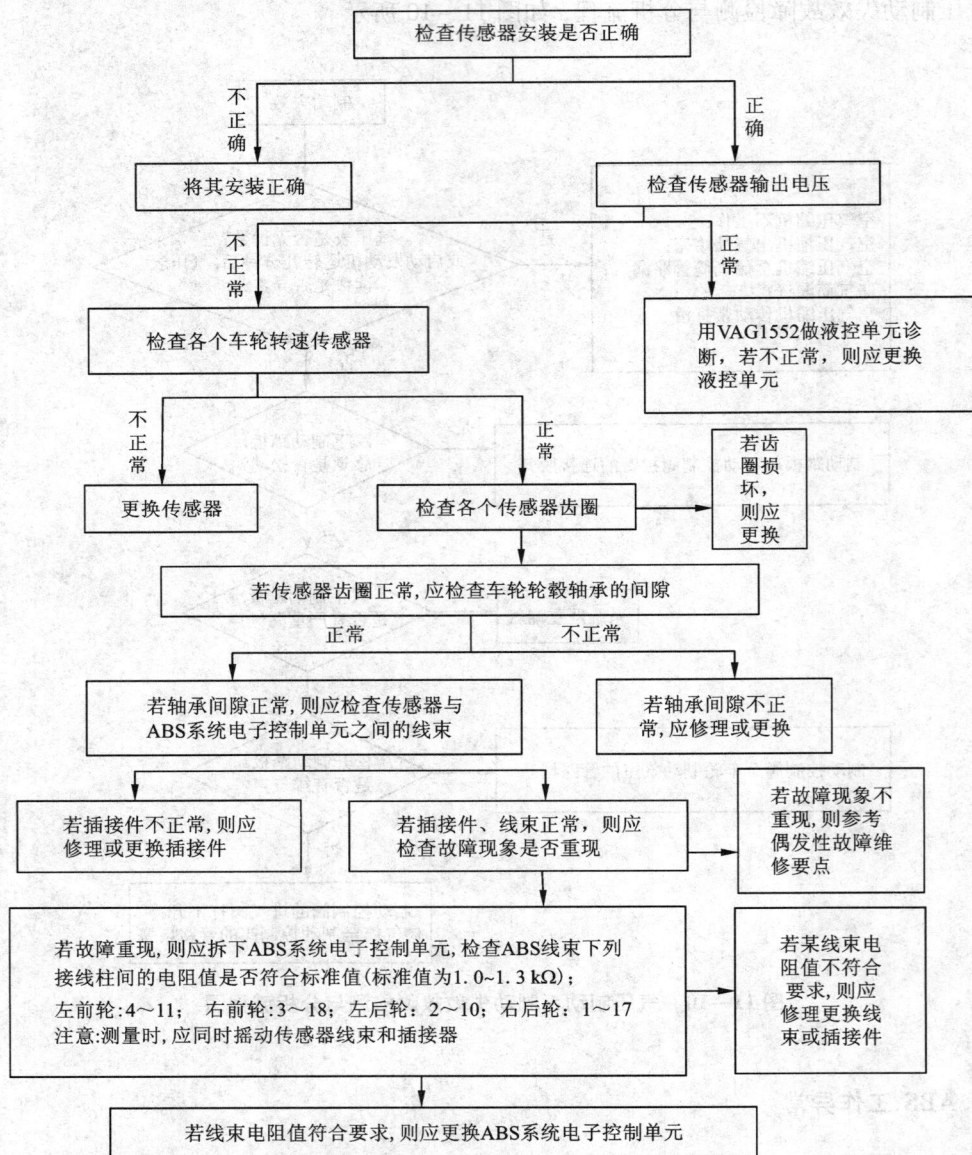

图 11 –11　ABS 工作异常的故障检测与分析流程图

①检查制动总泵储液罐内的制动液液面高度，若制动液不足，则添加制动液至储液罐的上刻线位置。

②加满制动液之后打开点火开关，仪表盘上的驻车制动指示灯亮，启动发动机后自动熄火。

③检查制动总泵、各车轮的制动分泵及制动管路有无制动液渗漏。把4个车轮顶离地面，用手转动车轮检查，制动蹄回位性能是否良好，有无制动蹄片拖滞现象。

④检查制动蹄片，若制动蹄很厚，磨损轻微，则须确保制动系统的机械部分正常。

⑤启动发动机，把汽车加速至 $30 \sim 40$ km/h 的速度，并迅速踩下制动踏板。若这时4个车轮同时抱死，路面上留下明显制动印痕，说明汽车的常规制动性能良好。

⑥把汽车加速至 $60 \sim 80$ km/h 的速度，迅速踩下制动踏板，这时4个车轮仍同时抱死，路面上留下十分明显的制动印痕，但出现汽车无制动跑偏现象，表明汽车制动系统中的 ABS 系统不工作，制动系统只具备常规制动功能。

⑦对 ABS 控制系统进行故障自诊断：在驾驶室左前座（乘客座）仪表盘杂物箱右下角找出一个双线故障诊断插座，用导线跨接故障诊断座中的两个插孔，打开点火开关，查看仪表盘上的 ABS 黄色指示灯是否显示故障代码12和61。

实训十二　汽车转向系统检测与故障分析

一、实训教学组织

（1）集中讲解实训内容、注意事项及操作步骤。
（2）根据实训内容、要求进行分组。
（3）在教师指导下，各组学生自己独立操作，并对测试数据进行记录。
（4）教师总结实训情况。

二、实训目的

通过本次实训，使学生进一步加深对本专业所学"汽车构造""汽车维修与诊断""汽车测试技术"等课程理论知识的理解，增强感性认识，认识了解汽车转向系统常见故障及基本的检测调试方法，提高分析、解决汽车转向系统故障的能力。

三、实训要求

（1）遵守实训规程，注意人身、设备及仪器安全。
（2）掌握转向系统的组成结构以及转向器的调整方法。
（3）能分析转向系统故障产生的原因，掌握相关故障的诊断检测方法。
（4）按时完成实训报告。

四、实训仪器、设备

（1）故障诊断仪，1台。
（2）多通道示波器，1台。
（3）实训车，1台。

　　(4)转向总成，1台。

　　(5)跨接线、万用表、测试笔及常用工具等。

五、注意事项

　　(1)检测过程中一定要符合相关标准，防止安全事故的发生。

　　(2)球头销预紧度调整要按规范进行，过紧或过松都会影响汽车行驶方向稳定性。

六、汽车转向系统性能检测方法

1. 转向器壳体的检测

　　(1)壳体、侧盖产生裂纹，应进行更换。二者结合平面的平面度公差为0.10 mm。

　　(2)修整壳体变形。壳体变形的特点是摇臂轴轴承承孔的公共轴线对于转向螺杆两轴承承孔公共轴线的垂直度误差逾限公差为0.04~0.06 mm。两轴线的轴心距变大(公差为0.01 mm)，不但会引起转向沉重的故障，同时减少了转向器传动副传动间隙可调整的次数，缩短了转向器的寿命。修整变形时，先修整结合平面；然后更换摇臂轴衬套，摇臂轴衬套镗削后与摇臂的配合间隙较原厂规定的增大量不得大于0.005 mm，使用滚针轴承其配合间隙不得大于0.10 mm。汽车二级维护时应检查摇臂轴与衬套的配合间隙。使用限度：轿车为0.15 mm，载货汽车为0.20 mm。配合间隙逾限后应更换衬套，衬套与轴承的过盈量为0.010~0.051 mm。

2. 转向螺杆与转向螺母的检测

　　(1)转向螺杆与转向螺母的钢球滚道应无疲劳磨损、划痕等，耗损钢球与滚道的配合间隙须大于0.10 mm。检验钢球与滚道配合间隙的方法有两种：一种方法是把转向螺母夹持固定后，把转向螺杆旋转到一端止点，然后检验转向螺杆另一端的摆动量，其摆动量不得大于0.10 mm，转向螺杆的轴向窜动量也不得大于0.10 mm；另一种方法是将转向螺杆和转向螺母配合副清洗干净后，把转向螺杆垂直提起，转向螺母在重力作用下，如能平稳地旋转下落，说明配合副的传动间隙合格。若有其他耗损，传动副组件一般不进行拆检。

　　(2)总成修理时，应检查转向螺杆的隐伤。若产生隐伤、滚道疲劳剥落、三角键有台阶形损伤或扭曲时，应进行更换。

　　(3)转向螺杆的支承轴颈若产生疲劳磨损，会引起明显的转向盘沉重、转向迟钝。可按原厂规定的锥角磨削修整轴颈，然后刷镀修复或直接更换。

3. 转向摇臂的检测

（1）用磁力探伤法检查转向摇臂是否有裂纹，若有，则应更换。

（2）检查转向摇臂上端的锯齿花键有无磨损、损坏，若有，则应更换。

（3）检查转向摇臂的锁紧螺母，其螺纹不应有损伤，否则应更换。

（4）检查转向摇臂下端和转向拉杆球头销的连接是否牢固、可靠，切不可松旷，否则应修复。

4. 转向拉杆的检测

（1）检查转向横拉杆杆体有无裂纹、弯曲。其直线度误差一般不大于 2 mm，否则应校直。直拉杆 8 字孔磨损不超过 2 mm。

（2）各螺纹部位不应有损坏，与螺塞配合不松旷，否则应更换。

（3）球头销、球座体及钢碗无裂纹、不起槽；球头销颈部磨损不超过 1 mm，球面磨损失圆不大于 0.50 mm，螺纹完好；弹簧不应拆断或弹力减弱。

（4）防尘装置应齐全有效。

5. 转向节臂和梯形臂的检测

（1）转向节臂和梯形臂是否有裂纹，若有应更换。

（2）检查两端部的固定与连接部位是否松动，要求牢固、可靠。

6. 转向臂及横拉杆的检测

（1）检查槽形螺母是否松脱，如松脱，应进行拧紧。同时，也应检查开口销、盖等的装配情况。

（2）使转向盘从直行状况向左、向右方向反复转过60°左右时，应检查横拉杆、转向臂等是否松脱、松旷。

7. 转向器的检测

（1）拆卸。

①用举升器举起车辆，排放转向液压油（ATF 油）。

②拆下固定横拉杆的螺母，如图 12 - 1 所示。

③拆卸左前轮罩处的转向器固定螺栓，如图 12 - 2 所示。

④松开在转向控制阀外壳上的进油管，如图 12 - 3 所示。

⑤拆卸后横板上固定转向器的左边自锁螺母，如图 12 - 4 所示。

⑥把车辆放下，拆卸紧固齿条与转向横拉杆的螺栓，如图 12 - 5 所示。

⑦拆卸仪表板侧边下盖、通风管和踏板盖。

⑧拆卸紧固转向齿轮轴与联轴节的螺栓，并使各轴分开，如图 12 - 6 所示。

图 12 - 1 拆卸横拉杆固定螺母

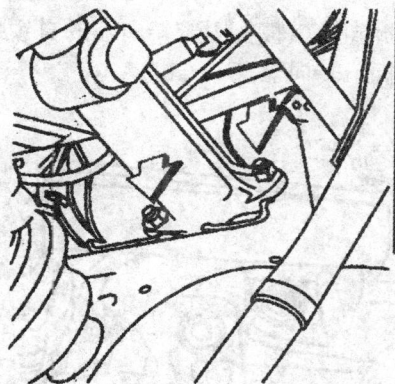

图 12 - 2 拆卸左前轮罩处的转向器固定螺栓

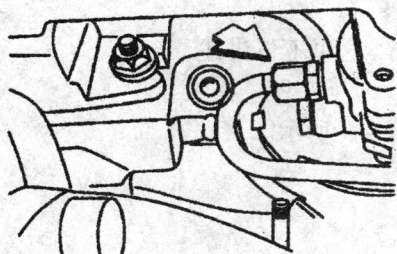

图 12 - 3 松开高压进油管

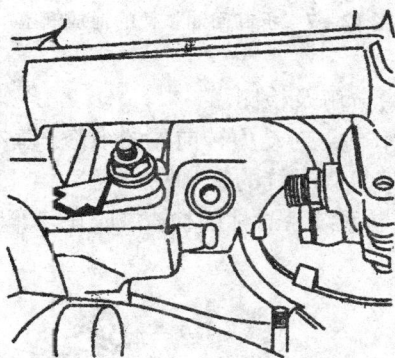

图 12 - 4 拆卸后横板上固定转向器的左边自锁螺母

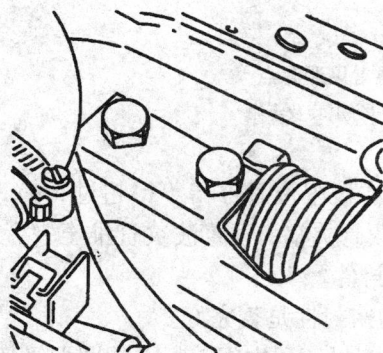

图 12 - 5 拆卸紧固齿条与转向横拉杆的螺栓

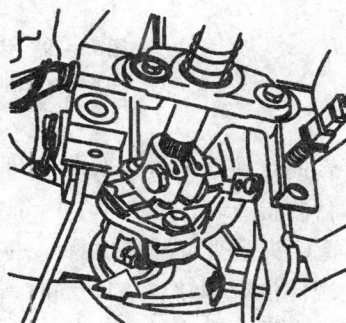

图 12 - 6 拆卸连接转向齿轮轴与联轴节的螺栓

⑨拆卸防尘罩。从汽车内部，拆卸固定在转向控制阀外壳上回油软管的泄放螺塞，如图12-7所示。

⑩拆卸后横板上固定转向器的自锁螺母，如图12-8所示。

⑪拆下转向器。

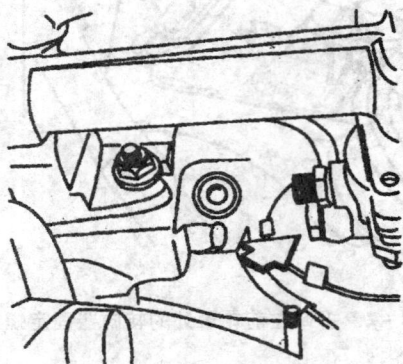

图12-7 拆卸回油软管的泄放螺塞

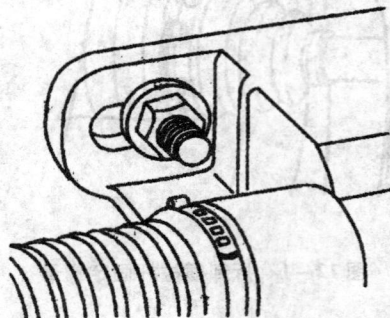

图12-8 拆卸后横板上固定转向器的自锁螺母

（2）分解及检测。

工作中，对动力转向器的维修，基本上是整体更换，这里不再讲述。

（3）检查系统的密封性。

转向系统密封性的检查，应在热车时进行，如图12-9所示。

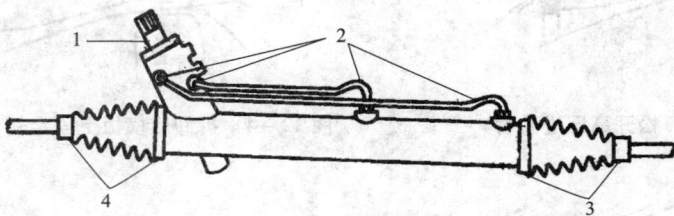

图12-9 齿轮齿条式动力转向器常见泄漏点

1—小齿轮轴油封；2—油管接头；3、4—防尘套及卡箍

①将转向盘快速向左、右两侧转至极限位置（注意在极限位置停留不得超过5 s），并保持不动。目测检查转向控制阀、齿条密封（松开波纹管软管夹箍，再将波纹管推至一旁）、叶轮泵、油管接头是否有漏油现象。如有渗漏，应更换密封件。

②发现储油罐中缺少ATF油时，应检查转向系统的密封性是否完好。

③当转向器主动齿轮不密封时，必须更换阀体中的密封环和中间盖板上的圆形绳环。

④如果转向器罩壳中的齿轮齿条密封件不密封，则ATF油液可能会流入波纹管管套里。此时，应拆开转向机构，更换所有密封环。

⑤如油管接头漏油，应检查原因并重新接好。

8. 转向油泵的检测

(1)转向油泵皮带张紧力的检查。

方法一：汽车停在干燥路面上，运转发动机使油液上升到正常温度，左右转动转向盘。此时，驱动皮带负荷最大。如果皮带打滑，说明皮带紧度不够或油泵内有机械损伤。

方法二：关闭发动机，用手以约 100 N 的力从皮带的中间位置按下。皮带应有约 10 mm 的挠度，否则必须调整。

(2)转向油泵皮带张紧力的调整。

①松开转向油泵支架上的后固定螺栓，如图 12 - 10 所示。

②松开调整螺栓的螺母，如图 12 - 11 所示。

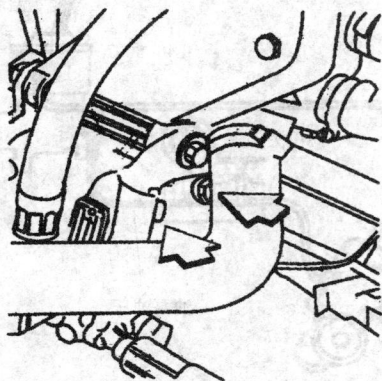

图 12 - 10　松开后固定螺栓

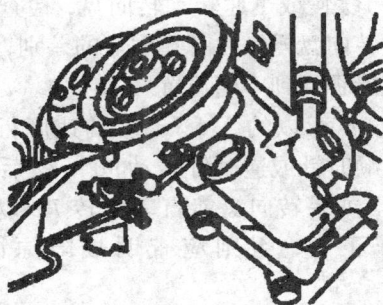

图 12 - 11　松开调整螺栓的螺母

③通过调整螺栓把 V 形带绷紧，如图 12 - 12 所示。用手以约 100 N 的力从皮带的中间位置按下，皮带应有约 10 mm 的挠度为合适。

④拧紧调整螺栓的螺母。拧紧转向油泵支架上的固定螺栓。

⑤如图 12 - 13 所示的皮带紧度测量表检查及调整。

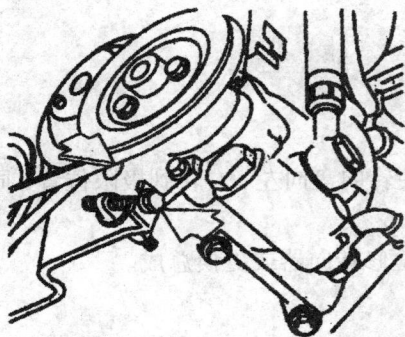

图 12 - 12　张紧 V 带

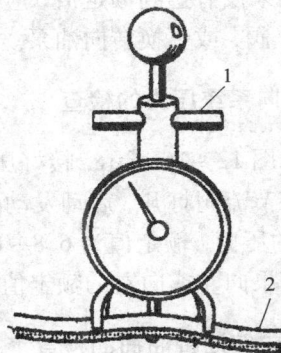

图 12 - 13　皮带紧度测量仪
1—测量仪；2—皮带

9. 转向操纵力的检测

（1）检查转向操纵力时，将汽车停放在水平干燥的路面上，油液温度达到 40℃ ~ 80℃，轮胎气压正常，并使前轮处于直线行驶位置。

（2）发动机怠速运转，将一弹簧秤钩在转向盘边缘上，拉动转向盘，检查转向盘左右转动一圈所需拉力的变化。一般来说，如果转向操纵力超过 44.5 N，说明动力转向工作不正常，应检查有无皮带打滑或损坏、转向油泵输出油压或油量是否低于标准、油液中是否渗入空气、油管是否有压瘪或弯曲变形等故障。

10. 转向盘回位检测

检查时，一面行驶一面查看下列各项：

（1）缓慢或迅速转动转向盘，检查两种情况下的转向盘操纵力有无明显的差别，并检查转向盘能否回到中间位置。

（2）汽车以约 3.5 km/h 的速度行驶，将转向盘顺时针或逆时针转动 90°，然后放开手 1 ~ 2 s。如果转向盘能自动回转 70°以上，说明工作正常，否则应查明故障原因并进行排除。

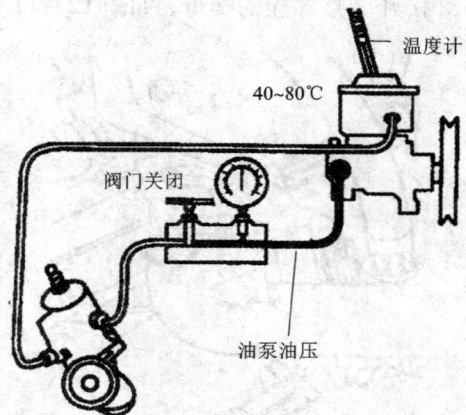

图 12 - 14　转向油泵压力检查

11. 转向油泵压力的检查

（1）将量程为 15 MPa 的压力表和节流阀串接到转向油泵和转向阀之间的管路中，如图 12 - 14 所示。

（2）启动发动机，如果需要，可向储油罐中补充 ATF 油。

（3）启动发动机，使发动机怠速运转，转动转向盘数次。

（4）急速关闭节流阀（不超过 10 s），读出压力数，若压力足够，说明转向油泵正常。

（5）如果没有达到额定值，应检查压力和流量限制阀是否完好。如不正常，则应更换溢流阀、安全阀，或更换转向油泵。

12. 转向系统压力的检查

（1）如图 12 - 15 所示，接好压力表和节流阀。

（2）将节流阀打开，启动发动机并以怠速运转，使转向盘向左、右转到极限位置，同时读出压力表的压力，额定值为 6.8 ~ 8.2 MPa。

（3）如果向左或向右的额定值达不到要求，就要检修转向器或更换总成。

13. 转向储油罐油面的检查

（1）将车辆停放在平坦的地面上，使前轮处于直行位置。

（2）启动发动机，并使其达到正常的工作温度。

（3）使发动机怠速运转大约 2 min，向左、右打几次转向盘，使油温达到 40℃ ~ 80℃，关闭发动机。

（4）观察储油罐的液面。此时，液面应处于"MAX"（上限）与"MIN"（下限）之间，液面低于"MIN"时，应加至"MAX"，如图 12 - 16 所示。

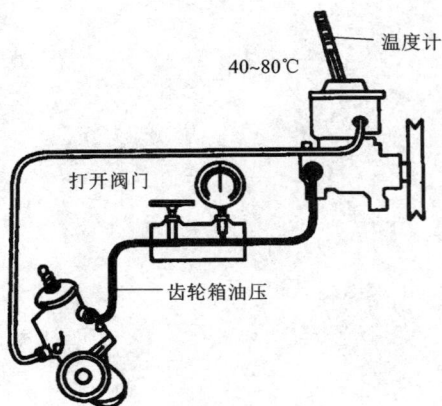

图 12 - 15　转向系统压力的检查　　　　图 12 - 16　转向储油罐油面的检查

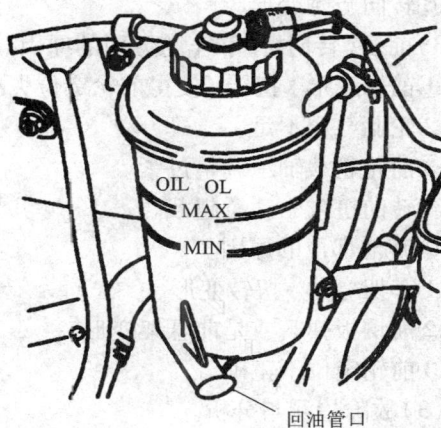

（5）对于用油位标尺检查的汽车：拧下带油位标尺的封盖，用布将油位标尺擦净，将带油位标尺的封盖插入储油罐内拧好，然后重新拧出，观察油位标尺上的标记，应处于"MAX"与"MIN"之间，必要时将转向油加至"MAX"处。

七、汽车转向系统故障原因与分析

1. 转向沉重

（1）故障现象。

汽车在行驶中，转动转向盘感到沉重费力，转弯后又不能及时回正方向。

（2）故障原因。

1）转向器方面的原因。

①转向器缺乏润滑油。

②转向轴弯曲或转向轴管凹陷碰擦，有时会发出"吱吱"的摩擦声。

③转向摇臂与衬套配合间隙过小或无间隙。

④转向器输入轴上、下轴承调整过紧，或轴承损坏受阻。

⑤转向器啮合间隙调整过小。

2）转向传动机构的原因。

①各处球销缺乏润滑油。

②转向直拉杆和横拉杆上球销调整过紧，压紧弹簧过硬或折断。

③转向直拉杆或横拉杆弯曲变形。

④转向节主销与衬套配合间隙过小，或衬套转动使油道堵塞，润滑油无法进入，使衬套与转向节主销烧蚀。

⑤转向节止推轴承调整过紧或缺少润滑油或损坏。

⑥转向节臂变形。

3）前桥（转向桥）和车轮方面的原因。

①前轴变形、扭转，使得前轮定位失准。

②轮胎气压不足。

③前轮轮毂轴承调整过紧。

④转向桥或驱动桥超载。

4）其他部位的原因。

①车架弯曲、扭转变形。

②前钢板弹簧或是前悬架变形。

③前轮定位不正确。

（3）故障检测与分析。

①顶起前桥，转动转向盘，若感到转向盘变轻，则说明故障部位在前桥、车轮或其他部位。此时，应首先检查轮胎气压，如气压偏低，则应充气使之达到正常值，接下来应用前轮定位仪检查前轮定位，尤其应注意后倾角和前束值，如果是因为前束过大造成的转向沉重，同时还能发现轮胎有严重的磨损。

②若转向仍感沉重，说明故障在转向器或转向传动机构，可进一步拆下转向摇臂与直拉杆的连接。此时若转向变轻，说明故障在转向传动机构，应检查各球头销是否装配过紧或止推轴承是否缺油、损坏，各拉杆是否弯曲变形等。通常检查时，可用手扳动两个车轮左右转动查看各传动部分，并转动车轮检查车轮轴承的松紧度。

③拆下转向摇臂后，若转向仍沉重。则转向器本身有故障，可检查转向器是否缺油；转动转向盘时倾听有无转向轴与柱管的碰擦声，检查、调整转向器主动轴上、下轴承预紧度和啮合间隙，转向摇臂轴转动是否发卡等；如不能解决就将转向器解体，检查内部有无元部件损坏。

④若经过上述检查，仍不见减轻，可检查车桥、车架或下控制臂（独立悬架式）与转向节臂，看其有无变形。如发现变形，应进行修整或更换。同时检查前弹簧（板簧或螺旋弹簧），看其是否折断，否则应更换。

2. 低速摆头故障的诊断与排除

（1）故障现象。

汽车在低速行驶时，感到方向不稳，产生前轮摆振。

（2）故障原因。

①转向器传动副啮合间隙过大。

②转向传动机构横、直拉杆各球头销磨损松旷，弹簧折断或调整过松。

③转向节主销与衬套的配合间隙过大或前轴主销孔与主销配合间隙过大。

④前轮轮毂轴承装配过松或紧固螺母松动。

⑤后轮胎气压过低。

⑥车辆装载货物超长，使前轮承载过小。

⑦前悬架弹簧错位、折断或固定不良。

（3）故障检测与分析。

1）外观检查。

①检查车辆是否装载货物超长，从而引起前轮承载过小。

②检查后轮胎气压是否过低。若轮胎气压过低，应充气使之达到规定值。

③检查前悬架弹簧是否错位、折断或固定不良，若错位应拆卸修复；若折断应更换；若固定不良，应按规定力矩拧紧。

2）检查转向盘自由行程。

①由一人握紧转向摇臂，另一人转动转向盘试验，若自由行程过大，说明转向器啮合传动副间隙过大，应进行调整。

②放开转向摇臂，仍由一人转动转向盘，另一人在车下观察转向拉杆球头销。若有松旷现象，说明球头销或球碗磨损过甚、弹簧折断或调整过松，应先更换损坏的零件，再进行调整。

③通过以上检查均正常，可支起前桥，并用手沿转向节轴轴向推拉前轮，凭感觉判断是否松旷。若有松旷感觉，可由另一人观察前轴与转向节连接部位。

④若此处松旷，说明转向节主销与衬套的配合间隙过大，或前轴主销孔与主销配合间隙过大，应更换主销及衬套。

⑤若此处不松旷，说明前轮毂轴承松旷，应重新调整轴承的预紧度。

3. 高速摆头

（1）故障现象。

汽车行驶中出现转向盘发抖，车头在横向平面内左右摆动、行驶不稳等。此故障有以下两种情况：

①在高速范围内某一转速时出现。

②转速越高，上述现象越严重。

（2）故障原因。

①转向轮动不平衡。

②前轮定位不正确。

③车轮偏摆量大。

④转向传动机构有运动干涉。

⑤车架、车桥变形。

⑥悬架装置出现故障：左右悬架刚度不等，弹簧折断，减振器失效，导向装置失效等。

（3）故障检测与分析。

1）外观检查。

①检查减振器是否失效，若有漏油或失效，则应更换。

②检查左右悬架弹簧是否折断，刚度是否一致。若有折断或弹力减弱，应更换。

③检查悬架弹簧是否固定可靠，转向传动机构有无运动干涉等，若有应排除。

2)支起驱动桥，用三角架塞住非驱动轮。启动发动机并逐步使汽车换入高速挡，使驱动轮达到车身摆振的车速。

①若此时车身和转向盘出现抖动，说明传动轴严重弯曲或松旷，转向轮动不平衡或偏摆量大(前驱动)。

②若此时车身和转向盘不抖动，说明故障为车架、车桥变形或前轮定位不正确。

3)检查前轮是否偏摆：

①支起前桥，在前轮轮辋边上放一划针，慢慢地转动车轮，查看轮辋是否偏摆过大。若轮辋偏摆量过大，应更换。

②拆下前轮，在车轮动平衡仪上检查前轮的动平衡情况，若动不平衡量过大，应加装平衡块进行平衡。

4)经上述检查均正常，应检查车架、车桥是否变形，并用前轮定位仪检查调整前轮定位。

4. 行驶跑偏

(1)故障现象。

汽车直线行驶时，转向盘不居中间位置，必须紧握转向盘，预先校正一角度后，汽车才能保持直线行驶，若稍放松转向盘，汽车便会自动向一侧跑偏。

(2)故障原因。

①左右前轮轮胎气压不相等或轮胎直径不等。

②两前轮的定位角不等。

③两前轮轮毂轴承的松紧度不等。

④前束过大或过小。

⑤前桥(整轴式)弯曲变形或下控制臂(独立悬架式)安装位置不一致。

⑥前后车轴不平行。

⑦车架变形或左右轮距相差太大。

⑧一边车轮制动拖滞。

⑨转向轴两侧悬架弹簧弹力不等。

(3)故障检测与分析。

1)外观检查。

①检查左、右两前轮轮胎气压是否一致。若不一致，应按规定充气，使两前轮轮胎气压保持一致。

②检查左、右两前轮轮胎的磨损程度。若磨损程度不一致，应更换磨损严重的轮胎。

③检查左、右两前轮轮胎的花纹是否一致。若花纹不一致，应更换轮胎，使花纹一致。

④将汽车停放在平坦的地面上，查看汽车前部高度是否一致。若高度不一致，说明悬架弹簧折断或弹力不一致，应更换。

2)用手触摸跑偏一方的车轮制动鼓和轮毂轴承部位，感觉温度情况：

①若感觉车轮制动鼓特别热，说明该轮制动器间隙过小或制动回位不彻底，应检查调整。

②若感觉轮毂特别热，说明该轮轴承过紧，应重新调整轴承预紧度。

3)测量前后桥左右两端中心的距离是否相等，若不相等，说明轴距短的一边钢板弹簧错位，车轴或半轴套管弯曲等，应检查维修。

4）用前轮定位仪检查前轮定位是否正确，若不正确，应调整。

5. 液压助力转向系统转向沉重

（1）故障现象。

装有液压动力转向系统的汽车，在行驶中突然感到转向沉重。

（2）故障原因。

一般是液压转向助力系统失效或助力不足所造成的，其根本原因在于液压不足。引起转向系统油压不足的主要原因有以下几个方面：

①储油罐缺油，或油面高度低于规定要求。

②液压回路中渗入了空气。

③油泵驱动皮带过松或打滑。

④各油管接头处密封不良，有泄漏现象。

⑤油路堵塞或滤油器污物太多。

⑥油泵磨损、内部泄漏严重。

⑦油泵安全阀、溢流阀泄漏，弹簧弹力减弱或调整不当。

⑧动力缸或转向控制阀密封损坏。

（3）故障检测与分析。

1）检查转向油泵驱动部分的情况。

①用手压下转向油泵的驱动皮带，检查皮带的松紧度，若皮带过松，应调整。

②启动发动机，使发动机处于怠速运转；突然提高发动机的转速，检查转向油泵驱动皮带有无打滑现象，发现问题后应按规定更换性能不良的部件。

2）检查储油罐内的油液质量和液面高度。若油液变质，则应更换规定油液；若只是液面低于规定高度，应加油使油面达到规定位置。

3）检查转向油液储油罐内的滤清器。

①若发现滤网过脏，说明滤清器堵塞，应清洗。

②若发现滤网破裂，说明滤清器损坏，应更换。

4）检查油路中是否渗入空气，如果发现储油罐中的油液有气泡时，说明油路中有空气渗入，应检查各油管接头和接合面的螺栓是否松动，各密封件是否损坏，有无泄漏现象，油管是否破裂等。对于出现故障的部位应进行修理和更换，并进行排气操作，最后重新加入油液。

5）检查各油管接头处等有无泄漏，油路中是否有堵塞，查明故障后按规定力矩拧紧有关接头或清除污物。

6）对转向油泵进行输出油压检查，如果油泵输出压力不足，说明油泵有故障，此时应分解油泵，检查油泵是否磨损或内部泄漏严重，安全阀、溢流阀是否泄漏或卡滞，弹簧弹力是否减弱或调整不当，各轴承是否烧结或严重磨损等。对于叶片泵还应检查转子上的密封环，以及查看油封是否损坏，对于齿轮泵应检查齿轮间隙是否过大等；查明故障后，应进行修理，必要时更换油泵。

6. 转向系有噪声

（1）故障现象。

汽车转向时，转向系统有不太大的噪声是属于正常现象。但当噪声过大或影响汽车的转向性能时，必须对转向系统进行检查，并排除故障。

（2）故障原因。

①储油罐中液面太低，油泵在工作时容易渗入空气。

②液压系统中渗入空气。

③储油罐滤网堵塞，或液压回路中有过多的沉积物。

④油管接头松动或油管破裂。

⑤油泵严重磨损或损坏。

⑥转向控制阀性能不良。

（3）故障检测与分析。

1）当转向盘处于极限位置或原地慢慢转动转向盘时，转向器发出"嘶嘶"声，如果这种异响严重，则可能为转向控制阀性能不良，应更换转向控制阀。

2）当转向油泵发出"嘶嘶"声或尖叫声时，应进行以下检查：

①检查储油罐液面高度。液面高度不够时应查明泄漏部位并修理，然后按规定加足油液。

②检查转向油泵驱动皮带是否打滑。若打滑，应查明原因更换皮带或调整皮带紧度。

③查看油液中有无泡沫。若有泡沫，应查找漏气部位并进行修理，然后排除空气。若无漏气，则说明油路有堵塞处或油泵严重磨损及损坏，应进行修复或更换。

7. 转向系左右转向轻重不同

（1）故障现象。

汽车行驶时，向左和向右转向操纵力不相等。

（2）故障原因。

①转向控制阀阀芯（或滑阀）偏离中间位置，或虽然在中间位置，但与阀体槽肩的缝隙大小不一致。

②控制阀内有污物阻滞，使左右转动阻力不同。

③液压系统中动力缸的某一油腔内渗入空气。

④油路漏损。

（3）故障检测与分析。

这种故障多是油液脏污所致，应按规定更换新油后再进行检查。

①如果油质良好或更换新油后故障没有消除，应对液压系统进行排气，并检查系统有无油液泄漏。液压系统中出现泄漏时，应更换泄漏部位的零部件。

②如果故障仍不能排除，则可能是由于控制阀定中不良造成的。

8. 直线行驶时转向盘发飘或跑偏

（1）故障现象。

汽车直线行驶时，难以保持正前方向而总向一边跑偏。

（2）故障原因。

①油液脏污、转向控制阀回位弹簧折断或变软，使转向控制阀不能及时回位。

②转向控制阀阀芯（或滑阀）偏离中间位置，或虽在中间位置但与阀体槽肩的缝隙大小不一致。

③流量控制阀卡滞使油泵流量过大或油压管路布置不合理，造成油压系统管路节流损失过大，使动力缸左右腔压力差过大。

（3）故障检测与分析

①首先检查油液是否脏污。对于新车或大修以后的车辆，如果不认真执行走合维护的换油规定，会使油液脏污。

②对于使用较久的车辆，则可能是流量控制阀或转向控制阀回位弹簧失效所致。此时，可在不启动发动机的情况下转动转向盘，凭手感判断控制阀是否开启运动自如，若有怀疑一般应拆卸检查。

③最后检查转向油泵流量控制阀是否卡滞，油压管路布置是否合理。若发现故障进行修理。

9. 转向时转向盘发抖

（1）故障现象。

发动机工作时转向，尤其是在原地转向时滑阀共振，转向盘抖动。

（2）故障原因。

①储油罐液面低。

②油路中渗入空气。

③转向油泵驱动皮带打滑。

④转向油泵输出压力不足。

⑤转向油泵流量控制阀卡滞。

（3）故障检测与分析。

①检查储油罐液面是否符合规定，否则按要求加注转向油液。

②排放油路中渗入的空气。

③检查转向油泵驱动皮带是否打滑。发现问题后，应按规定调整皮带紧度或更换性能不良的部件。

④对转向油泵输出压力进行检查。压力不足时应分解油泵，检查油泵是否磨损或内部泄漏严重、安全阀及流量控制阀是否泄漏或卡滞、弹簧弹力是否减弱或调整不当、各轴承是否烧结或严重磨损等。对于叶片式转向油泵，还应检查转子上的密封环或油封是否损坏，必要时可更换油泵。如果泵轴油封泄漏，也应更换转向油泵。

10. 转向盘回正不良

（1）故障现象。

汽车完成转向后，转向盘不能回到中间行驶位置（直线行驶位置）。

（2）故障原因。

①转向油泵输出油压低。

②液压回路中渗入空气。

③回油软管扭曲阻塞。

④转向控制阀或转向动力缸发卡。

⑤转向控制阀定中不良。

（3）故障检测与分析。

①对液压系统进行排气操作，排气后按规定加足转向油液。

②检查转向油泵输出油压。若油压不足，则应拆检转向油泵，检查油泵是否磨损或内部泄漏严重、安全阀及流量控制阀是否泄漏或卡滞、弹簧弹力是否减弱或调整不当、各轴承是否烧结或严重磨损等。查明故障后，进行修理，必要时可更换油泵。如果泵轴油封泄漏也应更换转向油泵。

③检查回油软管是否阻塞，如有应更换回油软管。

④拆检转向控制阀或转向动力缸，查明故障原因，然后视情况进行修复，对于损坏的零件应更换。必要时，可更换转向控制阀或转向动力缸。

实训十三　汽车行驶系统检测与故障分析

一、实训教学组织

(1)集中讲解实训内容、注意事项及操作步骤。

(2)根据实训内容、要求进行分组。

(3)在教师指导下，各组学生自己独立操作，并对测试数据进行记录。

(4)教师总结实训情况。

二、实训目的

通过本次实训，使学生进一步加深对本专业所学"汽车构造""汽车维修与诊断""汽车测试技术"等课程理论知识的理解，增强感性认识，认识了解汽车行驶系统常见故障及基本的检测调试方法，提高分析、解决汽车行驶系统故障的能力。

三、实训要求

(1)遵守实训规程，注意人身、设备及仪器安全。

(2)掌握行驶系统的组成结构以及悬架、轮胎的调整方法。

(3)能分析行驶系统故障产生的原因，掌握相关故障的诊断检测方法。

(4)按时完成实训报告。

四、实训仪器、设备

(1)故障诊断仪，1台。

(2)多通道示波器，1台。

(3)实训车，1台。

（4）跨接线、万用表、测试笔及常用工具等。

五、注意事项

（1）用举升器或千斤顶将汽车举起，将高度控制开关（ON/OFF）拨到 OFF 位置。
（2）当放下汽车使四轮落地时，必须将汽车下面的所有物体搬开。
（3）在开动汽车之前，必须启动发动机使汽车高度恢复到正常状态。

六、汽车行驶系统性能检测方法

1. 车轮平衡的检测

如果车轮的质量分布不均匀，旋转起来是不平衡的；车轮不平衡对转向轮摆振的影响比路面不平的影响要大。车轮本身的不平衡是汽车产生摆振的一个重要原因。

车轮高速旋转时，不平衡质量会引起车轮上下跳动和横向摆振，不仅影响汽车的行驶平顺性、乘坐舒适性和操纵稳定性，而且也会影响行车安全。车轮的上下跳动和横向摆振还会加剧轮胎的磨损，缩短汽车的使用寿命，增加汽车的运输成本。

车轮不平衡的原因主要是：轮辋、轮胎在生产和修理过程中的精度误差、轮胎材料不均匀；轮胎装配不正确，轮胎螺栓质量不一；平衡块脱落；汽车行驶过程中的偏磨损；使用翻新胎或补胎等。

（1）车轮静平衡的检测。

对于非驱动桥上的车轮：支起车轴，调整好轮毂轴承松紧度，用手轻转车轮，使其自然停转。在停转的车轮离地最近处做标记，然后重复上述步骤。如果每次试验标记都停在离地最近处，则车轮静不平衡；如果多次转动自然停止后的标记位置各不相同，说明车轮静平衡。

驱动桥上的车轮，由于受到差速器等的制约，无法使用该方法，只能在装车前检测。

即使静平衡的车轮，在装车使用时也可能动不平衡；因此，还应对车轮动平衡进行检测校正。

（2）使用离车式动平衡机检测、校正车轮动平衡。

①清除车轮上的泥块、石子和旧平衡块。

②将轮胎气压充至规定值。

③根据轮辋中心孔的大小选择锥体或多孔式连接盘，将车轮装上动平衡机，拧紧固定螺母。

④测量轮辋宽度 b、轮辋直径 d 和轮辋边缘至机箱的距离 a，将这三个值输入动平衡机。

⑤放下车轮防护罩，打开电源开关，按动启动按钮，车轮开始旋转，动平衡机开始采集数据。

⑥检测结束后，从指示装置读取车轮不平衡量和不平衡位置。

⑦抬起车轮防护罩，用手慢慢转动车轮，当指示装置发出声音或灯光等信号时停止转

动。根据显示的平衡块质量,在轮辋内侧或外侧牢固安装平衡块。

⑧重新检测动平衡,直到指示装置显示不平衡质量小于 5 g,或显示"00""OK"为止。

⑨关闭电源开关,取下被测车轮。

(3)使用就车式车轮动平衡机检测校正车轮动平衡。

车轮动平衡的检测可将车轮安装到离车式车轮动平衡机上检测与校对,但需要把车轮拆下。就车式车轮动平衡机可直接在车上使用,非常方便,既可进行动平衡检测,又可进行静平衡检测。校正的部件包括车轮、制动鼓(盘)、轮毂轴承等高速旋转体,如图 13 – 1 所示。

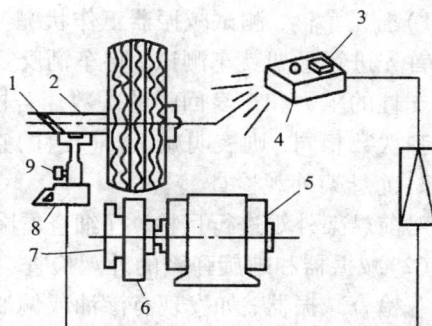

图 13 – 1 就车式车轮动平衡机示意图

1—传感磁头;2—转向节;3—不平衡度表;
4—频闪灯;5—电动机;6—转轮;
7—制动器;8—底座;9—可调支架

1)对被检汽车的要求:

①轮胎气压正常。

②前后轮胎磨损情况基本一致。

③悬架完好,无松旷等现象。

④转向系调整适当。

⑤汽车前后高度与标准值的差不大于 5 mm。

⑥制动系工作正常。

2)检测前的准备:

①将汽车开上举升平台,托起四个车轮,把汽车举升 0.50 m。

②托起车身适当部位,把汽车举升至车轮能自由转动。

③按上述"对被检汽车的要求"中的步骤进行检查调整。

3)检测:

①将传感器支架安装到轮毂上,将传感器(定位校正头)安装到支架上,按说明书的规定调整好。

②开机进入测试程序,输入被检汽车的车型和生产年份。

③将转向盘处于直线行驶位置,并使每个车轮旋转一周,即将轮辋变形的误差输入计算机,完成轮辋变形的补偿。

④降下汽车,使车轮落到平台上,把汽车前部和后部向下压动 4 ~ 5 次,进行压力弹跳。

⑤用刹车锁压下制动踏板,使汽车处于制动状态。

⑥把转向盘左转至计算机发出"OK"声,输入左转角度;然后把转向盘右转至计算机发出"OK"声,输入右转角度。

⑦回正转向盘,计算机屏幕上显示出后轮的前束和外倾角数值。

⑧将转向盘处于直线行驶位置,用转向盘锁锁住转向盘,使之不能转动。

⑨把安装在四个车轮上的定位校正头调到水平线上,计算机屏幕上显示出转向轮的主销后倾角、主销内倾角、前轮外倾角和前束。

⑩如果数值不正确,可按微机屏幕的显示进行调整,调整后按上述方法重新检测。

2. 悬架的检测

（1）基本检查。

1）摇晃车辆，测试减振器工作状况。

首先进行悬架就车测试，将车辆反复摇动 3 次或 4 次，每次推力尽量相同。回弹时，应注意支柱的阻力和车身回弹的次数。若松手后回弹 1~2 次，车身立即停止回弹，且左右两侧的回弹次数相同，则表明减振器（支柱）正常。

2）前悬架外观检查。

对前悬架外观进行目检，仔细查看减振器是否有漏油、老化、松旷、变形和破裂等现象。

（2）减振器和螺旋弹簧的外观检查。

①检查减振器，如发现有渗油或偏油现象，则必须更换。

②减振器上下安装点是否有松动。

③检查减振器是否有弯曲。

④橡胶防尘套和缓冲块（限位块）工作情况。

⑤弹簧保护漆层是否有腐蚀、刮伤、划痕或麻点现象。

⑥弹簧座圈上的橡胶垫是否有老化变形或损坏。

（3）稳定杆铰接头和稳定杆衬套检查。

举起车辆，将前悬架放下时，观察稳定杆支承处拉杆是否移位、有无间隙，衬套是否老化、裂痕损坏。

（4）车身与底盘之间的支架螺栓检查。

采用套筒扳手检查悬架横梁与车身之间，以及中间梁与车身之间所连接的螺栓是否松动。

（5）悬架臂橡胶衬套与球头检查：

①检查球节是否过松，上、下晃动下悬架臂，检查球头是否有游隙。

②检查悬架臂有无裂纹、变形或损坏。

③检查悬架臂衬套有无破损老化和裂纹。

④检查悬架臂球头销防尘罩有无损坏。

（6）电控悬架的检测。

1）检查汽车高度。

将悬架刚度阻尼模式转换开关（LRC）拨到"NORM（标准）"位置。将汽车上下跳振几次，使四个悬架处于稳定状态。再向前向后推动汽车，使车轮处于稳定状态。将变速杆放在 N 挡位上，松开驻车制动器，启动发动机。将高度控制开关拨到"HIGH（高）"位置，在汽车高度升高的状态下等待 1 min 后，将高度控制开关拨回到"NORM（标准）"位置，此时汽车高度下降。在这种状态下等待 1 min 后，再重复一次上述操作。其目的是使每个悬架处于稳定状态。

汽车前部高度是测量地面到下悬架臂安装螺栓中心的距离。后部高度是测量地面到 2 号下悬架臂安装螺栓中心的距离。汽车高度如不符合标准，可转动高度传感器连接杆螺栓来进行调整。

2) 汽车高度调整。

①先拧松高度传感器连接杆上的锁紧螺母，转动连接杆的螺栓便可调节长度，而达到调整车高的目的。

②检查高度传感器的连接杆露出的螺纹部分的尺寸是否小于极限值。

③暂时拧紧连接杆上下的锁紧螺母，此时再检查一次汽车高度，如果高度符合标准，则不再需要调整而将锁紧螺母拧紧；如果高度不符合标准，必须按上面的步骤进行调整直到符合标准为止。

④调整完车高，必须检查车轮定位。

七、汽车行驶系统故障原因与分析

1. 行驶平顺性不良

（1）故障现象。

汽车行驶时出现振动，加速时出现窜动，驾乘人员感觉很不舒服。

（2）故障原因。

造成行驶平顺性不良的原因主要是：

①前稳定杆卡座松旷或橡胶支承损坏，应进行更换。

②车轮动平衡超标，应进行校正。

③减振器或缓冲块失效，应修理或更换。

④传动轴动不平衡，应进行校正。

⑤钢板弹簧支架衬套磨损松旷，应进行更换。

⑥车轮轴承松旷或转向横拉杆球头松旷，应进行更换。

⑦钢板弹簧 U 形螺栓滑牙或松动，应进行更换或紧固。

⑧发动机横梁和下摆臂的固定螺栓或衬套松旷，应进行修理或更换。

⑨半轴内外万向节磨损松旷，应进行更换。

⑩轮胎气压过高，磨损不均，应进行调整或更换。

（3）故障检测与分析。

以桑塔纳乘用车为例，针对不同的行驶平顺性特征，对照如图 13 - 2 所示行驶平顺性不良常见故障检测与分析流程，找出故障部位。

2. 车身横向倾斜

（1）故障现象。

汽车车身左高右低或左低右高，出现倾斜。

（2）故障原因。

造成车身横向倾斜的原因主要是：

①左右轮胎气压不一致，应按规定充气。

②左右轮胎规格不一致，应进行更换。

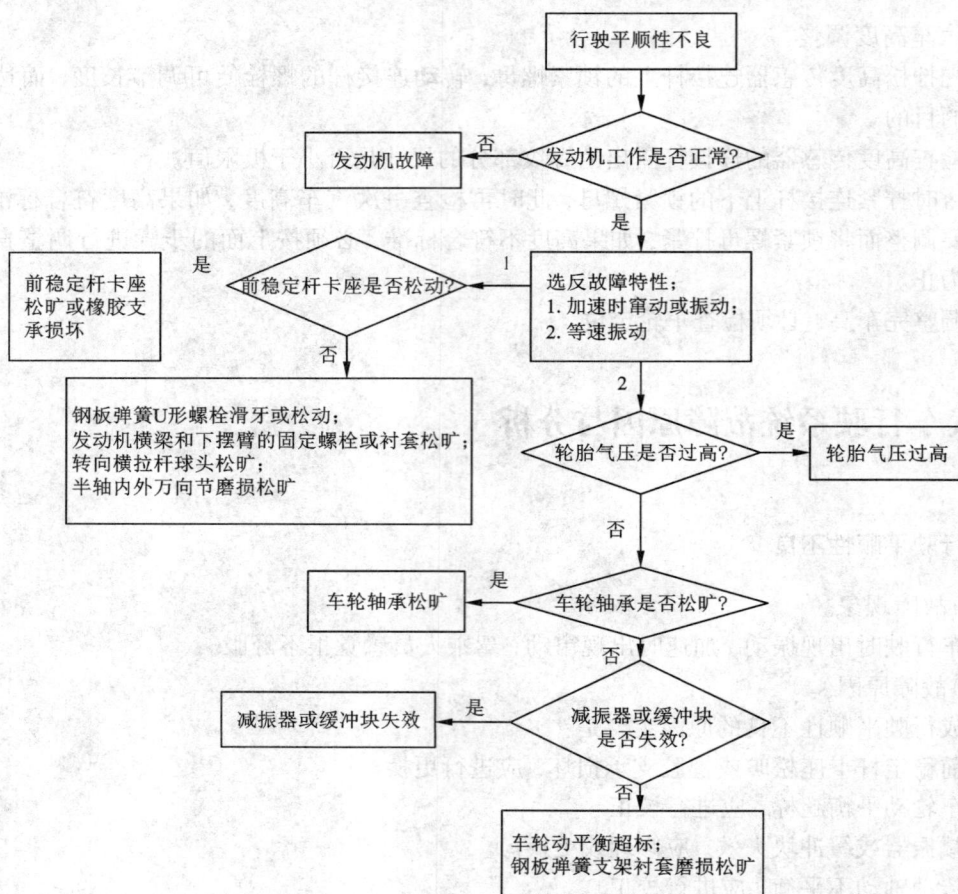

图 13 − 2　行驶平顺性不良常见故障检测与分析流程图

③悬架弹簧自由长度或刚度不一致，应进行更换。

④下摆臂变形，应进行校正或更换。

⑤发动机横梁和下摆臂的固定螺栓或衬套松旷，应进行修理或更换。

⑥减振器或缓冲块损坏，应进行更换。

⑦发动机横梁变形，应进行校正或更换。

⑧车身变形，应进行整形修理等。

（3）故障检测与分析。

以桑塔纳乘用车为例，先检查左右轮的气压、规格是否一致，再检查悬架、车身等部位，确定故障位置。车身横向倾斜常见故障检测与分析流程，如图 13 –3 所示。

3. 行驶无力

（1）故障现象。

即使将加速踏板踩到底，汽车驱动力也不足，出现加速不良，爬坡无力等现象。

（2）故障原因。

造成汽车行驶无力的根本原因是发动机无力，传动系传动效率低，车轮受到的阻力

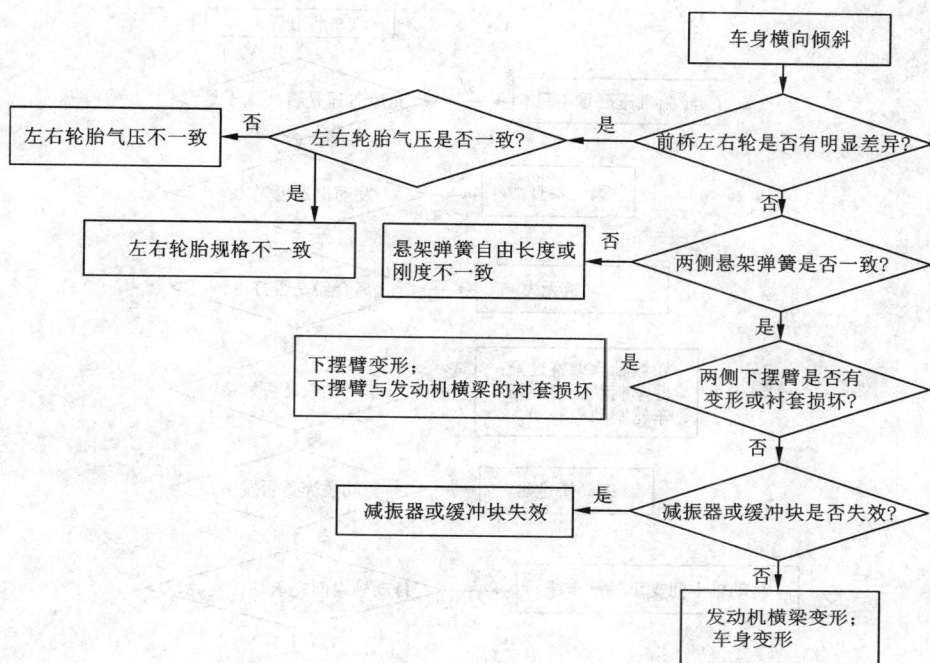

图 13-3　车身横向倾斜常见故障检测与分析流程图

过大。

具体原因主要是：

①发动机输出动力不足。

②离合器打滑。

③变速器缺油或润滑油变质，应进行添加或更换。

④变速器齿轮啮合间隙过小，应进行重新选配。

⑤万向传动装置中间支承轴承缺油、锈蚀甚至失效，应进行润滑或更换。

⑥主减速器、差速器或半轴的传动齿轮（花键）啮合间隙过小，应进行调整。

⑦驱动桥缺油或润滑油变质，应进行添加或更换。

⑧轮胎气压严重不足，应充气或修补后充气，必要时须更换轮胎。

⑨车轮制动拖滞。

⑩驻车制动拉索回位不畅，造成后轮制动未完全释放，应进行润滑或更换。

⑪轮毂轴承过紧，应进行调整。

⑫前轮定位不正确，应进行调整或更换部件等。

（3）故障检测与分析。

按照故障原因的可能性从大到小、检查的难易性从易到难的顺序，首先应检查轮胎气压是否严重不足。在排除发动机无力的情况下，检查影响传动系传动效率降低的因素是否存在。最后检查排除车轮受到的阻力过大的因素。

详见图 13-4 所示的汽车行驶无力常见故障检测与分析流程。

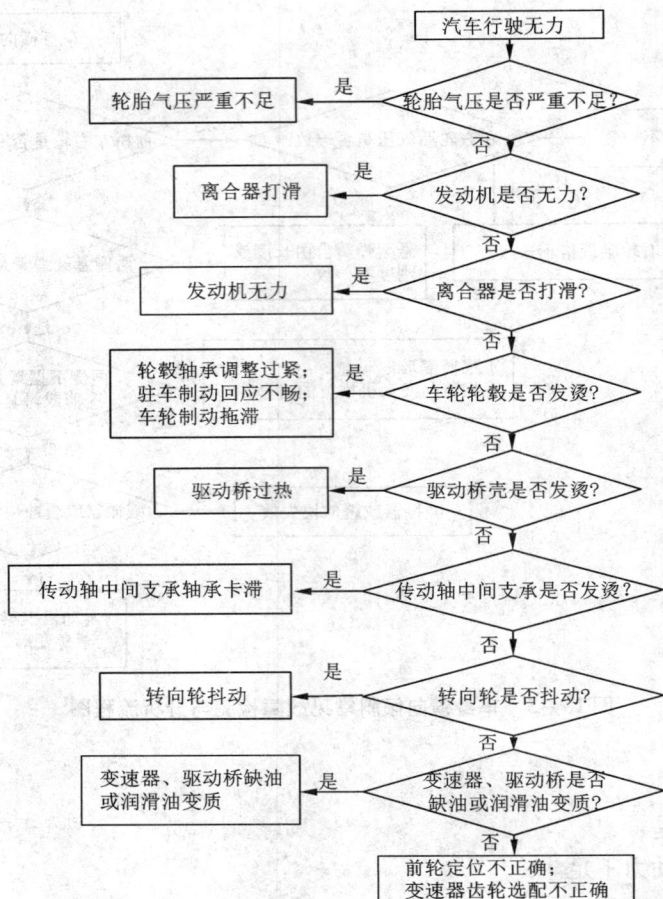

图 13-4　汽车行驶无力常见故障检测与分析流程

4. 行驶跑偏

(1)故障现象。

汽车正常行驶，不踩制动时，必须紧握转向盘才能保持直线行驶，若稍有放松便自动跑向一边。

(2)故障原因。

造成汽车行驶跑偏的根本原因是汽车车轮的相对位置不正确，两侧车轮受到的阻力不一致。具体原因主要是：

①两前轮轮胎气压不等，直径不一或汽车装载质量左、右分布不均匀，应进行调整或更换。

②左、右两前钢板弹簧翘度不等，弹力不一或单边松动、断裂，应进行更换。

③前梁、车架发生水平面内的弯曲，应进行校正。

④汽车两边的轴距不等，应进行调整。

⑤两前轮轮毂轴承的松紧度不一，应进行调整。

⑥前轮定位不正确，应进行调整或更换部件。

⑦车轮有单边制动或拖滞现象，应检修。

⑧转向杆系变形，应进行校正或更换。

⑨动力转向系控制阀损坏或密封环弹性减弱，阀芯运动不畅或偏离中间位置，应进行调整或更换等。

（3）故障检测与分析。

如图 13 - 5 所示的汽车行驶跑偏常见故障检测与分析流程找出故障。

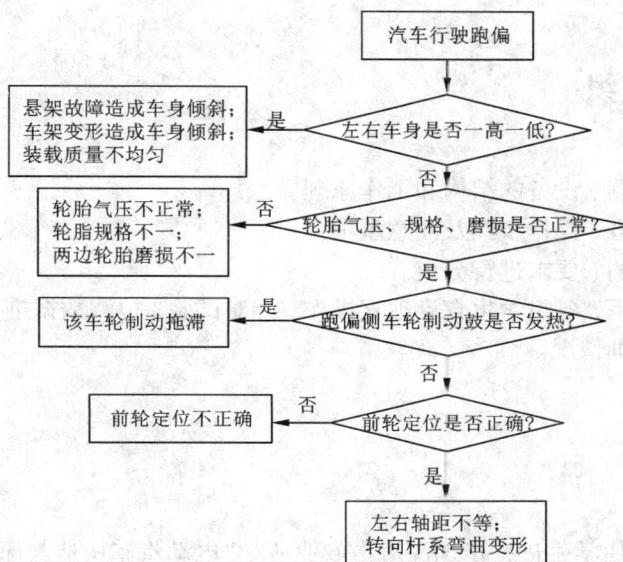

图 13 - 5　汽车行驶跑偏常见故障检测与分析流程图

实训十四　纯电动汽车检测与故障分析

一、实训教学组织

(1)集中讲授仪器、设备的结构和工作原理。

(2)讲解实训内容、操作步骤及注意事项。

(3)根据实训目的、要求进行分组。

(4)在教师指导下，各组学生自己独立操作，并对试验、检测数据进行记录。

(5)教师总结实训情况。

二、实训目的

通过本次实训，使学生进一步加深对本专业所学"电动汽车构造与原理""汽车维修与诊断""汽车测试技术"等相关课程课堂理论知识的理解，增强感性认识，掌握汽车发动机密封性检测的基本原理和方法，提高实际动手能力，为今后从事生产、科研打下较牢固的基础。

三、实训要求

(1)遵守实训规程，注意设备、仪器及人身安全。

(2)掌握电动汽车常见电路系统故障的诊断检测方法。

(3)认真记录试验数据，并根据实训数据及相关知识，能分析影响电动汽车电路故障的主要原因及部位。

(4)按时完成实训报告。

四、实训仪器、设备

(1)实训电动汽车,1只。
(2)实训车整车线束,1付。
(3)整车电路实训台,1台。
(4)实训车型电路图,1套。
(5)万用表、试灯、跨接线。
(6)电动汽车诊断仪,1套。
(7)相关工具,1套。

五、注意事项

(1)纯电动汽车整车橙色线束均为高压线,严禁带电触碰。

(2)检修高压系统时,整车电源必须处于 OFF 挡(并且车辆处于非充电状态),并拔下维修开关,紧急维修开关拔下后,由专职监护人员保管,并确保在维修过程中不会有人将其插上。

(3)当需要维修或更换高压配电箱时,应小心拔出连接电池包的正、负极高压接插件,使用绝缘胶带包好裸露的电线头,避免触电。

(4)在断开紧急维修开关 5 min 后,进行检修高压系统前,应使用万用表测量高压回路,确保无电。

六、纯电动汽车结构与特点

纯电动汽车的结构主要由电力驱动控制系统、汽车底盘、车身以及各种辅助装置等部分组成。除了电力驱动控制系统,其他部分的功能及其结构组成基本与传统汽车相同,不过有些部件根据所选的驱动方式不同,已被简化或省去了。所以电力驱动控制系统既决定了整个纯电动汽车的结构组成及其性能特征,也是纯电动汽车的核心。它相当于传统汽车中的发动机与其他功能以机电一体化方式相结合,这也是区别于传统内燃机汽车的最大不同点。

1.电力驱动控制系统

电力驱动控制系统的组成与工作原理,如图 14-1 所示。按工作原理可划分为车载电源模块、电力驱动模块和辅助模块三大部分。

(1)车载电源模块。

车载电源模块主要由蓄电池电源、能源管理系统和充电控制器三个部分组成。

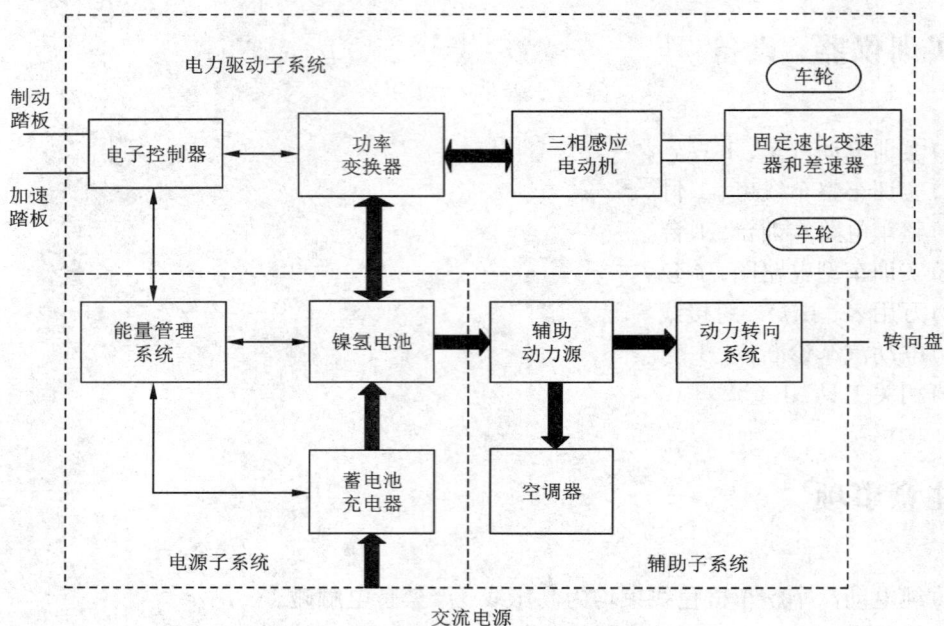

图 14-1 一种典型的电动汽车系统组成

1）蓄电池电源。

蓄电池是纯电动汽车的唯一能源，它除了供给汽车驱动行驶所需的电能外，也是供应汽车上各种辅助装置的工作电源。蓄电池在车上安装前，需要通过串并联的方式组合而成，其所要求的电压一般为 12 V 或 24 V 的低压电源，而电动机驱动一般要求为高压电源，并且所采用的电动机类型不同，其要求的电压等级也不同。为满足该要求，可以用多个 12 V 或 24 V 的蓄电池串联成 96～384 V 高压直流电池组，再通过 DC/DC 转换器供给所需的不同电压。也可按所需要求的电压等级，直接由蓄电池组合成不同电压等级的电池组。不过这样会给充电和能源管理带来相应的麻烦。另外，由于制造工艺等因素，即使同一批量的蓄电池其电解液浓度和性能也会有所差异。所以，在安装电池组之前，要求对各个蓄电池进行认真地测量并记录，尽可能把性能接近的蓄电池组合成同一组，这样有利于动力电池组性能的稳定和延长使用寿命。

2）能源管理系统。

能源管理系统的主要功能是在汽车行驶中进行能源分配，协调各功能部分工作的能量管理，使有限的能量源最大限度地得到利用。能源管理系统与电力驱动主模块的中央控制单元配合在一起控制发电回馈，使纯电动汽车在降速制动和下坡滑行时进行能量回收，从而有效地利用能源，提高纯电动汽车的续程能力。能源管理系统还须与充电控制器一同控制充电。为提高蓄电池性能的稳定性和延长使用寿命，需要实时监控电源的使用情况，对蓄电池的温度、电解液浓度、蓄电池内阻、电池端电压、当前电池剩余电量、放电时间、放电电流或放电深度等蓄电池状态参数进行检测，并按蓄电池对环境温度的要求进行调温控制；通过限流控制避免蓄电池过充、放电，对有关参数进行显示和报警；其信号流向辅助模块的驾驶室显示操纵台，以便驾驶员随时掌握并配合其操作，按需要及时对蓄电池充电并进行维护保养。

3）充电控制器。

充电控制器是把电网供电制式转换为对蓄电池充电要求的制式，即把交流电转换为相应电压的直流电，并按要求控制其充电电流。充电器开始时为恒流充电阶段。当电池电压上升到一定值时，充电器进入恒压充电阶段，输出电压维持在相应值；充电器进入恒压充电阶段后，电流逐渐减小。当充电电流减小到一定值时，充电器进入涓流充电阶段。还有的采用脉冲式电流进行快速充电。

（2）电力驱动模块。

电力驱动模块主要由中央控制单元、驱动控制器、电动机、机械传动装置组成。为适应驾驶员的传统操纵习惯，纯电动汽车仍保留了加速踏板、制动踏板及有关操纵手柄或按钮等。不过在纯电动汽车上是将加速踏板、制动踏板的机械位移量转换为相应的电信号，输入到中央控制单元来对汽车的行驶实行控制。对于离合器，除了传统的驱动模式采用外，其他的驱动结构就都省去了。而对于挡位变速杆，为遵循驾驶员的传统习惯，一般仍须保留，有前进、空挡、倒退三个挡位，并且以开关信号传输到中央控制单元来对汽车进行前进、停车、倒车控制。

1）中央控制单元。

中央控制单元不仅是电力驱动主模块的控制中心，也要对整辆纯电动汽车的控制起到协调作用。它根据加速踏板与制动踏板的输入信号，向驱动控制器发出相应的控制指令，对电动机进行启动、加速、降速、制动控制。在纯电动汽车降速和下坡滑行时，中央控制器配合车载电源模块的能源管理系统进行发电回馈，使蓄电池反向充电。对于与汽车行驶状况有关的速度、功率、电压、电流及有关故障诊断等信息，还须传输到辅助模块的驾驶室显示操纵台进行相应的数字或模拟显示。也可采用液晶屏幕显示来提高其信息量。另外，如驱动采用轮毂电动机分散驱动方式，当汽车转弯时，中央控制器也须与辅助模块的动力的硬件连线，提高可靠性。现代汽车控制系统已较多地采用了计算机多 CPU 总线控制方式，特别是对于采用轮毂电动机进行 4WD 前后四轮驱动控制的模式，更需要运用总线控制技术来简化纯电动汽车内部线路的布局，提高其可靠性，也便于故障诊断和维修；并且采用该模块化结构，一旦技术成熟，其成本也将随批量的增加而大幅下降。

2）驱动控制器。

驱动控制器功能是按中央控制单元的指令、电动机的速度和电流反馈信号，对电动机的速度、驱动转矩和旋转方向进行控制。驱动控制器与电动机必须配套使用，目前对电动机的调速主要采用调压、调频等方式，这主要取决于所选用的驱动电动机类型。由于蓄电池是以直流电方式供电，所以对直流电动机主要是通过 DC/DC 转换器进行调压调速控制；而对于交流电动机须通过 DC/AC 转换器进行调频调压矢量控制；对于磁阻电动机是通过控制其脉冲频率来进行调速的。当汽车进行倒车行驶时，须通过驱动控制器使电动机反转来驱动车轮反向行驶。当纯电动汽车处于降速和下坡滑行时，驱动控制器使电动机运行于发电状态，电动机利用其惯性发电，将电能通过驱动控制器回馈给蓄电池，驱动控制器与蓄电池电源的电能流向是双向的。

3）电动机。

电动机在纯电动汽车中被要求承担着电动和发电的双重功能，即在正常行驶时发挥其主要的电动机功能，将电能转化为机械旋转能；而在降速和下坡滑行时又被要求进行发电，将车轮的惯性动能转换为电能。对电动机的选型一定要根据其负载特性来选，通过对汽车行驶时的特性分析，可知汽车在起步和上坡时要求有较大的启动转矩和相当的短时过载能力，并有较宽的调速范围和理想的调速特性；即在启动低速时为恒转矩输出，在高速时为恒功率输出。电动机与驱动控制器所组成的驱动系统是纯电动汽车中最为关键的部件，纯电动汽车的运行性能主要取决于驱动系统的类型和性能。它直接影响着车辆的各项性能指标，如车辆在各工况下的行驶速度、加速与爬坡性能以及能源转换效率。

4）机械传动装置。

纯电动汽车传动装置的作用是将电动机的驱动转矩传输给汽车的驱动轴，从而带动汽车车轮行驶。由于电动机本身就具有较好的调速特性，其变速机构可被大大简化，较多的是为放大电动机的输出转矩，而仅采用一种固定的减速装置。又因为电动机可带负载直接启动，即省去了传统内燃机汽车的离合器。由于电动机可以容易地实现正反向旋转，所以也就无须通过变速器中的倒挡齿轮组来实现倒车。对电动机在车架上合理布局即可省去传动轴、万向节等传动链。当采用轮毂式电动机分散驱动方式时，又可以省去传统汽车的驱动桥、机械差速器、半轴等一切传动部件。所以该驱动方式也可被称为"零传动"方式。纯电动汽车传动装置按所选驱动结构可以有多种组合方式。

（3）辅助模块。

辅助模块包括辅助动力源、动力转向单元、驾驶室显示操纵台和辅助装置等。各个装置的功能与传统汽车基本相同，其结构原理依纯电动汽车的特点和需求有所区别。

1）辅助动力源。

辅助动力源是供给纯电动汽车其他各种辅助装置所需的动力电源，一般为 12 V 或 24 V 的直流低压电源。它主要给动力转向、制动力调节控制、照明、空调、电动窗门等各种辅助装置提供所需的能源。

2）动力转向单元。

转向装置是为实现汽车的转弯而设置的，它由方向盘、转向器、转向机构与转向轮等组成。作用在方向盘上的控制力，通过转向器和转向机构和转向轮偏转一定的角度，实现汽车的转向。为提高驾驶员的操控性，现代汽车都采用了动力转向，较理想的是采用电子控制动力转向系 EPS。电子控制动力转向系主要有电控液力转向系和电控电动转向系两类，对于纯电动汽车较适于选用电控电动转向系。多数汽车为前轮转向，而工业用电动叉车常采用后轮转向。为提高汽车转向时的操纵稳定性和机动性，较理想的是采用四轮转向系统，而对于采用轮毂式电动机分散驱动的纯电动汽车，由于电动机控制响应速度的提高，可更容易地实现四轮电子差速转向控制。另外，为配合转弯时左右两侧车轮的相应差速要求，还须同时控制电子差速器协调工作。

3）驾驶室显示操纵台。

它类同于传统汽车驾驶室的仪表盘，不过其功能根据纯电动汽车驱动的控制特点而有所增减，其信息指示更多地选用数字或液晶屏幕显示。它与前述电力驱动主模块中的中央控制单元结合，用计算机进行控制。万向电动汽车有限公司已为此研发了纯电动汽车专用的数字化电控系统，它是以 CAN 总线、嵌入式技术为核心的数字化整车电控系统；GPS/GPRS 集成到车载信息系统，提升纯电动汽车挡次，符合环保、时尚的消费理念。

4）辅助装置。

纯电动汽车的辅助装置主要有照明、各种声光信号装置、车载音响设备、空调、刮水器、风窗除霜清洗器、电动门窗、电控玻璃升降器、电控后视镜调节器、电动座椅调节器、车身安全防护装置控制器等。它们主要是为提高汽车的操控性、舒适性、安全性而设置的，有些是必要的，有些是可选的。与传统汽车一样，大都有成熟的专用配件供应。不过选用时应考虑到纯电动汽车能源不富裕的特点，特别是空调所消耗的能量比较大，应尽可能从节能方面考虑。另外，对于有些装置可用液压或电动两种方式来控制的，一般选用电动控制的较为方便。

2. 汽车底盘

汽车底盘是整个汽车的基体，不仅起着支承蓄电池、电动机、驱动控制器、汽车车身、空调及各种辅助装置的作用，同时也将电动机的动力进行传递和分配，并按驾驶员的意图（加速、减速、转向、制动等）行驶。按传统汽车的归类或叙述习惯，汽车底盘应包括传动系、行驶系、转向系和制动系四大系统。

行驶系包括车桥、车架、悬架、车轮与轮胎，其中车桥，如采用轮毂电动机驱动也就省去了；车架是整个汽车的装配基体，其作用主要是支承连接汽车的各零部件，承受来自车内和车外的各种载荷；悬架是车架（或车身）与车轮（或车桥）之间的一切传力连接装置的总称，它主要由弹性元件、减振器和导向机构等组成，它与充气轮胎一起缓和不平路面对车辆的冲击振动；车轮主要由轮辋、轮辐等组成，其内部还须安装制动器，并还可能需要安装轮毂电动机，所以结构会很紧凑；为减小纯电动汽车行驶时的滚动阻力，轮胎采用子午线轮胎为好。

转向系包括转向操纵机构、转向器、转向传动机构等，它按能源不同被分为机械转向系和动力转向系两大类。机械转向系与传统汽车的完全一致，动力转向系前已简单说明。

制动系由供能装置、控制装置、传动装置、制动器四个基本部分组成，按其功用不同被分为行车制动系、驻车制动系、应急制动系和辅助制动系等。由于纯电动汽车可利用电动机实现再生制动进行能量回收，并且还可利用电磁吸力实现电磁制动，因此随着技术的发展其制动系也将会有较大的变化。

3. 车身与纯电动汽车总体布局的特点

汽车车身主要由车身本体、开启件（各种门、窗、行李箱和车顶盖等）、各种座椅、内外饰附件和安全保护装置（保险杠、安全带、安全气囊等）组成。针对纯电动汽车能源少的特点，对汽车车身的外形造型应尽可能缩小其迎风面积来降低空气阻力，并采用轻型高强度材料来减轻汽车自身的重量。对车内的各个部件的布局也相当重要。由于纯电动汽车动能的传递主要是通过柔性的电缆，即减少了大量用刚性的机械件连接部件的动能传递，因此纯电动汽车各部件的布置具有较大的灵活性，并且蓄电池组也可分散布置，作为配重物来布局。纯电动汽车各个部件的总体布局的原则是：符合车辆动力学对汽车重心位置的要求，并尽可能降低车辆质心高度。特别是对于采用轮毂电动机驱动实现"零传动"方式的纯电动汽车，不仅去掉了发电机、冷却水系统、排气消声系统和邮箱等相应的辅助装置，还省去了变速箱、驱动桥及所有传动链，既减轻了汽车自重，也留出了许多空间。可以说，其结构发生了脱胎换骨的变化。车辆的整个结构布局须重新设计全面考虑各种因素。

电路系统是电动汽车的神经，承担着能量与信息传递的功能，对纯电动汽车的动力性、经济性、安全性等有重大的影响，是电动汽车的重要组成部分。通常包括：低压电器系统、高压电器系统、整车网络化控制系统。

七、纯电动汽车故障原因与分析

1.纯电动汽车的故障诊断基本方法

纯电动汽车的故障诊断基本方法，如图 14 – 2 所示。

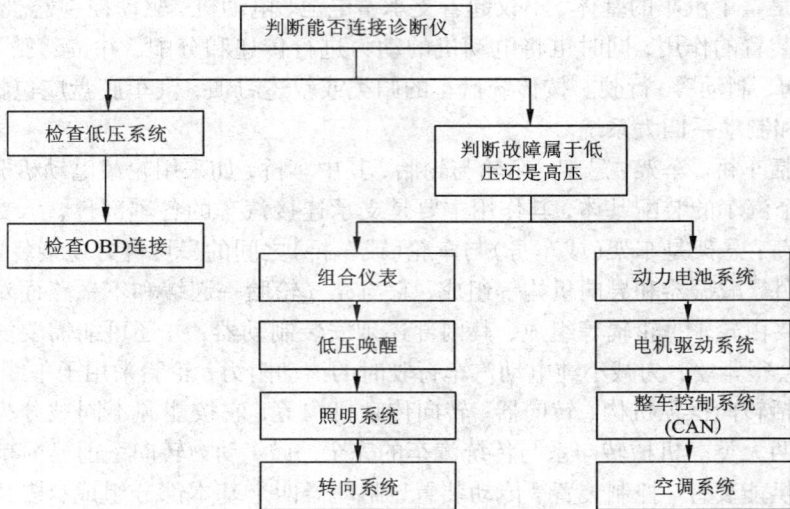

图 14 – 2　纯电动汽车的故障诊断基本方法

2.故障原因

（1）驱动电机故障原因，如图 14 – 3 所示。

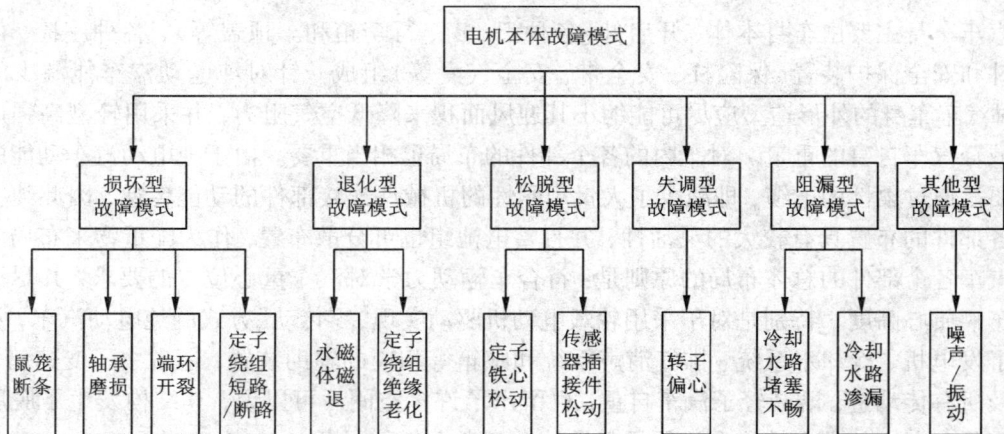

图 14 – 3　驱动电机故障原因

（2）电机控制器故障，如图 14 - 4 所示。

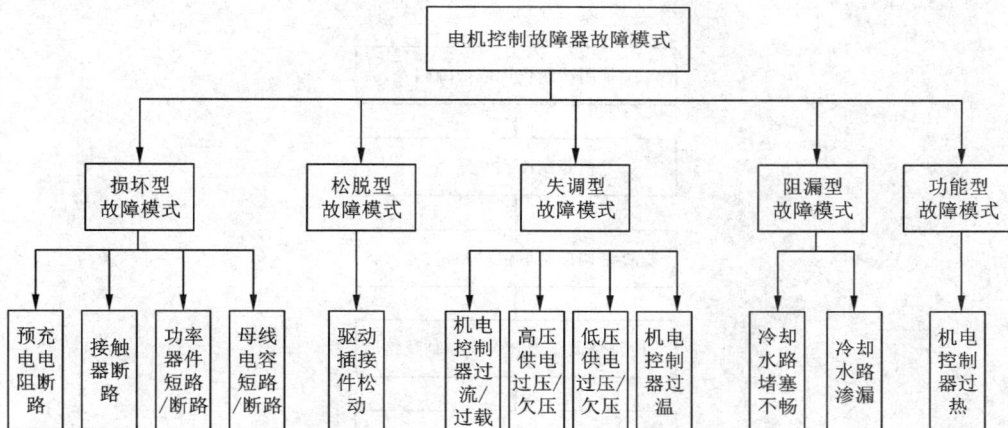

图 14 - 4　电机控制器故障原因

（3）单体电池故障。

①电池性能下降，但能正常使用，无须更换；故障表现为：单体电池 SOC 偏低和单体电池 SOC 偏高。

②电池性能衰退严重，应立即更换；故障表现为：单体电池容量不足和单体电池内阻偏大。

③影响行车安全的其他故障：

其他故障表现为单体电池内部短路，单体电池外部短路，单体电池极性反向等以及在强振动下锂离子电池的极耳、极片上的活性物质、接线柱、外部连线和焊点可能会折断或脱落，造成单体电池内部短路或者外部短路故障。

（4）动力电池管理系统故障。

动力电池管理系统故障包括：通信故障、总电压测量故障、单体电压测量故障、温度测量故障、电流测量故障、继电器故障、加热器故障和冷却系统故障等。

3. 纯电动汽车故障检测

（1）空调系统不制冷故障（以北汽 EV200 为例）。

1）故障现象。

开空调后能听到鼓风机运转声音，但没有凉风输出。

2）故障原因。

①风量正常，压缩机不运转造成不制冷。故障原因如下：制冷系统部件（温控开关、高低压开关等）或线路故障；电动压缩机控制线路故障；电动压缩机故障；制冷剂过少。

②风量正常，压缩机运转，但不制冷。故障原因如下：膨胀阀故障（冰堵或脏堵）；蒸发器故障（泄漏）；制冷系统漏气；储液器故障（脏堵等）；电动压缩机机械故障（进、排气阀门损坏）；制冷剂少。

3）故障检测与分析。

空调不制冷故障检测与分析如图 14 - 5 所示。

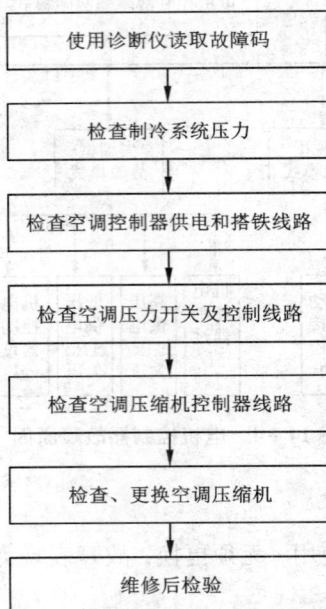

```
┌─────────────────────┐
│  使用诊断仪读取故障码  │
└─────────────────────┘
          ↓
┌─────────────────────┐
│    检查制冷系统压力    │
└─────────────────────┘
          ↓
┌─────────────────────────┐
│ 检查空调控制器供电和搭铁线路 │
└─────────────────────────┘
          ↓
┌─────────────────────────┐
│  检查空调压力开关及控制线路  │
└─────────────────────────┘
          ↓
┌─────────────────────────┐
│   检查空调压缩机控制器线路   │
└─────────────────────────┘
          ↓
┌─────────────────────┐
│   检查、更换空调压缩机   │
└─────────────────────┘
          ↓
┌─────────────────────┐
│      维修后检验       │
└─────────────────────┘
```

图 14 - 5　空调系统不制冷故障检测与分析流程图

1）使用诊断仪读取故障码。如有故障码，则根据故障码分析判断故障部位，如果没有故障码，则进行全面检测。

2）检查制冷系统压力是否正常。北汽新能源汽车制冷系统静态平衡压力应该在 0.6 MPa 以上。

3）检查空调控制器供电和搭铁线路：

①拆下空调控制器 16 针插接件。

②车辆电源开关置 ON 挡。

③使用万用表检查空调控制器的工作电压，线束侧插接件 2 针脚与车身搭铁之间的电压正常值约 12 V。若无 12 V 工作电压，检查空调控制器线束侧插接件 2 针脚与空调系统 FB11 熔断器之间的线路的阻值，正常阻值应小于 1 Ω。若线路正常，检查空调系统 FB11 熔断丝是否正常，若熔断丝正常，检查空调系统继电器是否正常；若不正常，则更换空调系统继电器。正确检查空调系统继电器 85 端子与整车集成控制器（VCU）121 端子之间线路的阻值，正常阻值应小于 1 Ω。使用欧姆表分别检查空调控制器插接件 14 针脚和 16 针脚与车身搭铁之间的阻值，正常阻值应小于 1 Ω；若线束阻值不符合标准，应维修或更换出现断路或短路的线路，如图 14 - 6 所示。

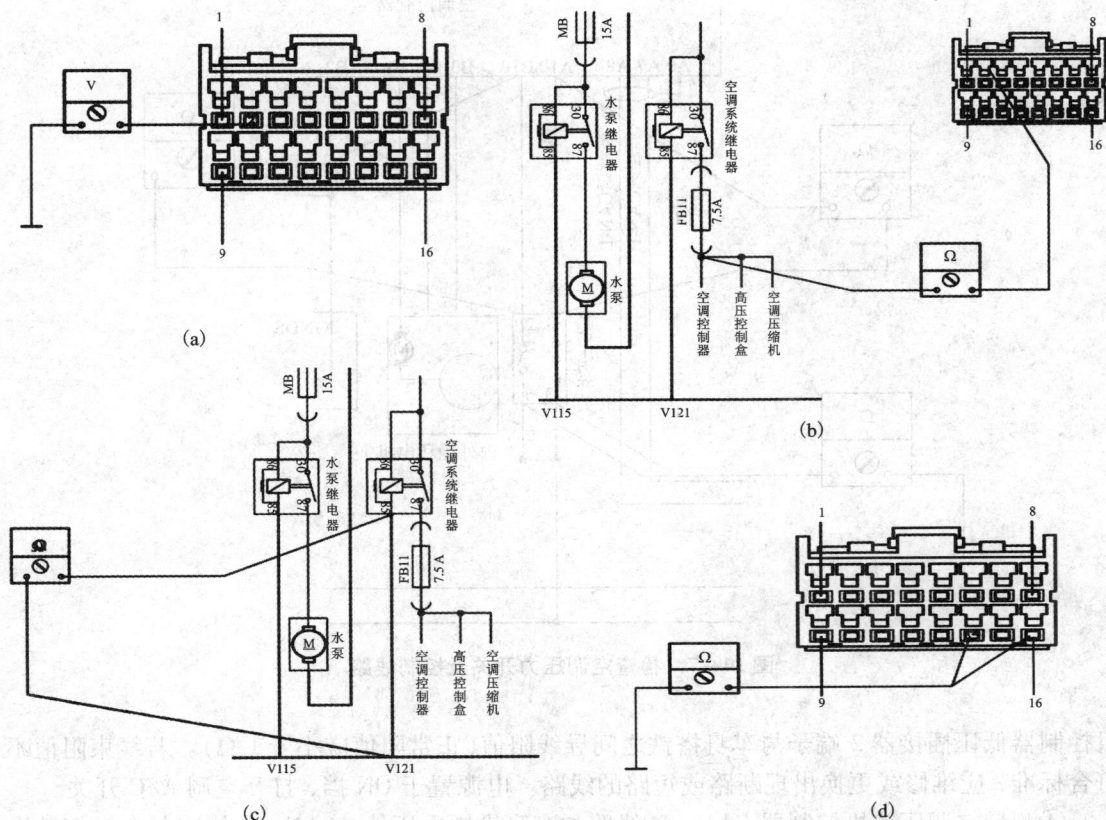

图 14 - 6　检查空调控制器供电和搭铁线路

4）检查空调压力开关及控制线路。

①断开空调控制器 12 针脚插接器和空调压力开关插接器。

②分别检查空调控制器 12 针脚插接器 10 端子与空调压力开关 2 端子之间的阻值，空调控制器 16 针脚插接器 10 端子与空调压力开关 1 端子之间的阻值，空调压力开关 3 端子、4 端子与车身搭铁之间阻值（正常阻值应小于 1 Ω）；若线路阻值不符合标准，应维修或更换出现断路或短路的线路。安装空调控制器 12 针脚插接器和 16 针脚插接器，如图 14 - 7 所示。

③启动车辆，打开空调 A/C 开关。

④检查空调压力开关插接器 1 端子与 4 端子、2 端子与 3 端子之间电压，正常电压约 12 V。若无电压或电压不符合标准值，应更换空调控制器。检查空调压力开关 1 端子与 4 端子、2 端子与 3 端子之间是否导通，如不导通，则更换空调压力开关。

5）检查空调压缩机控制器线路。

①车辆电源开关置 OFF 挡。

②断开空调压缩机控制器低压插接器。

③测量空调压缩机控制器低压插接器 6 端子与 FB11 熔断丝之间的导线阻值，空调压缩

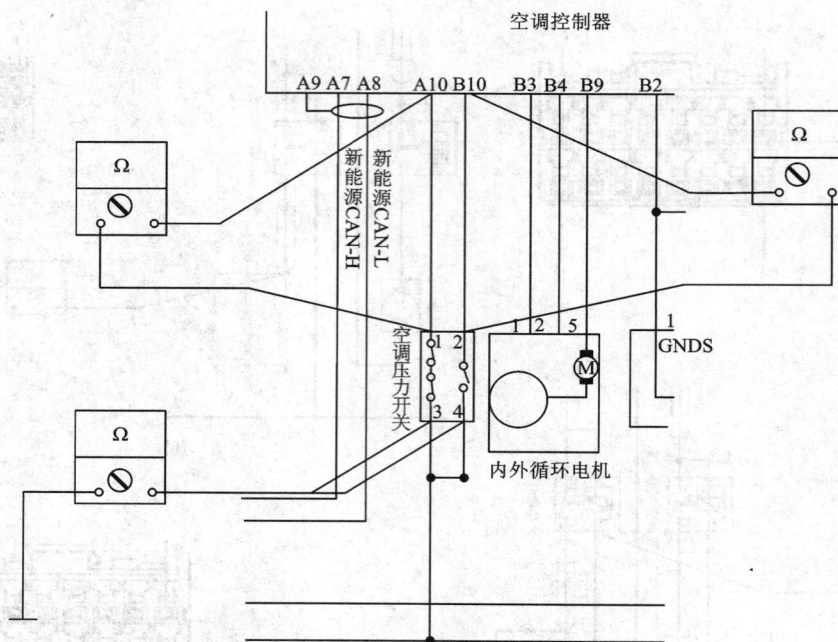

图 14 – 7　检查空调压力开关及控制线路

机控制器低压插接器 2 端子与车身搭铁之间导线阻值(正常阻值应小于 1 Ω)。若线束阻值不符合标准,应维修或更换出现断路或短路的线路。电源置于 ON 挡,打开空调 A/C 开关。

④测量空调压缩机控制器 CAN – H 线路与车身搭铁电压值,CAN – L 线路与车身搭铁电压值,标准电压参考值 2.5 V。若电压不符,则应维修 CAN 总线故障。

⑤安装好空调系统各插接件,使用诊断仪读取空调系统数据流,检查高压系统是否出现互锁;断开高压维修开关后,检查空调系统高压线路插接件是否出现退针现象,若出现针脚退针,则处理互锁针脚插头故障。

(2)驱动电机的旋变位置传感器故障(以北汽 EV200 为例)。

1)故障现象。

纯电动汽车在行驶过程中系统故障警告灯突然点亮,车辆无法行驶。

2)故障原因。

驱动电机与控制系统结构,如图 14 – 8 所示。

系统故障灯显示红色并持续闪烁,表示仪表和整车失去通信。

3)故障检测与分析。

驱动电机的旋变位置传感器故障检测与分析流程,如图 14 – 9 所示。

①断开低压蓄电池负极电缆,拔下驱动电机控制器接插件 T35,检查接插件有无损坏或退针;若发现接插件退针或损坏,更换驱动电机控制器接插件 T35,如接插件良好,按照下一步骤进行检查。

②测量驱动电机控制器 T35 的 34 脚和 35 脚的电阻值(信号绕组 S1、S3)应为 60 × (1 ± 10%)Ω;若测量电阻为无穷大,则更换旋变位置传感器。

202

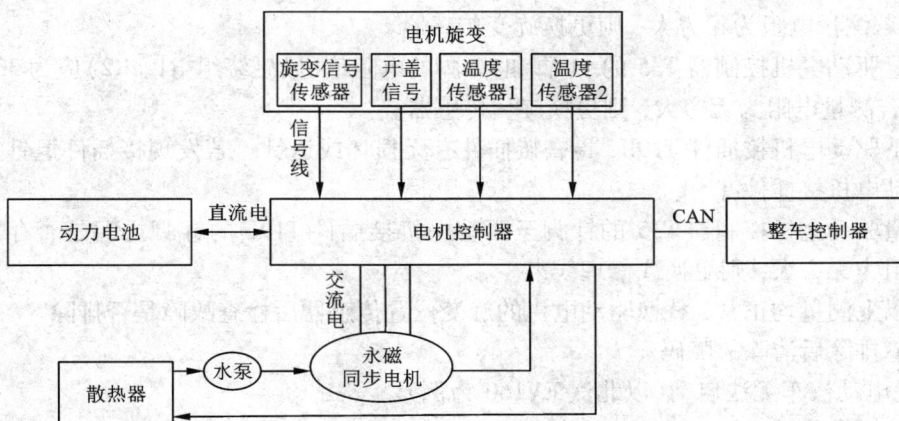

图 14 - 8　驱动电机与控制系统结构

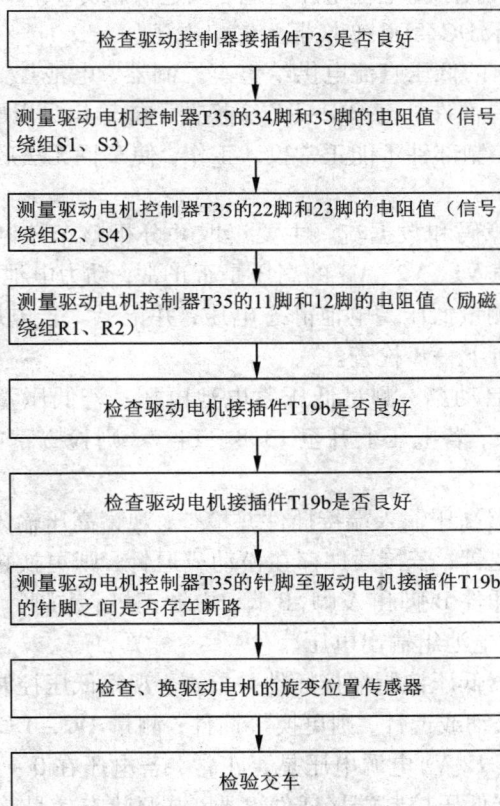

图 14 - 9　驱动电机的旋变位置传感器故障检测与分析流程图

③测量驱动电机控制器 T35 的 22 脚和 23 脚的电阻值(信号绕组 S2、S4)应为 $60 \times (1 \pm 10\%) \Omega$。若测量电阻为无穷大,则更换旋变传感器。

④测量驱动电机控制器 T35 的 11 脚和 12 脚的电阻值(励磁绕组 R1、R2)应为 $33 \times (1 \pm 10\%) \Omega$。若测量电阻为无穷大,则更换旋变传感器。

⑤拔下驱动电机接插件 T19b,检查接插件有无损坏或退针。若发现接插件退针或损坏,则更换驱动电机接插件 T19b。

⑥测量驱动电机控制器 T35 的针脚至驱动电机接插件 T19b 的针脚之间是否存在断路,若测量电阻为无穷大,则更换或修理线束。

⑦若以上测量均正常,替换驱动电机的旋变位置传感器后检查故障是否排除。

⑧故障排除后清除故障码。

(3)纯电动汽车无法启动(以北汽 EV160 为例)。

1)故障现象。

发现车辆无法启动,同时组合仪表的蓄电池报警灯点亮。

2)故障原因。

①蓄电池报警灯点亮,表示蓄电池电压过高,或过低,或 DC/DC 系统有故障。用诊断仪检测数据接通启动开关显示 DC - DC 变换器无输出电压。

②DC - DC 变换器输出的低压直流电供给整车控制器、电池控制器、电机控制器等作为工作电源是动力系统的重要部件。若 DC - DC 变换器不能输出足以驱动以上核心部件的工作电压,便会导致动力系统控制部件不能正常投入工作,使车辆无法启动。

3)故障检测与分析。

①使用诊断仪读取故障码和数据流。主要读取并分析整车控制器(VCU)数据:供电电压,即直流母线电压实际值 V1、V2、V3 的高压是否正常,动力电池系统数据。

②使用万用表电压挡测量低压蓄电池静态电压,并记录。若电压低于 9 V,则更换蓄电池;若电压大于 12 V,进行下一步检查。

③将电源开关旋转至启动挡,测量低压蓄电池电压;若低压蓄电池电压未变化,检查 DC - DC 变换器及相关线束;若电压上升至 13.8 ~ 14 V,则检查蓄电池报警灯故障或 DC - DC 变换器低压控制端故障。

④断开 DC - DC 变换器高压输入端接插件并检查;观察高压输入端接插件是否存在破损或高压互锁短接端子是否退针,若接插件存在松动或退针,则更换接插件;测量 DC - DC 变换器高压输入端线束侧接插件 B 脚和 A 脚(B 脚:电源正极;A 脚:电源负极、中间脚:高压互锁短接端子)是否有动力电池组输出电压。

⑤断开 DC - DC 变换器低压控制端接插件并检查;观察低压控制端接插件是否存在破损或者退针,若接插件存在松动或退针,则更换接插件;测量 DC - DC 变换器低压控制端接插件 A 脚(控制电路电源正极 12 V)电源电压是否正常,若电压在 0 ~ 1 V,则更换 DC - DC 变换器;测量 DC - DC 变换器低压控制端接插件 B 脚(电源状态信号输出)。若电压为 12 V 高电平,则更换 DC - DC 变换器,若是低电平,则进行下一步检查。

⑥断开 DC - DC 变换器低压输出正极端接插件并检查;观察低压输出正极端接插件是否存在破损或者退针,若接插件存在松动或退针,则更换接插件;测量低压输出正极端是否有 13.8 ~ 14 V 电压,若电压低于 13.8 ~ 14 V,则更换 DC - DC 变换器,如图 14 - 10 所示。

用诊断仪读取故障码和数据流,并分析:高压电压是否正常、低压蓄电池电压是否正常、与DC-DC变换器相关的数据是否正常

测量低压蓄电池静态电压和起动时的电压

检查DC-DC变换器低压输出正极端、负极端和控制端的接插件

检查DC-DC变换器高压输入端接插件是否良好

检查DC-DC变换器低压控制端接插件

检查DC-DC变换器低压输出端接插件

更换DC-DC变换器后试车

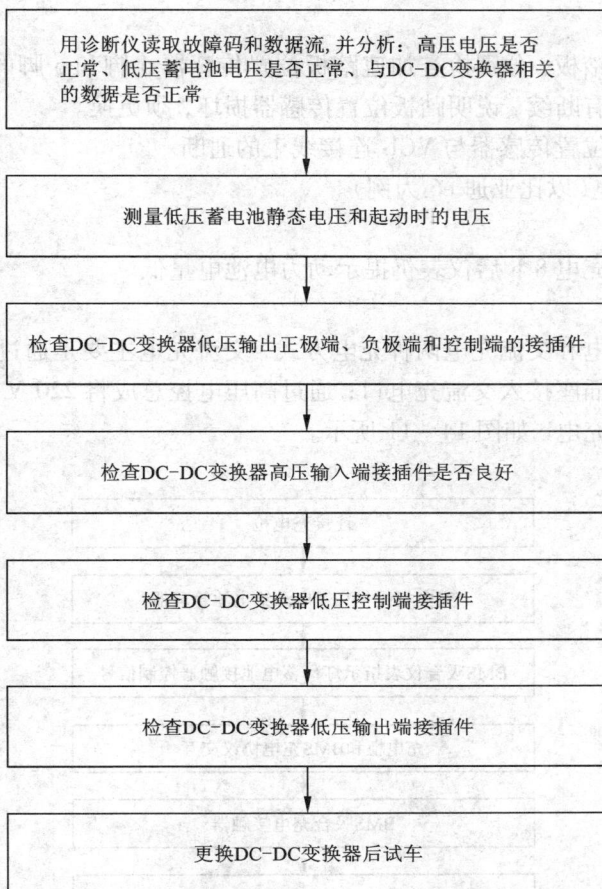

图 14-10 纯电动汽车无法启动故障检测与分析流程图

(4)车辆无法加速的故障诊断(以北汽 EV150 为例)。

1)故障现象。

在行驶过程中,突然出现踩下加速踏板加速无反应的故障。

2)故障原因。

行驶中出现踩下加速踏板加速无反应的故障,首先应考虑检查加速踏板位置传感器,滑动电阻型加速踏板位置传感器,检测汽车加速或减速信号,并传输给整车控制器。加速踏板位置传感器有两个电位器,一个是主信号电位器,一个是辅助信号电位器。两电位器之间的关系:主信号电压是辅助信号电压的 2 倍,整车控制器同时对两个电位器进行检测与比较,判断信号是否正常。

3)故障检测与分析。

①连接诊断仪,打开点火开关至 ON 挡,读取加速踏板位置传感器信号 4 和信号 6 的数据流。缓慢踩下加速踏板,观察 4 脚与 6 脚信号电压值,两者应是倍数关系。

②断开电源开关,再断开加速踏板位置传感器的接插件,检查接插件是否良好。

③从线束端检查 3 脚和 5 脚的搭铁是否良好，若搭铁不良，则检查修复搭铁点，须确保搭铁良好。

④缓慢踩下加速踏板，分别检查加速踏板位置传感器 4 脚和 6 脚的电阻是否连续变化，若电阻无穷大或电阻有断续，说明踏板位置传感器损坏，须更换。

⑤检查加速踏板位置传感器与 VCU 连接线束的通断。

（5）电池无法充电（以比亚迪 e6 为例）。

1）故障现象。

电动车使用直流充电 8 h 后仪表仍提示动力电池电量低。

2）故障原因。

电动车有直流充电和交流充电两种充电方式，交流充电主要是通过交流充电桩、壁挂式充电盒以及家用供电插座接入交流充电口；通过高压电控总成将 220 V 交流电转为 330 V 直流高压电给动力电池充电，如图 14 - 11 所示。

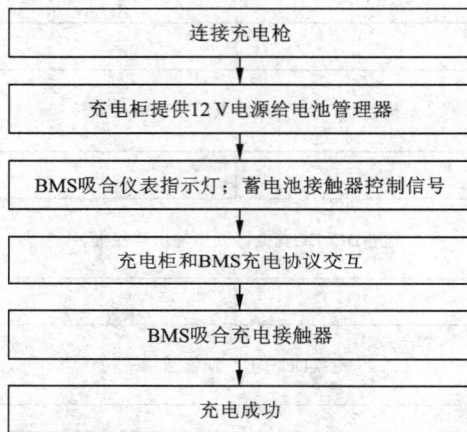

图 14 - 11　电动车充电原理

3）故障检测与分析。

①使用诊断仪读取故障码，根据故障码分析判断故障部位；若无故障码，按照后续步骤进行全面检测。

②对充电系统检测前，首先应排除人为操作失误或不当造成的充电故障。

③排除充电设备故障。

④检查直流充电口插座阻值是否正常：启动开关置为 OFF 挡；分别拆下直流充电口的高压插接器和低压插接器 K22；分别测量直流充电口插座各端子阻值是否正常。

⑤检查直流充电口插座阻值是否正常。

⑥检查直流充电口低压线束是否出现短路或断路故障：启动开关置为 OFF 挡；分别拆下直流充电口的低压插接器 K22 和电源管理系统的插接器 M33；使用欧姆表分别测量电压插接器 K22 的 1 针脚、3 针脚和 5 针脚与电源管理系统的插接器 M33 的 16 针脚、15 针脚和 8 针脚之间线路的阻值，正常阻值应小于 1 Ω；若线束阻值不符合标准，则应维修或更换出现断路或短路的线路。

⑦检查充电控制线路是否出现故障：断开电源管理器低压插接器 M39；使用欧姆表分别测量电压插接器 K22 的 2 针脚与电源管理系统的插接器 M39 的 2 针脚、3 针脚之间线路的阻值、电源管理系统的插接器 M39 的 5 针脚与车身搭铁的阻值，正常阻值应小于 1 Ω；若线束阻值不符合标准，则应维修或更换出现断路或短路的线路。

⑧根据系统电路图检查控制线路 DC 保险丝 FX/1(15A) 是否熔断。如熔断，则更换相同规格的保险丝再进行测量；若正常，检查 DC(充电)继电器 KM-2 是否损坏；如损坏，则更换继电器；若正常，进行下一步检查；连接充电口低压插接件 K22 和低压插接器 M39；连接直流充电枪进行充电；断开配电箱低压插接件 M31。

⑨根据系统电路图，进行下一步检查；用万用表电压挡检查电池管理器插接器 M31 的 4 针脚、5 针脚与车身搭铁之间的电压值，正常值为 11~14 V。

⑩根据系统电路图，进行下一步检查；若测量无电压，充电柜故障，换台充电柜进行测试，确认故障是否排除，若故障仍存在，则进行下一步检查；电源置于 OFF 挡，使用欧姆表分别测量电池管理系统插接器 M33 的 27 针脚与配电箱的插接器 M31 的 4 针脚之间线路的电阻值、电池管理系统插接器 M33 的 1 针脚与配电箱的插接器 M31 的 22 针脚之间线路的阻值、配电箱的插接器 M31 的 10 针脚与车身搭铁之间线路的阻值；正常阻值应小于 1 Ω，若线束阻值不符合标准，则维修或更换出现断路或短路的线路。

⑪检查检查高压电控总成是否出现故障：连接各插接件；连接充电器对车辆进行充电；连接诊断仪，读取 BMS 数据流，查看数据流中"主接触器"和"负极接触器"状态是否为"吸合"；吸合是充电柜故障，不吸合是高压配电箱故障。

参考文献

[1] 史文库. 汽车构造(上、下册)[M]. 北京：人民交通出版社，2013.

[2] 王志洪. 汽车检测诊断与维修[M]. 北京：人民交通出版社，2013.

[3] 邵毅明. 汽车发动机性能与电器实验教程[M]. 成都：西南交通大学出版社，2011.

[4] 董继明. 汽车电器检测与维修实训[M]. 北京：机械工业出版社，2008.

[5] 刘星. 汽车底盘检测与维修实训教程[M]. 北京：北京航空航天大学出版社，2018.

[6] 黄余平. 汽车电系检修图册[M]. 北京：人民交通出版社，2008.

[7] 王盛良. 汽车故障诊断与检测技术[M]. 北京：机械工业出版社，2013.

[8] 罗富坤. 汽车故障诊断与排除实训[M]. 北京：机械工业出版社，2008.

[9] 李伟. 新款电动汽车构造原理与故障检修[M]. 北京：化学工业出版社，2018.

[10] 孔庆荣. 汽车故障诊断与综合检测[M]. 北京：北京理工大学出版社，2017.

[11] 赵英勋. 汽车检测与诊断技术[M]. 北京：机械工业出版社，2012.

[12] 方锡邦. 汽车检测技术与设备[M]. 北京：人民交通出版社，2012.

[13] 陈友鹏. 汽车底盘故障诊断与维修技术[M]. 北京：北京大学出版社，2014.

[14] 李清明. 汽车故障诊断与检测技术(发动机与底盘部分)[M]. 北京：机械工业出版社，2013.

[15] 陈黎明. 电动汽车结构原理与故障诊断[M]. 北京：机械工业出版社，2015.

[16] 戴耀辉，于建国. 汽车检测与故障诊断[M]. 北京：机械工业出版社，2007.

[17] 鲁植雄. 汽车运用工程[M]. 北京：机械工业出版社，2015.

[18] 余志生. 汽车理论[M]. 北京：机械工业出版社，2011